Kompakt-Lexikon HR

Lizenz zum Wissen.

Sichern Sie sich umfassendes Wirtschaftswissen mit Sofortzugriff auf tausende Fachbücher und Fachzeitschriften aus den Bereichen: Management, Finance & Controlling, Business IT, Marketing, Public Relations, Vertrieb und Banking.

Exklusiv für Leser von Springer-Fachbüchern: Testen Sie Springer für Professionals 30 Tage unverbindlich. Nutzen Sie dazu im Bestellverlauf Ihren persönlichen Aktionscode C0005407 auf *www.springerprofessional.de/buchkunden/*

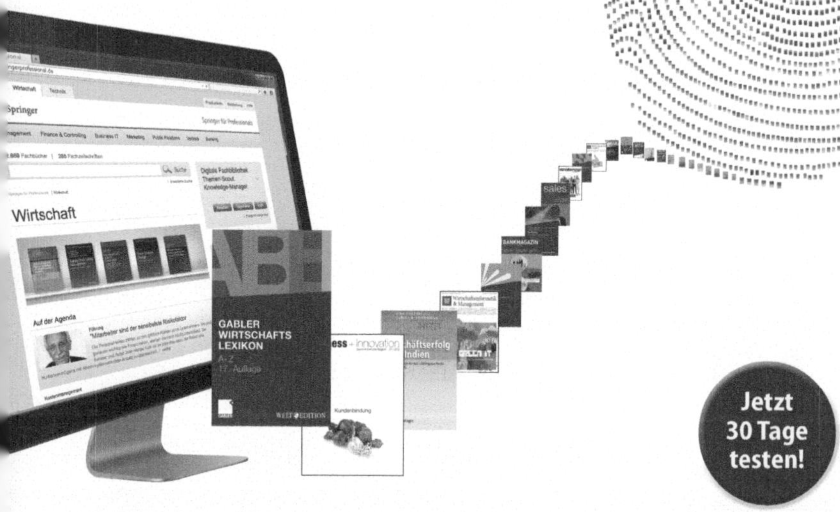

Jetzt 30 Tage testen!

Springer für Professionals.
Digitale Fachbibliothek. Themen-Scout. Knowledge-Manager.

- Zugriff auf tausende von Fachbüchern und Fachzeitschriften
- Selektion, Komprimierung und Verknüpfung relevanter Themen durch Fachredaktionen
- Tools zur persönlichen Wissensorganisation und Vernetzung

www.entschieden-intelligenter.de

Springer für Professionals

Springer Fachmedien Wiesbaden (Hrsg.)

Kompakt-Lexikon HR

650 Begriffe nachschlagen, verstehen, anwenden

ISBN 978-3-658-03176-3

Die Deutsche Nationalbibliothek verzeichnet diese Publikation in der Deutschen Nationalbibliografie; detaillierte bibliografische Daten sind im Internet über http://dnb.dnb.de abrufbar.

Springer Gabler
© Springer Fachmedien Wiesbaden 2013
Das Werk einschließlich aller seiner Teile ist urheberrechtlich geschützt. Jede Verwertung, die nicht ausdrücklich vom Urheberrechtsgesetz zugelassen ist, bedarf der vorherigen Zustimmung des Verlags. Das gilt insbesondere für Vervielfältigungen, Bearbeitungen, Übersetzungen, Mikroverfilmungen und die Einspeicherung und Verarbeitung in elektronischen Systemen.

Die Wiedergabe von Gebrauchsnamen, Handelsnamen, Warenbezeichnungen usw. in diesem Werk berechtigt auch ohne besondere Kennzeichnung nicht zu der Annahme, dass solche Namen im Sinne der Warenzeichen und Markenschutz-Gesetzgebung als frei zu betrachten wären und daher von jedermann benutzt werden dürften.

Redaktion: Stefanie Brich, Claudia Hasenbalg
Layout und Satz: workformedia | Frankfurt am Main | München

Gedruckt auf säurefreiem und chlorfrei gebleichtem Papier

Springer Gabler ist eine Marke von Springer DE.
Springer DE ist Teil der Fachverlagsgruppe Springer Science+Business Media
www.springer-gabler.de

Autorenverzeichnis

Professor Dr. **Thomas Bartscher**, Technische Hochschule Deggendorf, Deggendorf

Sachgebiete: Personalwesen, Arbeitswissenschaften, Grundlagen und Funktionen der Personalführung

Professor Dr. **Günter W. Maier,** Universität Bielefeld, Bielefeld

Sachgebiet: Arbeits- und Organisationspsychologie

Abkürzungsverzeichnis

a.	anno (Jahr)
Abb.	Abbildung
Abk.	Abkürzung
Abschn.	Abschnitt
Abt.	Abteilung
a.F.	alte Fassung
AG	Aktiengesellschaft; Amtsgericht; Ausführungsgesetz
AGG	Allgemeines Gleichbehandlungsgesetz
AktG	Aktiengesetz
allg.	allgemein
AO	Abgabenordnung
ArbGG	Arbeitsgerichtsgesetz
ArbZG	Arbeitszeitgesetz
Art.	Artikel
ATG	Altersteilzeitgesetz
AÜG	Arbeitnehmerüberlassungsgesetz
BAG	Bundesarbeitsgericht
b.a.w.	bis auf weiteres
BBG	Bundesbeamtengesetz
BBiG	Berufsbildungsgesetz
BDSG	Bundesdatenschutzgesetz
ber.	berichtigt
bes.	besonders(-e, -es, -er)
BetrAVG	Gesetz zur Verbesserung der betrieblichen Altersvorsorge
BetrVG	Betriebsverfassungsgesetz
BewG	Bewertungsgesetz
bez.	bezüglich
BFH	Bundesfinanzhof
BGB	Bürgerliches Gesetzbuch
BGBl	Bundesgesetzblatt (I = Teil I, II = Teil II, III = Teil III)
BGH	Bundesgerichtshof
BImSchG	Bundes-Immissionsschutzgesetz
BM	Bundesminister(ium)
bspw.	beispielsweise
BUrlG	Bundesurlaubsgesetz

Abkürzungsverzeichnis

BZRG	Bundeszentralregistergesetz
bzw.	beziehungsweise
ca.	circa
d.h.	das heißt
DVO	Durchführungsverordnung
engl.	englisch
EStG	Einkommensteuer-Gesetz
etc.	et cetera
EU	Europäische Union
e.V.	eingetragener Verein
evtl.	eventuell
f.	folgende(-r/-s)
ff.	folgende
FGO	Finanzgerichtsordnung
franz.	französisch
GewO	Gewerbeordnung
ggf.	gegebenenfalls
GMBl	Gemeinsames Ministerialblatt
H.	Heft
HGB	Handelsgesetzbuch
h.M.	herrschende Meinung
Hrsg.	Herausgeber
i.Allg.	im Allgemeinen
i.d.F.	in der Fassung
i.d.R.	in der Regel
i.e.S.	im engeren Sinn
inkl.	inklusive
i.V.	in Verbindung
i.w.S.	im weiteren Sinn

Jg.	Jahrgang
Jh.	Jahrhundert
KStG	Körperschaftsteuergesetz
lat.	lateinisch
mind.	mindestens
Mio.	Millionen
Mrd.	Milliarden
m.spät.Änd.	mit späteren Änderungen
n.F.	neue Fassung
Nr.	Nummer
o.Ä.	oder Ähnliches
p.a.	per anno (pro Jahr)
RfStV	Rundfunkstaatsvertrag
RVO	Reichsversicherungsordnung
s.	siehe
S.	Seite
SeemG	Seemannsgesetz
SGB	Sozialgesetzbuch
SGG	Sozialgerichtsgesetz
sog.	sogenannte(-r, -s)
Sp.	Spalte(-n)
Std.	Stunde(-n)
StGB	Strafgesetzbuch
StPO	Strafprozessordnung
TVG	Tarifvertragsgesetz
TzBfG	Teilzeit- und Befristungsgesetz
u.a.	und andere; unter anderem

u.Ä	und Ähnliche(-s)
usw.	und so weiter
u.U.	unter Umständen
v.a.	vor allem
VG	Verwaltungsgericht
vgl.	vergleiche
VO	Verordnung
vs.	versus
VVG	Versicherungsvertragsgesetz
VwGO	Verwaltungsgerichtsordnung

A

Abgangsinterview – Gespräch zwischen einem Mitarbeiter, der das Unternehmen verlässt oder versetzt wird und einem Personalverantwortlichen. Ziel ist, mithilfe eines detaillierten Feedbacks Fluktuationsgründe (→ Fluktuation), Unzufriedenheitspotenziale (→ Arbeitszufriedenheit) und mögliche Schwachstellen im Unternehmen aufzudecken um personalwirtschaftliche Maßnahmen optimieren zu können.

Ablaufanalyse – *Arbeitsablaufanalyse*; Verfahren der Arbeitswissenschaften. Analyse, Darstellung und Bewertung eines Prozesses oder Arbeitsablaufes, d.h. des Zusammenwirkens von beteiligten Personen, Betriebsmitteln und Arbeitsgegenstand. Hierbei sind (1) zeitliche, (2) logische, (3) räumliche, (4) menschliche und (5) technische Aspekte zu berücksichtigen. Für die Beschreibung des Ablaufs ist die Zerlegung in Ablaufabschnitte erforderlich. Die Arbeitsablaufstudie ist Voraussetzung für die anderen Verfahren der Arbeitswissenschaften und wichtigster Ansatzpunkt der arbeitstechnischen Rationalisierung.

Ablaufarten – Bezeichnungen nach → REFA-Verband für Arbeitsstudien, Betriebsorganisation und Unternehmensentwicklung e.V. für das Zusammenwirken von Mensch und Betriebsmittel mit dem Arbeitsgegenstand innerhalb bestimmter Ablaufabschnitte (Arbeitsablauf). – Nach REFA ergibt sich auf die Betriebsmittel bezogene Analyse der Ablaufarten: (1) *Hauptnutzungszeit*: Einsatz des Betriebsmittels im Sinn seiner Zweckbestimmung. – (2) *Nebennutzungszeit*: die zur Vorbereitung, zum Rüsten, Beschicken und Entleeren des Betriebsmittels notwendige Zeit. – (3) *Im Einsatz*: Das Betriebsmittel steht dem Betrieb zur Ausführung von Arbeitsaufgaben zur Verfügung und ist durch Aufträge belegt. Die Analyse der Ablaufarten ist zusammen mit → Arbeitszeitstudien und → Arbeitsablaufstudien Grundlage der Ablaufplanung (Produkionsprozessplanung) und Arbeitsablaufplanung.

Absentismus – in der Arbeits- und Organisationspsychologie bezeichnet Absentismus (lat. *absentia* = Abwesenheit) → Fehlzeiten, die auf Probleme im privaten Umfeld oder motivationale Ursachen, nicht aber auf krankheitsbedingte Gründe zurückzuführen sind.

Abzüge – I. Preise: Minderung der in der Faktura (Rechnung) ausgewiesenen und buchhalterisch belasteten Preise, z.B. Kunden- Skonto, Rabatt, Nachlass u.Ä. – *Zu buchen* auf den Warenein- oder -verkaufskonten bzw. deren Unterkonten. *Warenrücksendungen* an Lieferer werden im Wareneinkaufskonto im Haben, die der Kunden auf dem Warenverkaufskonto im Soll gebucht.

II. Arbeitslohn: → Lohnabzüge: Minderung des → Bruttoarbeitsentgelts.

Affirmative Action – aus dem US-amerikanischen stammende Bezeichnung für institutionalisierte Maßnahmen, die die Diskriminierung von Frauen und Minderheiten in den Bereichen Aus- und Weiterbildung, Studium und Beruf verhindern soll. Ein entsprechender Regierungserlass besagt dementsprechend, dass bislang benachteiligte Bewerber bei gleicher Qualifikation bevorzugt eingestellt und gefördert werden müssen.

Akkord → Akkordlohn.

Akkordarbeit – Erwerbstätigkeit, die nach der geleisteten Arbeitsmenge entlohnt wird. – Vgl. auch → Akkordlohn.

Akkordbrecher – Bezeichnung für im Akkordlohn bezahlten Arbeitnehmer, der mit seiner Arbeitsleistung beträchtlich über der sich in gruppendynamischen Prozessen herausgebildeten, von der Gruppe als „fair" empfundenen Leistung liegt. Akkordbrecher werden meist sozial geächtet, weil gruppenintern die Befürchtung besteht, dass ihre Leistung Grund für die Neufestsetzung der → Vorgabezeiten ist (Akkordschere). – *Gegensatz:* → Akkordbremser.

Akkordbremser – Arbeitnehmer, der im → Akkordlohn bezahlt wird, dessen tatsächliche Arbeitsleistung aber kontinuierlich unter der möglichen Normalleistung liegt, mit dem Ziel, die Betriebsleitung über das wahre Leistungsvermögen zu täuschen; nur möglich bei erheblichen Mängeln bei der Akkordvorgabe. – *Gegensatz:* → Akkordbrecher.

Akkordfähigkeit – Bezeichnung für die Eigenschaften, die eine Arbeit aufweisen muss, damit sie im → Akkordlohn vergütet werden kann. – *Voraussetzungen:* (1) Der Arbeitsablauf muss in einer im Voraus bekannten oder bestimmbaren Weise wiederholbar und damit auch zeitlich messbar sein. (2) Die Arbeitsergebnisse müssen mengenmäßig erfassbar sein. (3) Der Arbeitsplatz muss zweckentsprechend gestaltet sein, und die bei der Vorgabezeitermittlung vorhandenen Arbeitsbedingungen müssen während der Akkordarbeit tatsächlich bestehen bleiben. – *Nicht akkordfähig* sind Arbeiten, deren Ablauf und Verfahren sich prozessbedingt verändern, wie Reparaturarbeiten, hochgradige Qualitätsarbeit, Kontrollarbeit, gefährliche Arbeiten, Arbeiten dispositiver Art.

Akkordlohn – I. Allgemein: *Stücklohn;* Prototyp leistungsreagibler Entlohnung. Anders als beim → Zeitlohn erfolgt die Vergütung nach Maßgabe des Mengenergebnisses pro Zeiteinheit. Kommt als Einzelakkord und als Gruppenakkord zur Anwendung. Grundlagen dieser Entlohnungsform sind die Normalleistung und der Akkordrichtsatz. Erstere wird im Rahmen von Arbeits- und Bewegungsstudien ermittelt und soll von einem eingearbeiteten Arbeiter auf Dauer (sowie im Mittel der Schichtzeit) erbracht werden können. Letzterer ist der (i.d.R. tarifvertraglich festgelegte) Stundenlohn bei Normalleistung.

Erscheinungsformen sind Geldakkord (Lohn = Menge · Geldeinheit/Stück) und Zeitakkord (Lohn = Menge · Stückzeit · Geld- bzw. Minutenfaktor). Anwendungsvoraussetzungen sind v.a., dass a) die Mengenleistung persönlich beeinflussbar ist, es sich b) um regelmäßig in gleicher Weise wiederkehrende Tätigkeiten handelt und c) die Qualität der Arbeitsergebnisse von untergeordneter Bedeutung ist. Tätigkeiten mit diesen Merkmalen gelten als akkordfähig (→ Akkordfähigkeit). Hinzu kommt, dass sie auch akkordreif, d.h. frei von die Arbeitsausführung behindernden organisatorischen Mängeln sein müssen (→ Akkordreife). V.a. Automatisierungstendenzen in der Wirtschaft haben die Bedeutung des klassischen Akkordlohns kontinuierlich gemindert.

II. Arbeitsrecht: Sofern keine tarifliche Regelung besteht, unterliegt die Festsetzung der Akkordsätze einschließlich der Geldfaktoren dem erzwingbaren Mitbestimmungsrecht des Betriebsrats in sozialen Angelegenheiten (§ 87 I Nr. 11 BetrVG). Ansatzpunkt für dieses Mitbestimmungsrecht ist der Zeitfaktor. Die Ermittlung der Vorgabezeit soll dem Mitbestimmungsrecht des Betriebsrats unterliegen, um zu gewährleisten, dass der Arbeitnehmer bei einer das normale Maß übersteigenden Leistung auch ein über dem Normallohn liegendes Arbeitsentgelt erhält. Wo eine tarifliche Festlegung des Akkordrichtsatzes fehlt, bedeutet die Erstreckung des Mitbestimmungsrechts auf den Geldfaktor nach der Rechtsprechung des BAG, dass in einem Leistungslohnsystem (→ Leistungslohn) auch die Bestimmung der Lohnhöhe für die Bezugs- oder Ausgangsleistung und damit der Preis für die Arbeit im Leistungslohn überhaupt mitbestimmungspflichtig ist.

Akkordmehrverdienst – Mehrverdienst, den ein Akkordarbeiter bei gleichem Zeiteinsatz gegenüber einem Zeitlohnempfänger erzielt; setzt sich zusammen aus: Akkordzuschlag, Zuschlag auf den Lohn eines vergleichbaren Zeitlohnempfängers und dem

Mehrverdienst, der sich aus dem Unterschreiten der Vorgabezahl ergibt (→ Akkordlohn).

Akkordreife – Bezeichnung eines Arbeitsablaufes, der die → Akkordfähigkeit besitzt und (1) von Störungen bereinigt ist, die die kontinuierliche Wiederholung des Arbeitsablaufes beeinträchtigen könnten, sowie (2) durch den Leistungsgrad des Arbeitenden auch effektiv beeinflusst werden kann.

Akkordrichtsatz → Akkordlohn.

Akkordzuschlag → Akkordmehrverdienst.

Aktivierung – I. Psychologie: 1. *Arbeitspsychologie:* innere Erregung des Menschen, u.a. verantwortlich für seine jeweilige Leistungsfähigkeit. Hohe Aktivierung löst Zunahme der Leistungsbereitschaft aus, befähigt zu einer schnelleren Informationsaufnahme und → Informationsverarbeitung bei erhöhter Lernfähigkeit. – 2. *Werbepsychologie:* Stark aktivierende Reize (z.B. Anzeigen) werden schneller erkannt und bleiben länger in Erinnerung. Anwendung dieses Zusammenhangs in der Werbung durch Koppelung der Werbebotschaft mit stark aktivierenden Reizen; dadurch Erhöhung der Werbewirkung (bes. Erinnerung). Messverfahren: Hautwiderstandsmessung. – Vgl. auch → emotionale Konditionierung, → Emotion, → Motivation.

II. Bilanzierung: buchhalterisches Verfahren zur Erfassung von Vermögenswerten, Rechnungsabgrenzungsposten (Rechnungsabgrenzung) und Korrekturposten (z.B. Fehlbetrag) in der Bilanz. – Vgl. auch Aktivierungspflicht, Aktivierungswahlrecht.

Alphabet Stock → Tracking Stocks.

analytische Arbeitsbewertung – ein Verfahren der → Arbeitsbewertung; nach Definition von → REFA-Verband für Arbeitsstudien, Betriebsorganisation und Unternehmensentwicklung e.V. Verfahren zur anforderungsabhängigen Entgeltdifferenzierung. Bei diesen werden die Anforderungen des Arbeitssystems an den Menschen mithilfe von Anforderungsarten ermittelt.

Anforderungsanalyse – Bei der Anforderungsanalyse werden die inhaltlichen und situativen Erkenntnisse aus der → Arbeitsanalyse in Personenbegriffe übersetzt (z.B. soziale Kompetenz). Gebräuchlich ist die Unterscheidung in Eigenschaftsanforderungen (z.B. Fähigkeiten), Verhaltensanforderungen (z.B. Fertigkeiten), Qualifikationsanforderungen (z.B. Kenntnisse) und Ergebnisanforderungen (z.B. Problemlösungen).

Anforderungsarten – *Anforderungsmerkmale.* 1. *Begriff:* aus dem Gebiet der → Arbeitsbewertung: Die Anforderungen, die eine Tätigkeit an den Ausführenden stellt und anhand deren die Arbeitsschwierigkeit im Rahmen der Arbeitsbewertung durch Rangbewertung oder Punktwertung in eine Größenordnung einbezogen wird, werden nach bestimmten Gesichtspunkten analysiert. Die Gewichtung einer Anforderungsart gegenüber einer anderen ist nur für eine bestimmte Branche oder einen bestimmten Betrieb zu vereinbaren. – 2. *Gliederung:* Die Anzahl der Anforderungsarten differiert in den bisher entwickelten Verfahren der analytischen Arbeitsbewertung zwischen 3 und 32. Es überwiegt die Gliederung der Anforderungsarten gemäß den Vorschlägen der Bewertungstafel des → Genfer Schemas und der REFA-Anforderungstafel: (1) → Fachkenntnisse, (2) → Geschicklichkeit, (3) körperliche Beanspruchung, (4) geistige Beanspruchung, (5) Verantwortung, (6) → Umgebungseinflüsse. Die Anzahl der Anforderungsarten hängt primär vom verfolgten Zweck ab.

Anforderungsmerkmale → Anforderungsarten.

angelernter Arbeiter – im Unterschied zum Facharbeiter Arbeitnehmer mit begrenzter Ausbildung (mind. 3 Monate bis unter 2 Jahren) und Spezialkenntnissen und -fertigkeiten. Tarifrechtlich üben angelernte Arbeiter im Gegensatz zum ungelernten Arbeiter eine anerkannte und eingruppierte Tätigkeit aus, die eine Sonderausbildung verlangt. Es handelt sich hierbei zumeist um einen weiten

Tätigkeitsbereich, der in einem oberen (Berufe mit 2-jähriger Regelausbildung, evtl. auch Tätigkeiten, die über einem längerem Zeitraum einem Facharbeiterberuf entsprechen) und unteren Bereich (alle anderen Tätigkeiten) eingeteilt werden kann. – Vgl. auch → Anlernausbildung.

Angestellter – Ein Angestellter ist ein Arbeitnehmer, der sich vom Begriff des Arbeiters in gewissen Punkten unterscheidet.

I. Rechtsstellung: 1. *Arbeitsrecht:* Begriffsbestimmung nach eindeutigen Kriterien nicht möglich, wird aber durch das Arbeitsrecht und Sozialversicherungsrecht, so weit möglich, festgelegt, kann sich aber je nach Anwendungsbereich unterscheiden. Im Unterschied zum Arbeiter ist der Angestellte nach herkömmlicher Anschauung ein Arbeitnehmer, der überwiegend geistige Aufgaben (kaufmännischer, höherer technischer, büromäßiger oder überwiegend leitender Tätigkeit) zu erfüllen hat; in zahlreichen Berufen und Tätigkeiten ist diese Zurechnung zweifelhaft. Maßgeblich ist die Verkehrsanschauung, die durch die Praxis des Sozialversicherungsrechts beeinflusst ist. § 133 II SGB VI führt einen nicht abschließenden Katalog von acht Arbeitnehmergruppen auf, die zu den Angestellten gehören. Danach sind Angestellte v.a. leitende Angestellte, Betriebsbeamte, Werkmeister und andere Angestellte in einer ähnlich gehobenen oder höheren Stellung; Büroangestellte, die nicht ausschließlich mit Botengängen, Reinigung, Aufräumung und ähnlichen Arbeiten beschäftigt werden, einschließlich Werkstattschreiber; Handlungsgehilfen (§ 59 HGB) und andere Angestellte für kaufmännische Dienste; Gehilfen in Apotheken; Bühnenmitglieder und Musiker ohne Rücksicht auf den Kunstwert ihrer Leistungen; Angestellte in Berufen der Erziehung, des Unterrichts, der Fürsorge, der Kranken- und Wohlfahrtspflege. Diese Einteilung hat nur noch wenig Bedeutung. – Im modernen Arbeitsrecht herrschen *einheitliche Vorschriften* für beide Gruppen vor; die *Unterscheidung* besteht immer noch: (1) teilweise für Tarifverträge; (2) für die Sozialversicherungsträger. – 2. *Wettbewerbsrecht:* Zur Haftung für Wettbewerbsverstöße von Angestellten vgl. Haftung.

II. Amtliche Statistik: Gruppe bei der Gliederung der Erwerbstätigen: alle nichtbeamteten Gehaltsempfänger. Für die Zuordnung ist je nach Statistik die Stellung im Betrieb oder die Mitgliedschaft in der Rentenversicherung für Angestellte entscheidend. Leitende Angestellte gelten als Angestellte, sofern sie nicht Miteigentümer sind. Zu den Angestellten zählen auch die Auszubildenden in anerkannten kaufmännischen und technischen Ausbildungsberufen.

Anlernausbildung – Qualifizierung eines Arbeitnehmers (Anlernling) im Rahmen einer betrieblichen Ausbildung, häufig durch Unterweisung am Arbeitsplatz, ohne dass eine umfassende berufliche Ausbildung (Beruf) erforderlich ist. Erfolgt im Rahmen eines Anlernverhältnisses, das sich vom Berufsausbildungsverhältnis durch einen begrenzten Ausbildungszweck unterscheidet. Nach Inkrafttreten des Berufsbildungsgesetzes gelten auch für Anlernlinge mit Einschränkungen dessen Vorschriften (§ 26 BBiG). – Vgl. auch Volontär, → Praktikant.

Anpassungsfortbildung – eine Form der beruflichen Weiterbildung. Aktualisierung der individuellen beruflichen Leistungspotenziale durch Erweiterung und Anpassung der Fertigkeiten und Kenntnisse an technische, wirtschaftliche und rechtliche Entwicklungen. Anpassungsfortbildung erfolgt im Rahmen betrieblicher oder überbetrieblicher Veranstaltungen. Förderung durch die Agentur für Arbeit möglich.

Anreiz – I. Arbeits- und Organisationspsychologie: 1. *Begriff:* Situative Bedingung, die aufgrund einer gegebenen Bedürfnisstruktur bzw. einer inhaltlichen → Motivation Aufforderungscharakter (Valenz) für die Person aufweist. – 2. Anreize, die im Tätigkeitsvollzug selbst liegen, verbinden sich mit

→ intrinsischer Motivation. Anreize, die schwerpunktmäßig im Arbeitsumfeld (Kollegen) oder in den Folgen des Tätigkeitsvollzugs liegen (monetäre Anreize), verbinden sich mit → extrinsischer Motivation.

II. Wirtschafts-/Finanzpolitik: → Incentives, Disincentives.

III. Transaktionskostenökonomik: punktuelle Anreize, Sammelanreize.

Anreizsystem – Summe aller bewusst gestalteten Arbeitsbedingungen, um direkt oder indirekt auf die Leistungsbereitschaft der Mitarbeiter einzuwirken (→ Arbeitsleistung) bzw. gewünschte Verhaltensweisen zu verstärken. Unterscheidung zwischen Anreizobjekt (materiell, immateriell), Anreizempfänger (Individual-, Gruppen-, organisationsweite Anreize) und Anreizquellen (extrinsisch, intrinsisch). – Übergreifend i.e.S. die Lohngestaltung und die daraus abgeleiteten Entlohnungsgrundsätze, i.w.S. alle Maßnahmen, die verhaltensbeeinflussend wirken bzw. einwirken können. Sie betreffen neben dem Entgelt die Arbeit selbst, Karrieremöglichkeiten, Formen der Mitarbeiterbeteiligung sowie Weiterbildungsmöglichkeiten. Funktionsvoraussetzung ist, dass die Motivationsstrukturen der Beschäftigten angesprochen werden. Als Mittel der gezielten Beeinflussung der Motivations- und Verhaltensstruktur der Mitarbeiter sind Anreizsysteme elementare Bestandteile eines jeden Führungssystems.

Anreiz-Theorie – Der Anreiz-Theorie liegt die Annahme zugrunde, dass das Ziel des Menschen sei, Lust zu erfahren und Unlust zu vermeiden. So suche er insbesondere jene äußeren Reize, die möglichst viel Lust zu versprechen scheinen. So kann ein gebotener → Anreiz → Motive aktivieren, das Verhalten dem Lustprinzip folgend auf die Erfüllung der Bedürfnisse zu richten. Gerade in der Arbeitspsychologie spielt dies eine nicht unerhebliche Rolle. Als Anreize können gezielt Werte und Ziele der einzelnen Organisationsmitglieder eingesetzt werden, die sowohl monetärer als auch nichtmonetärer Natur sein können wie Gelderwerb, Sicherheit, Status, Entfaltung, Spaß an der Arbeit, Sinnerfüllung etc. Die Arbeit ist dabei das Mittel zum Zweck. – Vgl. auch → Anreizsystem.

Anspruchsniveau – 1. *Arbeitspsychologie*: Ausdruck der Erwartungen einer Person, entweder an die eigene Leistung oder an die Arbeitsbedingungen. Im Zusammenhang mit der Entwicklung differenzierter Formen der → Arbeitszufriedenheit spielt die Veränderung des Anspruchsniveaus von Mitarbeitern eine große Rolle. Wenn der Arbeitsplatz im Vergleich zu den individuellen Erwartungen positiv eingeschätzt wird, kann es bei den Mitarbeitern entweder zu einer Steigerung des Anspruchsniveaus kommen oder die Mitarbeiter behalten ihr Anspruchsniveau bei. Wenn sie es steigern, führt das zu progressiver Arbeitszufriedenheit, wenn sie es beibehalten, führt das zu stabilisierter Arbeitszufriedenheit. Fällt der Vergleich zwischen Arbeitsplatz und individuellen Erwartungen negativ aus, kann das zu einer Senkung des Anspruchsniveaus und infolgedessen zu resignativer Arbeitszufriedenheit führen. – 2. *Entscheidungstheorie*: Begriff zur Charakterisierung der Zielfunktion. Anspruchsniveau liegt vor, wenn der Zielsetzende nicht nach Extremwerten der Zielvariablen (Variable, endogene) strebt, sondern Werte vorgibt, die von ihm als befriedigend und damit als sein Ziel erfüllend angesehen werden. Überschreiten des Anspruchsniveaus führt zum Organizational Slack, Unterschreiten des Anspruchsniveaus zu Organizational Pressure.

Äquivalenzprinzip – I. Besteuerung: 1. *Begriff*: Besteuerungsprinzip, nach dem sich die Höhe der Abgaben nach den empfangenen staatlichen Leistungen durch den Staatsbürger richtet. Für den Nutzen, den die Bürger aus öffentlichen Gütern und Diensten ziehen, sollen sie aus Gründen der optimalen Allokation ein marktpreisähnliches Entgelt zahlen. – 2. *Formen*: a) *individuelle Äquivalenz*: Äquivalenz bezogen auf einzelne Personen; kaum realisierbar, bei vielen Leistungen insbesondere bei Steuern nicht gewollt. – b) *gruppenmäßige Äquivalenz*: Äquivalenz bezogen auf Gruppen, v.a. regional abgegrenzte Gruppen; wichtiges Kriterium für die Bemessung öffentlicher Einnahmen und deren Verteilung im föderalen Finanzausgleich. – *Beurteilung*: Nach heutiger Meinung ist das Äquivalenzprinzip in der Besteuerung nicht praktikabel, da der Nutzen i.d.R. nicht operational messbar und individuell zurechenbar ist; bei der Bemessung aufkommensstarker Steuern widerspricht es außerdem dem fiskalischen Ziel der Einnahmenerhebung und vielen verteilungspolitischen Zielsetzungen. – *Gegensatz*: Leistungsfähigkeitsprinzip.

II. Privatversicherung: grundlegendes Kalkulationsprinzip, das die Gleichheit von Leistung und Gegenleistung fordert. Demzufolge soll für ein versicherungstechnisches Risiko eine Risikoprämie (Preis für den Versicherungsschutz) entsprechend seinem Schadenerwartungswert (erwartete Versicherungsleistung) erhoben werden. Es existieren unterschiedliche versicherungsmathematische Kalkulationsverfahren in den einzelnen Versicherungssparten.

III. Sozialversicherung: In den Sozialversicherungen herrscht generell eine gruppenmäßige Äquivalenz durch die Beschränkung von Beitragspflichten und Leistungsansprüchen auf im Wesentlichen durch ihren Erwerbsstatus definierte Mitglieder sowie deren Angehörige. In der gesetzlichen Rentenversicherung gilt das Äquivalenzprinzip eingeschränkt; hier bilden die sog. persönlichen Entgeltpunkte (§ 66 SGB VI) den individuellen Faktor der Rentenformel. Dies garantiert, dass die Höhe der Rente auch von der Beitragsleistung des Einzelnen abhängt. – *Beurteilung*: Angesichts der wohlfahrtsstaatlichen Zielsetzung, auch bei niedrigen Erwerbseinkommen zu einer ausreichenden Altersversorgung zu kommen, wird dieser Tatbestand kritisiert, weil eine Umverteilung von den hohen zu den sehr niedrigen Renten möglich sein müsste. Dies geschieht auch, z.B. durch die Rente nach Mindesteinkommen und durch andere Formen „versicherungsfremder Leistungen" sowie außerhalb der Rentenversicherung durch die „Grundsicherung im Alter". – In der gesetzlichen Krankenversicherung und der sozialen Pflegeversicherung stellen die einheitlichen Ansprüche aller Mitglieder auf Sachleistungen sowie die beitragsfreie Mitversicherung von Familienangehörigen Abweichungen vom Äquivalenzprinzip dar. – Vgl. auch Sozialpolitik, Gestaltungsprinzipien.

IV. Lohn und Leistung: Grundsatz des leistungsgerechten Lohns (Lohngerechtigkeit). Bezieht sich nicht auf eine Festlegung der absoluten Lohnsumme, sondern fordert, dass die relative Lohnhöhe, also die Verhältnisse der einzelnen betrieblichen Löhne zueinander, den jeweiligen Leistungen entsprechen. – Das Äquivalenzprinzip beinhaltet: a) Forderung nach *Äquivalenz von Lohn und Anforderungsgrad* (Arbeitsschwierigkeit), errechenbar durch eine geeignete Lohnsatzdifferenzierung: Mithilfe der → Arbeitsbewertung sind die Anforderungsgrade der einzelnen Arbeitstätigkeiten als Grundlage für die arbeitsplatzweise Differenzierung der Lohnsätze auf der Basis der → Normalleistung zu bestimmen. – b) *Äquivalenz von Lohn und Leistungsgrad* (persönliche Leistung), erreichbar durch die Wahl einer geeigneten Lohnform: durch die Differenzierung des Lohns für einzelne Arbeitstätigkeiten nach dem persönlichen Arbeitsergebnis im Vergleich zur Normalleistung. Ökonomisch würde das Äquivalenzprinzip eine „marktleistungsgerechte" Entlohnung fordern, in der sich die relative Knappheit der Arbeitsleistung und des mit ihrer Hilfe erzeugten Produktes niederschlägt.

Arbeiterbewegung – 1. *Begriff*: zu Beginn der Industrialisierung im 19. Jh. entstandene Organisation der Lohnarbeiter zur Durchsetzung ihrer Interessen und Forderungen. – 2. *Entwicklung*: Unter radikalen Führern war Ziel der Arbeiterbewegung nicht nur die

Verbesserung der sozialen Lage der Arbeiterschaft, sondern allg. das Ende des Kapitalismus mit Mitteln des Klassenkampfes. Der Druck durch organisierte Zusammenfassung großer Arbeitermassen führte nach schrittweiser Aufhebung der Koalitionsverbote zur Bildung von Gewerkschaften, deren Aufgabe die Vertretung der wirtschaftlichen und politischen Arbeiterinteressen war und die nach dem Ersten Weltkrieg starke Bedeutung erlangten. Weitere Organisationsformen: Arbeiterparteien, Genossenschaften, Freizeit- und Bildungsvereine. – Seit 1945 manifestiert sich die dt. Arbeiterbewegung überwiegend in den Gewerkschaften als verfassungsmäßig anerkannte Sozialpartner.

Arbeitgeberverbände – freiwillige Zusammenschlüsse von Arbeitgebern zwecks Wahrnehmung gemeinsamer Interessen in arbeitsrechtlicher und sozialpolitischer Hinsicht. Tarifverhandlungen stellen dabei die größte und häufigste Tätigkeit dar. Art. 9 GG garantiert das Recht, zur Wahrnehmung und Förderung der Arbeits- und Wirtschaftsbedingungen Vereinigungen zu bilden. Arbeitgeberverbände können gemäß § 2 TVG – Tarifvertragsgesetz (TVG) – wie Gewerkschaften Tarifvertragspartei sein, wenn der Arbeitgeberverband eine Vereinigung kollektiver Arbeitgeberinteressen ist. – Arbeitgeberverbände sind i.d.R. privatrechtliche Vereine. – Arbeitgeberverbände sind fachlich und regional organisiert. Zwei Mitgliedsformen (klassisch tarifbindende Mitgliedschaft oder OT-Mitgliedschaft) haben sich im Laufe der Zeit herauskristallisiert. – In Deutschland ist die Bundesvereinigung der → Deutschen Arbeitgeberverbände e. V. (BDA) die Dachorganisation der deutschen Wirtschaft.

Arbeitnehmerüberlassung – *Personalleasing, Leiharbeit, Zeitarbeit*; 1. *Begriff*: Überlassung von Arbeitnehmern durch ihren Arbeitgeber (Verleiher) zur Arbeitsleistung an Dritte (Entleiher). Die Arbeitnehmerüberlassung ist im Gegensatz zu allen anderen ein dreiseitiges Beschäftigungs- bzw. Arbeitsverhältnis zwischen Arbeitnehmer, Verleih- und Entleihfirma. Sie ist für letztere ein Instrument zur externen Flexibilisierung des Personaleinsatzes. – 2. *Entwicklung*: Sie wurde erstmals im Gesetz zur Regelung der gewerbsmäßigen Arbeitnehmerüberlassungsgesetz (AÜG) von 1972 verankert. Der Verleiher unterliegt grundsätzlich der Erlaubnispflicht (§ 1 AÜG). – Wesentliche Änderungen erfuhr das AÜG durch das Erste Gesetz für moderne Dienstleistungen am Arbeitsmarkt vom 23.12.2002 (BGBl. I 4607) (Hartz-Gesetze). Mit Wirkung zum 1.1.2003 wurden das besondere Befristungsverbot (Verbot der wiederholten Befristung eines Leiharbeitsverhältnisses, ohne dass ein sachlicher Grund in der Person des Leiharbeitnehmers vorlag), das Synchronisationsverbot (Verbot der Einstellung eines Arbeitnehmers für nur eine einzelne Überlassung an einen Entleiher), das Wiedereinstellungsverbot (desselben Arbeitnehmers innerhalb von drei Monaten) und die Beschränkung der Überlassungsdauer (auf höchstens zwei Jahre) aufgehoben. Diese Änderungen haben zu einer deutlichen Ausweitung (auf die höchste, jemals erreichte Zahl von ca. 900.000 Arbeitsverhältnissen im Jahr 2010) geführt. Fast die Hälfte aller Überlassungen endet nach weniger als drei Monaten. Allerdings ist die Mehrheit der Zeitarbeitnehmer unmittelbar vor Aufnahme ihrer Tätigkeit ohne Beschäftigung, sodass keine systematische Verdrängung von Stammbelegschaften zu erkennen ist. Hingegen treten auch „Klebeeffekte" im Sinne eines Übergangs in ein unbefristetes Arbeitsverhältnis bei dem Entleihunternehmen eher selten ein, was an der deutlich prozyklischen Entwicklung der Arbeitnehmerüberlassung liegen mag. Zugunsten der Leiharbeitnehmer wurde der Gleichstellungsgrundsatz im Gesetz verankert: Leiharbeitnehmer müssen grundsätzlich zu denselben Bedingungen beschäftigt werden wie die Stammarbeitnehmer des entleihenden Unternehmens. – Aufgrund der notwendigen Umsetzung der Europäischen Richtlinie über Leiharbeit (2008/104/EG) (*EU-Leiharbeitsrichtlinie*) untersagt schließlich das neu gefasste AÜG seit dem 1.12.2011 einen *dauerhaften* Leiharbeitnehmereinsatz (Erstes Gesetz zur Änderung des Arbeitnehmerüberlassungsgesetzes – Verhinderung von Missbrauch der Arbeitnehmerüberlassung vom 28.4.2011 [BGBl. I 642]). Sein Anwendungsbereich wird ferner auf die *nicht* gewerbsmäßige Arbeitnehmerüberlassung ausgedehnt, mithin werden auch konzerninterne Personaldienstleistungsgesellschaften vom AÜG erfasst. – Auf Basis des § 3a AÜG trat schließlich am 1.1.2012 ein absoluter Mindestlohn (*Lohnuntergrenze*) in Höhe von 7,89 Euro im Westen und 7,01 Euro im Osten Deutschlands in Kraft, und zwar durch Verordnung des Bundesministeriums für Arbeit und Soziales (BMAS) nach Beteiligung des Tarifausschusses.

Arbeitnehmerverbände – Gewerkschaften.

Arbeitsablaufstudie – *Arbeitsablaufanalyse, Ablaufanalyse;* Verfahren der Arbeitswissenschaften. Bezweckt die Untersuchung und rationale Gestaltung des Arbeitsablaufes, d.h. das Zusammenwirken von Mensch und Betriebsmittel und dem Arbeitsgegenstand unter: (1) zeitlichen, (2) logischen, (3) räumlichen, (4) menschlichen und (5) technischen Aspekten. Für die Beschreibung des Ablaufs ist die Zerlegung in Ablaufabschnitte erforderlich. Die Arbeitsablaufstudie ist Voraussetzung für die anderen Verfahren der Arbeitswissenschaften und wichtigster Ansatzpunkt der arbeitstechnischen Rationalisierung.

Arbeitsanalyse – Die psychologisch orientierte Arbeitsanalyse befasst sich mit der Beschreibung von Arbeitsverrichtungen und Arbeitsinhalten, wobei standardisierte Instrumente (→ Befragung, → Beobachtung) eingesetzt werden. Die Arbeitsanalyse dient u.a. zur Ermittlung der Arbeitsanforderungen, die wiederum die Grundlage für Personalauswahl und Personalentwicklungsmaßnahmen darstellen. Die Arbeitstätigkeit stellt hierbei eine psychisch regulierte Tätigkeit dar. – In der betriebswirtschaftlichen Lehre hat sich Erich Kosiol ausführlich 1976 zur Arbeitsanalyse (mit anschließender Arbeitssynthese) geäußert.

Arbeitsauftrag – Veranlassung der Durchführung einer Arbeit, i.d.R. unter Festlegung von Art und Menge der zu leistenden Arbeit für einen bestimmten Zeitabschnitt.

Arbeitsbereicherung → Jobenrichment.

Arbeitsbewertung – 1. *Begriff:* Erfassung und Messung der feststellbaren Unterschiede in der Arbeitsschwierigkeit, die durch die verschiedenen Anforderungen an einzelnen Arbeitsplätzen bzw. bei einzelnen Arbeitsvorgängen entstehen. Die Arbeitsschwierigkeit wird erfasst nach von der Person des Arbeiters und seinen Fähigkeiten unabhängigen → Anforderungsarten. – 2. *Arten/Methoden:* a) *Analytische Arbeitsbewertung* (z.B. nach den Anforderungsmerkmalen des → Genfer Schemas): (1) *Rangreihenverfahren:* Alle Arbeiten werden für jedes Anforderungsmerkmal gesondert verglichen. Im Anschluss daran wird eine Rangreihe gebildet. Die Rangreihenbildung wird erleichtert durch Heranziehung vorher analysierter und bewerteter Schlüsselarbeiten (sog. Richtbeispiele). Die Rangreihenordnung muss in einen Zahlenausdruck umgewandelt werden, der für die Ermittlung des Lohnes oder Lohnwertes verwendet werden kann. *Sonderform:* → Direkt-Geld-Methode. –(2) *Stufen(wert)zahlverfahren* (Punktbewertung): Für jedes Bewertungsmerkmal werden Anforderungsstufen verbal beschrieben und zusätzlich durch Punkte festgelegt, die die unterschiedliche Höhe der Anforderungen bez. einzelner Merkmale beschreiben. Zur Bewertung dienen z.B. Bewertungstafeln. Alle Arbeiten werden für jedes Anforderungsmerkmal gesondert eingestuft. Die Arbeitsbewertung für einen Arbeitsplatz ergibt sich aus der Summe aller Punktwerte (→ Wertzahlsumme). – Durch die Zunahme geistiger Tätigkeiten wird analytische Arbeitsbewertung zugunsten der summarischen Arbeitsbewertung zurückgedrängt. – *Lohnsatzermittlung:* Die gefundene Wertzahl wird mit einem Geldfaktor multipliziert und der sich ergebende Betrag mit einem gleichbleibenden Grundbetrag hinzugezählt. Für die am niedrigsten bewertete Arbeit (geringste Punktzahl) wird der Mindestlohn bzw. der niedrigste tarifliche Normallohn gezahlt. Der errechnete → Grundlohn kann dem Zeit- oder Akkordlohn zugrunde gelegt werden. – b) *Summarische Arbeitsbewertung:* (1) *Rangfolgeverfahren:* Eine Liste aller im Betrieb vorkommenden Arbeiten wird aufgestellt und jeder Arbeitsplatz durch Vergleich mit dem anderen in Bezug auf die Anforderungen an den Menschen summarisch bewertet und in eine Rangfolge gebracht. – *Sonderform:* Merkmalsvergleich. (2) *Lohngruppenverfahren:* Schwierigkeitsstufen werden summarisch beschrieben und in Stufen oder Lohngruppen zum Ausdruck gebracht. Diesen Stufen oder Lohngruppen werden Vergleichsarbeiten oder Richtbeispiele zugeordnet. Die zu bewertenden Arbeiten werden mit diesen Richtbeispielen verglichen und in diejenige Schwierigkeitsstufe eingestuft, deren Richtbeispiel hinsichtlich der summarisch betrachteten Anforderungshöhe am weitestgehenden mit der einzuordnenden Tätigkeit übereinstimmt. Wenn die Lohngruppen durch ein solches System von Richtbeispielen ergänzt sind, spricht man von *Katalogisierungsverfahren.* – *Lohnsatzermittlung:* Aufgrund der durch die Arbeitsbewertung abgeleiteten Rangordnung der Arbeiten werden diese mit der Aufeinanderfolge der Lohnsätze in Übereinstimmung gebracht. – c) Die *Hauptprobleme* bei allen Verfahren der Arbeitsbewertung sind die Gewichtung der Anforderungsmerkmale und die Bewertung der einzelnen Merkmale.

Arbeitserweiterung → Jobenlargement.

Arbeitsethik – 1. *Begriff:* Ethik ist ein grundlegender Teil der praktischen Philosophie; sie fragt nach den Maximen (Normen) menschlichen Tuns. Ethische Maximen werden im Laufe der → Sozialisation und Enkulturation internalisiert. – Arbeitsethik bezeichnet die im Laufe der Geschichte entwickelten, dem Wandel unterworfenen *normativen Aussagen über die objektive Wertigkeit der Arbeit.* Unter Arbeitsethik versteht man die Einstellung zur Berufstätigkeit bzw. Arbeit. – 2. *Ursprünge:* Die unterschiedlichen inhaltlichen Deutungen der Arbeitsethik stehen in engem Zusammenhang mit religiösen, philosophischen und politischen Ideen und der Sozialstruktur der jeweiligen Gesellschaft. Die spezifischen Ausformungen der abendländischen Arbeitsethik sind in ihren Ursprüngen v.a. auf die Antike (klassische griechische Philosophie), das Christentum (Katholizismus und Calvinismus) und die Philosophie der Aufklärung (v.a. deutscher Idealismus) zurückzuführen. – 3. *Abgrenzung zur Arbeitsmoral:* Arbeitsethik ist von der Arbeitsmoral zu trennen, da Moral stets psychologisch determiniert ist. Während die Arbeitsethik nach Inhalten (Sinn des Tuns) unabhängig von den individuellen Wünschen und Bedürfnissen fragt, ist die Arbeitsmoral eine den individuellen Motiven unterliegende „subjektive" Einstellung zur Arbeit. Fazit: Arbeitsethik ist ein philosophischer, Arbeitsmoral ein psychologischer Begriff. – 4. *Formen:* protestantische Arbeitsethik, Hackerethik, destruktive Ethik. – Vgl. auch Arbeit.

Arbeitsfeldvergrößerung → Jobenlargement.

Arbeitsgemeinschaft Selbständiger Unternehmer e.V. (ASU) – Zusammenschluss selbstständiger Unternehmer; gegründet 1949; Sitz in Berlin. – *Ziele/Aufgaben:* Liberalisierung von Produktion und Handel. Betonen v.a. freie Marktwirtschaft und freie Eigentumsordnung. – Angeschlossen ist der *Bundesverband Junger Unternehmer (BJU).*

Arbeitsgestaltung – Maßnahmen zur Anpassung der Arbeit an den Menschen mit dem Ziel, → Belastungen abzubauen sowie auf → Arbeitszufriedenheit und Leistung positiv einzuwirken. Arbeitsgestaltung bezieht sich auf die ergonomischen Bedingungen (Lärm, Beleuchtung, Bestuhlung etc.) und/oder auf inhaltliche Aspekte der Tätigkeit; vgl. → Arbeitsplatzgestaltung, → Ergonomie. Maßnahmen wie → Jobenrichment oder Installierung → teilautonomer Arbeitsgruppen zielen v.a. auf eine Vergrößerung des Handlungsspielraums und des → Motivationspotenzials ab. Die Arbeitsgestaltung dient neben Zufriedenheit (→ Wohlbefinden) und positiver → Einstellung zur Arbeit dem optimalen Einsatz des arbeitenden Menschen innerhalb der Grenzen der zulässigen Arbeitsbelastung (→ Ausführbarkeit, → Erträglichkeit, → Zumutbarkeit). – *Instrument der Arbeitsgestaltung:* → Job Diagnostic Survey (JDS).

Arbeitsgruppe – *Taskforce;* Mehrzahl von Personen, die über eine längere Zeitdauer zusammen an einer Aufgabe arbeitet, Rollendifferenzierung sowie Normen herausgebildet und eine Gruppenidentität entwickelt hat. – Vgl. auch → Gruppenarbeit, → teilautonome Arbeitsgruppe.

Arbeitsleistung – im engeren, auf Entlohnungsfragen beschränkten Sinn, das von einem Arbeitnehmer in einem vorgegebenen Zeitraum erreichte mengenmäßige Arbeitsergebnis. Neben der → Arbeitszufriedenheit als personalwirtschaftliches Basiskonzept interpretiert, interessieren die Bestimmungsfaktoren der Arbeitsleistung in Form von Leistungsdisposition (angeborene körperliche und geistige Voraussetzungen), Leistungsfähigkeit (Ergebnisse individuellen Lernens) und Leistungsbereitschaft (motivationale Voraussetzungen). Neben diesen personbezogenen Determinanten hängt das Arbeitsergebnis auch von situativen Faktoren wie arbeitsorganisatorischen Regelungen, ergonomischen Zweckmäßigkeiten bei der Gestaltung des → Arbeitsplatzes, der Arbeitsumgebung und der Bewegungstechnik sowie von einer motivkongruenten, auf das individuelle „Wollen" zugeschnittenen Anreizgestaltung (→ Individualisierung) ab.

Arbeitsmedizin – Teilbereich der Arbeitswissenschaft; beschäftigt sich mit dem Einfluss der Arbeit auf den Menschen. – Ziel ist die Gesunderhaltung des Menschen am Arbeitsplatz und die Erhaltung der beruflichen Leistungsfähigkeit durch Prävention, Therapie und Rehabilitation.

Arbeitsmittel – 1. *Begriff:* Gegenstände, die unter Ausnutzung physikalischer, chemischer, biologischer oder sonstiger Naturgesetze technische Arbeit verrichten, d.h. Betriebsmittel i.e.S. – *Beispiele:* Maschinen, Werkzeuge und Vorrichtungen. – 2. *Arbeitsrechtliche Regelungen:* Arbeitsmittel, die zur Durchführung der Arbeit benötigt werden, hat i.d.R. der Arbeitgeber dem Arbeitnehmer zur Verfügung zu stellen. – Da die Ausübung der Arbeit für den Arbeitgeber unter dessen Weisungsgewalt (Direktionsrecht) erfolgt, ist besitzrechtlich der Arbeitgeber Besitzer, der Arbeitnehmer Besitzdiener (§ 855 BGB). – Nach Beendigung des Arbeitsverhältnisses hat der Arbeitnehmer die ihm überlassenen Arbeitsmittel herauszugeben; er hat *kein Zurückbehaltungsrecht* wegen etwaiger Gegenansprüche. – Vgl. auch Arbeitsschutz.

Arbeitsmotivation – Beweggründe des Individuums zur Arbeitsleistung. – *Unterscheidungen:* 1. Arbeitsmotivation als *hypothetisches Konstrukt*, das der Erklärung der inhaltlichen Ausrichtung, der Intensität sowie der Zeitdauer des Arbeitsverhaltens dient. – 2. Inhaltstheorien der Arbeitsmotivation spezifizieren die Art der zugrunde liegenden Bedürfnisse (z.B. → Bedürfnishierarchie von Maslow). – 3. *Prozesstheorien* der Arbeitsmotivation thematisieren den Vorgang der Motivaktualisierung und berücksichtigen wesentlich kognitive Variablen (→ Erwartungswert-Theorie).

Arbeitsorganisation – Organisatorische Gestaltung nach Art, Umfang und Bedingungen aller Elemente des Arbeitens. – Vgl. auch

Organisation, Betriebsorganisation, → Arbeitsgestaltung, → Jobenlargement, → Jobenrichment, → teilautonome Arbeitsgruppe.

Arbeitsphysiologie – Teilbereich der → Arbeitswissenschaft, der sich mit den physiologischen Funktionen des Menschen und dessen Belastbarkeit bei der Verrichtung von Arbeit befasst. Die Forschungsergebnisse der Arbeitsphysiologie bilden u.a. die Grundlage für → Arbeitsgestaltung. – Zur *angewandten Arbeitsphysiologie* gehören u.a. Arbeitshygiene, Arbeitsschutz, Entstaubungseinrichtungen, Arbeitsplatzbeleuchtung, Farbgestaltung der Arbeitsräume, Installation von Heizungs-, Lüftungs- und Klimaanlagen.

Arbeitsplatz – I. Allgemein: 1. *Begriff:* räumlicher Bereich, in dem der Mensch innerhalb des betrieblichen Arbeitssystems mit Arbeitsmitteln und -gegenständen zusammenwirkt. Der Arbeitsplatz ist die kleinste räumliche Struktureinheit eines Betriebs. – 2. Die *Einrichtung eines Arbeitsplatzes* erfolgt durch → Arbeitsplatzgestaltung.

II. Arbeitsrecht: 1. *Recht am Arbeitsplatz:* Es wird teilweise vertreten, das zwischen Arbeitgeber und -nehmer bestehende Arbeitsverhältnis sei zugleich als ein absolutes Recht am Arbeitsplatz zu verstehen. Eine unrechtmäßige Aussperrung verletze das Recht des Arbeitnehmers an seinem Arbeitsplatz und verpflichte nach § 823 I BGB zum Schadensersatz; dieselbe Rechtsfolge ergibt sich aber bereits aus der Anwendung des Arbeitsvertragsrechts (Aussperrung). – 2. *Mitbestimmung am Arbeitsplatz* (§§ 81–84 BetrVG): Arbeitsplatzmitbestimmung.

III. Behindertenrecht: Auf einem bestimmten Prozentsatz der Arbeitsplätze haben (private und öffentliche) Arbeitgeber schwerbehinderte Menschen zu beschäftigen; die Einstellung ist aber lediglich eine öffentlich-rechtliche Pflicht und gibt dem einzelnen schwerbehinderten Menschen keinen Anspruch auf Beschäftigung bei einem bestimmten Arbeitgeber (§ 71 SGB IX). Wird die Verpflichtung zur Beschäftigung schwerbehinderter Menschen nicht eingehalten, hat der Arbeitgeber eine Ausgleichsabgabe zu zahlen (§ 77 SGB IX).

Arbeitsplatzanalyse – Systematische Beschreibung eines → Arbeitsplatzes und der für ihn typischen Arbeitsvorgänge zur Bestimmung der physischen und psychischen Anforderungen, die von ihm an den Menschen gestellt werden. – *Zweck:* (1) → Arbeitsplatzbewertung; (2) Verbesserung der Arbeitsbedingungen (Erleichterung des Arbeitsvollzugs); (3) → Arbeitsbewertung im Zusammenhang mit der Lohngestaltung; (4) optimale Besetzung des Arbeitsplatzes und Mitarbeiterunterweisung.

Arbeitsplatzbewertung – Bewertung sämtlicher → Arbeitsplätze des Betriebs nach einem Punktsystem aufgrund systematischer arbeitswissenschaftlicher Untersuchung des gesamten Betriebs auf die Arbeitsbedingungen und notwendigen Arbeitsleistungen hin. – *Zweck:* (1) Festlegung der Leistungsmöglichkeit der einzelnen Betriebsteile; (2) Grundlage für die Entlohnung. – Vgl. auch → Arbeitsplatzanalyse, → Arbeitsbewertung.

Arbeitsplatzgestaltung – I. Allgemein: Gestaltung des → Arbeitsplatzes; umfasst: (1) *Anlage des Arbeitsplatzes,* um die zweckmäßigste Zusammenarbeit mit den vor- und nachgeordneten Plätzen zu gewährleisten; (2) *Installation von Transporteinrichtungen,* die einen leichten An- und Abtransport des Werkstücks ermöglichen; (3) *Ausstattung* des Arbeitsplatzes nach arbeitswissenschaftlichen Gesichtspunkten; u.a. Anpassung an die Maße des menschlichen Körpers (anthropometrische Arbeitsplatzgestaltung). – Im Zusammenhang mit der *Leistungsbewertung:* → Arbeitsplatzbewertung. – *Anordnung der Arbeitsplätze:* Produktionsprozessplanung.

II. Betriebsverfassungsrecht: Hinsichtlich geplanter Änderungen von Arbeitsplatz, Arbeitsablauf und Arbeitsumgebung hat der Betriebsrat *Unterrichtungs- und Beratungsrechte* (§ 90 BetrVG). – Stellt der Betriebsrat fest, dass Arbeitnehmer durch Änderungen der

Arbeitsplätze, des Arbeitsablaufs oder der Arbeitsumgebung, die den gesicherten arbeitswissenschaftlichen Erkenntnissen über die menschengerechte Gestaltung der Arbeit offensichtlich widersprechen, in bes. Weise belastet werden, so kann er angemessene Maßnahmen zur Abwendung, Milderung oder zum Ausgleich der Belastung verlangen (§ 91 BetrVG); *„korrigierendes" Mitbestimmungsrecht.* Kommt eine Einigung nicht zustande, entscheidet die Einigungsstelle.

Arbeitsplatzteilung → Job Sharing.

Arbeitsplatzwechsel – I. Arbeitsrecht: vom Arbeitnehmer herbeigeführte Beendigung des Arbeitsverhältnisses zum bisherigen Arbeitgeber und Eingehung eines neuen Arbeitsverhältnisses (Arbeitsverhältnis). – 1. *Recht zum Arbeitsplatzwechsel:* Es ist durch Art. 12 I 1, II 1 GG verfassungsrechtlich gewährleistet. – *Ausnahme* für den Verteidigungsfall: Art. 12a VI GG). Zum Maß der Betriebsbindung bei Rückzahlungsklauseln vgl. Ausbildungskosten, Gratifikation. – 2. Zum *rechtmäßigen Arbeitsplatzwechsel* ist erforderlich: (1) *ordnungsgemäße Kündigung* des Arbeitsvertrags und (2) *Einhaltung der Kündigungsfrist.* Findet der Arbeitnehmer ein bes. günstiges Stellenangebot, so ist er grundsätzlich nicht zur außerordentlichen Kündigung berechtigt; dies gilt auch dann, wenn er in der Lage ist, seinem Arbeitgeber eine gleichwertige Arbeitskraft zu stellen. Andernfalls handelt er rechtswidrig (Vertragsbruch) und ist dem Arbeitgeber zum Schadensersatz verpflichtet. – 3. Um zu vermeiden, dass der Arbeitnehmer einen doppelten Anspruch auf *Urlaub* geltend macht, schließt § 6 BUrlG den Anspruch gegen den neuen Arbeitgeber aus, soweit der frühere bereits Urlaub gewährt hat. Hat der frühere Arbeitgeber den Urlaub noch nicht gewährt, hat der Arbeitnehmer ein Wahlrecht: Er kann sich an den alten oder neuen Arbeitgeber halten.

II. Personalmanagement: systematischer Arbeitsplatzwechsel in einer Abteilung oder zwischen Abteilungen (→ Jobrotation). Dies kann zu Ausbildungszwecken (z.B. Trainer) oder zum Zwecke der Vermeidung einseitiger Belastungen (→ Arbeitsgestaltung) geschehen.

Arbeitspsychologie → Arbeits- und Organisationspsychologie.

Arbeitsraum – räumlicher Bereich, in dem Menschen innerhalb des betrieblichen Arbeitssystems arbeiten. Die Gestaltung des Arbeitsraums ist in Ergänzung der Gestaltung des Arbeitsplatzes (→ Arbeitsplatzgestaltung) Gegenstand der Arbeitswissenschaft. Es ist darauf zu achten, dass unter den Gesichtspunkten der → Arbeits- und Organisationspsychologie, → Arbeitsphysiologie und der → Arbeitsmedizin der Arbeitsraum optimal gestaltet ist, d.h. Beanspruchungen im Sinn einer Minderung der Unfallgefahr sowie der Humanisierung der Arbeit weitestgehend reduziert werden.

Arbeitsstudium – Oberbegriff für die Anwendung von Methoden und Erfahrungen zur Untersuchung und Gestaltung von Arbeitssystemen (→ Arbeitsgestaltung). – *Ziel:* Verbesserung der Wirtschaftlichkeit (→ Arbeitsbewertung) unter Beachtung der Leistungsfähigkeit (→ Eignung, Eignungsuntersuchung, → Fähigkeiten) und der Bedürfnisse der arbeitenden Menschen (→ Arbeits- und Organisationspsychologie, → Motivation). – Vgl. auch → REFA-Lehre.

Arbeits- und Organisationspsychologie – 1. *Begriff:* Beschreibung und Erklärung des arbeitsbezogenen Erlebens und Verhaltens von Personen in Organisationen. Der Übergang von der Arbeits- zur Organisationspsychologie ist vom Gegenstand her fließend. Früher wurden beide Bereiche in dem Begriff „Betriebspsychologie" zusammengefasst. – 2. *Arbeitspsychologie:* a) *Anpassung der Arbeit an den Menschen:* Im Vordergrund stehen → Arbeitsanalysen, → Handlungsregulation im Tätigkeitsvollzug, Fragen der → Arbeitsmotivation und → Arbeitszufriedenheit, Möglichkeiten der → Arbeitsgestaltung sowie Fragen der Reduktion von

→ Belastung. – b) *Anpassung des Menschen an die Arbeit*: Probleme der → Qualifizierungsprozesse und betrieblichen → Sozialisation sowie Fragen der Zuordnung von Personen zu Arbeitsplätzen mithilfe der → Eignungsdiagnostik. – 3. *Organisationspsychologie*: a) *Schwerpunkt* ist die Anpassung des Menschen an den Menschen und die Analyse der sozialen Interaktion von Personen in Organisationen. – b) Wichtige *Forschungsgebiete*: Probleme der → Gruppenarbeit, Fragen der → Führung und → Führungsstile sowie Probleme der Kohäsion und Konformität in → Arbeitsgruppen einschließlich der Handhabung innerbetrieblicher → Konflikte (→ Gruppenpsychologie). – 4. *Ziel*: Während früher in der klassischen Betriebspsychologie die Steigerung von Produktivität und Leistung als Letztkriterium im Vordergrund standen, gelten heute unter dem Einfluss gesamtgesellschaftlicher Wandlungsprozesse und der → humanistischen Psychologie auch die Förderung der → Arbeitszufriedenheit und Erhaltung der Gesundheit als eigenständige Kriterien. – 5. *Stellung als Disziplin*: Die *Arbeitspsychologie* berührt speziell bei der Analyse von Mensch-Maschine-Systemen Fragen der Ingenieurwissenschaften. Forschungen zur → Belastung überlappen sich mit Fragen der medizinischen Physiologie. – In der *Organisationspsychologie* ergeben sich enge Verbindungen zur Soziologie (z.B. Bürokratieforschung). Psychologische Grundlagendisziplinen der Arbeits- und Organisationspsychologie als anwendungsorientierter Wissenschaft liegen speziell in der psychologischen Diagnostik, der Sozialpsychologie sowie der Wahrnehmungs- und Lernpsychologie. – 6. *Methodik*: Die Arbeits- und Organisationspsychologie versteht sich als empirische Wissenschaft. Kennzeichnend ist ein Methodenpluralismus: Laborforschung, Feldforschung sowie Aktionsforschung auf der Basis systematischer → Beobachtung und → Befragung. Statistisch-quantitative Analysen werden zunehmend durch qualitative Methoden ergänzt.

Arbeitsunzufriedenheit → Arbeitszufriedenheit.

Arbeitsvereinfachung – 1. *Begriff*: a) Arbeitsvereinfachung durch *horizontale Arbeitsteilung*, wobei einzelne Tätigkeiten entstehen und Industriebetriebe in funktionelle Arbeitsgebiete unterteilt werden. – b) Arbeitsvereinfachung durch *vertikale Arbeitsteilung*, wobei eine Trennung von Planung, Ausführung und Kontrolle erfolgt. – 2. *Methoden*: (1) Mechanisierung sich wiederholender Vorgänge; (2) Normung von Geräten, Werkzeugen, Produkten; (3) Schematisierung von Routinearbeiten; (4) Verkürzung der Durchlaufzeiten eines Produktes durch genaue Planung des Arbeitsganges; (5) Verwendung aufgabengerechter Werkzeuge; (6) → Arbeitsgestaltung; (7) Aufteilung einzelner Arbeitsschritte auf mehrere Personen. – 3. *Beurteilung*: Technischer Fortschritt und gewonnener Lebensstandard beruhen auf erfolgreicher Arbeitsvereinfachung. Zu weit getriebene Arbeitsvereinfachung hat demotivierende Wirkung auf Arbeitnehmer. Heute besteht eher die Tendenz, die Folgen einer zu weit getriebenen Arbeitsvereinfachung durch Vergrößerung des Arbeitsinhalts zu korrigieren.

Arbeitsverteilung – I. Industriebetriebslehre: detaillierte Festlegung der Durchführung bzw. Feinplanung des Produktionsprozesses im Rahmen der Produktionsprozesssteuerung. Bei der Arbeitsverteilung geht es um die Zuordnung von Aufträgen/Arbeitsgängen zu einzelnen Kapazitätsträgern innerhalb des durch die Produktionsprozessplanung festgelegten Rahmens. Die Kapazitätsträger sind einzelne Arbeitsstationen (Menschen, Maschinen, Mensch-Maschine-Kombinationen), sodass die Aufträge dementsprechend in Arbeitsgänge aufgeschlüsselt werden müssen.

II. Personalwirtschaft/Arbeitsrecht: Arbeitszeit, → Arbeitszeitmodelle, → Personaleinsatz.

Arbeitswert – Wert eines Gutes, der sich aus dem zur Herstellung notwendigen Arbeitseinsatz ergibt, sodass die Austauschrelationen (die relativen Preise) dem Verhältnis der in den einzelnen Gütern verkörperten Arbeitszeit entsprechen.

Arbeitswertzulage – freiwillige → Zulage zum Tariflohn für im Leistungs- oder im Zeitlohn tätige Arbeitnehmer, deren Lohnsätze nicht nach einem Arbeitsbewertungsverfahren (→ Arbeitsbewertung) abgestuft sind. Die Arbeitswertzulage ist an die zu leistende Arbeit gebunden (z.B. Schmutz-, Staub- und Erschwerniszulage), nicht an die Person des Arbeitnehmers.

Arbeitswissenschaft – 1. *Charakterisierung:* Inhalt der Arbeitswissenschaft ist die Analyse und Gestaltung von Arbeitssystemen, wobei der arbeitende Mensch in seinen individuellen und sozialen Beziehungen zu den technischen Elementen des Arbeitssystems Ausgang und Ziel der Betrachtungen ist (Memorandum der Gesellschaft für Arbeitswissenschaft e.V.). Arbeitswissenschaft ist somit die Wissenschaft von den Erscheinungsformen menschlicher Arbeit, speziell unter dem Gesichtspunkt der Zusammenarbeit von Menschen und des Zusammenwirkens von Menschen, Betriebsmitteln und Arbeitsgegenständen: d.h. (1) den Voraussetzungen und Bedingungen, unter denen die Arbeit sich vollzieht, (2) den Wirkungen und Folgen, die sie auf Menschen, ihr Verhalten und damit auch auf ihre Leistungsfähigkeit hat, und (3) den Faktoren, durch die Erscheinungsformen, Bedingungen und Wirkungen menschengerecht beeinflusst werden können. – 2. *Gestaltung der Arbeit* (→ Arbeitsgestaltung) nach arbeitswissenschaftlichen Erkenntnissen umfasst damit alle Maßnahmen, durch die das System Mensch und Arbeitsobjekt menschengerecht, d.h. gemessen am Maßstab Mensch und seinen Eigengesetzen, beeinflusst werden kann. Diese Aufgaben können nur durch das Zusammenwirken einschlägiger Wissenschaftsbereiche gelöst werden, bes. der Medizin, der Sozial-, Rechts- und Wirtschaftswissenschaften etc. – 3. *Entwicklung:* Erstmalig beschäftigte sich um die Jahrhundertwende Taylor sowie Gilbreth systematisch mit dem Arbeitsverhalten: Mithilfe von Zeit- und Bewegungsstudien verfolgten sie das Ziel, den Leistungsgrad des Arbeiters zu verbessern; durch konsequente Arbeitsteilung wurde die individuelle Leistung tatsächlich nachhaltig verbessert. Die Anwendung der Prinzipien von Taylor in Industriebetrieben führte jedoch zur *Zerteilung der Arbeit* (→ Taylorismus). Im Rahmen der sog. *Hawthorne-Studien* gelangten Roethlisberger u.a. zur Erkenntnis, dass auch die sozialen Bedingungen die Leistung beeinflussen (→ Human Relations). – 4. *Institutionalisierung:* Max-Planck-Institut für Arbeitspsychologie; Ausschuss für wirtschaftliche Fertigung; REFA – Verband für Arbeitsstudien, Betriebsorganisation und Unternehmensentwicklung e.V.

Arbeitszeitflexibilisierung – jede zeitlich befristete Veränderung der üblichen Lage und Dauer der Arbeitszeit. Ziel dieser Veränderungen ist die Anpassung der Arbeitszeiten an Schwankungen der Kapazitätsauslastungen, nach Möglichkeit bei gleichzeitiger Berücksichtigung der individuellen Bedürfnisse der Mitarbeiter (→ Individualisierung). – *Modelle:* → Arbeitszeitmodelle.

Arbeitszeitgestaltung – Maßnahmen zur Festlegung der pro Tag zu absolvierenden Arbeitsstunden sowie der Lage der Arbeitsstunden innerhalb des Tages bei konstanter Stundenmenge (z.B. bei → gleitender Arbeitszeit). Arbeitszeitgestaltung im Rahmen der → Arbeitszeitflexibilisierung kann zur Erhöhung der Produktivität sowie Senkung der → Fehlzeiten beitragen.

Arbeitszeitkonto – Gegenüberstellung von → Sollzeit (tägliche Sollzeit × Anzahl der Arbeitstage im Abrechnungszeitraum) und Istzeit (tatsächlich geleistete Arbeitszeit im Abrechnungszeitraum) eines Arbeitnehmers.

Am Ende des Abrechnungszeitraums wird ein Saldo gebildet: Zeitguthaben oder -schuld werden auf den Folgemonat gutgeschrieben bzw. abgezogen. Die Arbeitszeit kann auch eine andere Basis (z.B. Jahr) festgelegt werden. – Die einzelnen Verfahrensweisen sind als Betriebsvereinbarung festzulegen. – Das Arbeitszeitkonto ist ein unerlässliches Instrument der → Arbeitszeitflexibilisierung.

Arbeitszeitmodelle – aus verschiedenen Gründen (bessere Nutzung der betrieblichen Kapazität, Humanisierung der Arbeit, Senkung von Fehlzeiten etc.) praktizierte Arbeitszeitregelungen. Arbeitszeitmodelle reichen von der Gestaltung der täglichen bzw. wöchentlichen Arbeitszeit (→ gleitende Arbeitszeit), jährlichen Arbeitszeit (→ Sabbatical, → Jahresarbeitszeitvertrag), der Lebensarbeitszeit (→ gleitender Ruhestand) bis zu Modellen der Teilzeitarbeit (→ Job Sharing). Dabei kann die Festlegung der Arbeitszeit individuell oder gruppenbezogen erfolgen. – Vgl. auch Arbeit auf Abruf, → Modulararbeitszeit, → Tandemarbeitszeit.

Arbeitszeitstudie – Verfahren der Istzeit-Ermittlung und der Ableitung von → Sollzeiten auf der Basis gemessener → Istzeiten und der Beurteilung des Leistungsgrades. – Vgl. auch → Zeitaufnahme.

Arbeitszeitverkürzung – die lange Zeit zu beobachtende Verkürzung der Wochen-, Jahres- (durch Urlaubsverlängerung), aber auch Lebensarbeitszeit (→ gleitender Ruhestand, Senkung des Renteneintrittsalters) aus sozial-, familien-, gesundheits- oder arbeitsmarktpolitischen Gründen (Arbeitsmarktpolitik), die derzeit jedoch zum Stillstand gekommen ist bzw. sich sogar in die entgegengesetzte Richtung der Arbeitszeitverlängerung (insbesondere Erhöhung des Renteneintrittsalters) entwickelt. Die in den 1980er- und 1990er-Jahren zu beobachtende Verkürzung der Wochenarbeitszeit („Einstieg in die 35-Stunden-Woche") führte zu deren Flexibilisierung und Differenzierung bis hin zur Ent-Standardisierung sowie zur Delegation von Tarifkompetenz von der überbetrieblichen an die betriebliche Ebene (Dezentralisierung durch Betriebsvereinbarung). Seit Mitte der 1990er-Jahre dominierte in verschiedenen Branchen die qualitativ neuartige beschäftigungssichernde Arbeitszeitpolitik, bei der Arbeitszeitverkürzungen gegen temporäre Beschäftigungsgarantien getauscht wurden. In neuerer Zeit findet Beschäftigungssicherung auch durch Arbeitszeitverlängerungen ohne entsprechenden Lohnausgleich statt. Die Anpassung von Lage und Länge der Arbeitszeit spielt häufig eine wichtige Rolle im Rahmen betrieblicher Bündnisse für Beschäftigung und Wettbewerbsfähigkeit bzw. für Arbeit.

Arbeitszufriedenheit – 1. *Begriff:* positive (bei *Arbeitsunzufriedenheit* negative) Einstellung, die aus subjektiven Bewertungen der jeweiligen allg. und spezifischen Arbeitssituationen und der Erfahrung mit diesen resultiert. – 2. Die *praktische Bedeutung* der Arbeitszufriedenheit wird v.a. in ihren Beziehungen zu Motivation, Fehlzeiten- und Fluktuationsquoten, Unfallhäufigkeit, Krankheitsquoten und bestimmten Erkrankungen sowie allg. Lebenszufriedenheit gesehen. – 3. *Theoretische Erklärung:* Wichtige Impulse für die Arbeitszufriedenheitsforschung gingen von der Herzbergschen → Zweifaktorentheorie aus, die zwischen Hygienefaktoren (Verdienst, soziale Beziehungen, Arbeitsplatzsicherheit, physische Arbeitsbedingungen, Betriebspolitik, soziale Leistungen u.Ä.) und Motivationsfaktoren (Anerkennung, Verantwortung, Leistungserfolg, Vorwärtskommen u.Ä.) unterscheidet. Negative Ausprägungen der Hygienefaktoren führen zu Arbeitsunzufriedenheit, während positive Ausprägungen nicht zu Arbeitszufriedenheit führen, sondern lediglich zum Nichtvorhandensein von Unzufriedenheit; diese Faktoren stellen also eine Vorsorgeleistung dar. Motivationsfaktoren wirken motivierend und führen zu Arbeitszufriedenheit. – Hinsichtlich der Herausbildung von Arbeitszufriedenheit ist von *interindividuellen Differenzen* auszugehen. – 4. *Formen:* Angenommen wird, dass Anspruchsniveaus, d.h. Bedürfnisse und Erwartungen an die Arbeitssituation, mit der wahrgenommenen Arbeitssituation verglichen werden; Ergebnis kann sein, dass das Anspruchsniveau steigt, gleichbleibt oder sinkt (Anspruchsanpassung). – Zu *unterscheiden* sind entsprechend: a) *Progressive Arbeitszufriedenheit:* Entsteht, wenn der Vergleich von Anspruchsniveau und Realität positiv ausfällt und in der Folge davon das Anspruchsniveau erhöht wird. – b) *Stabilisierte Arbeitszufriedenheit:* entsteht bei positivem Soll-Ist-Vergleich ohne Erhöhung des Anspruchsniveaus. – c) *Resignative Arbeitszufriedenheit:* entsteht, wenn bei negativem Soll-Ist-Vergleich ein Gleichgewicht hergestellt wird, indem das Anspruchsniveau gesenkt wird. – 5. *Reaktionsmöglichkeiten* bei negativem Soll-Ist-Vergleich aber gleichzeitiger Erhaltung des Anspruchsniveaus: a) *Konstruktive Arbeitszufriedenheit,* bei der aus der subjektiv wahrgenommenen Diskrepanz von Anspruchsniveau und Arbeitssituation die Tendenz zur konstruktiven Veränderung entsteht, was i.d.R. nur durch Arbeitsplatzwechsel und Qualifizierung möglich ist. – b) *Fixierte Arbeitsunzufriedenheit,* bei der die wahrgenommene Situation hingenommen wird. – c) *Pseudo-Arbeitszufriedenheit,* die auf einer Verfälschung der Situationswahrnehmung beruht. – Es kann davon ausgegangen werden, dass die Grenzen zwischen den verschiedenen Formen der Arbeitszufriedenheit fließend sind. – 6. Die *Ergebnisse empirischer Untersuchungen* sind bisher kontrovers und unbefriedigend. Dies liegt an der Komplexität des Konstrukts Arbeitszufriedenheit, in dem soziale und psychische Faktoren einen multivarianten Zusammenhang bilden, und an der Schwierigkeit der Messung von Arbeitszufriedenheit. – Vgl. auch → Betriebsklima, → Motivation.

Assessmentcenter – umfassend angelegtes eignungsdiagnostisches Verfahren (→ Eignungsdiagnostik), bei dem mehrere Kandidaten über i.d.R. ein bis drei Tage untersucht und von mehreren Beurteilern hinsichtlich ihrer → Eignung für bestimmte Positionen beurteilt werden. Eignungsdiagnostische Verfahren, die dabei zum Einsatz kommen, sind etwa Rollenspiele, Präsentationsübungen oder eine → Postkorb-Übung. Wegen des Einsatzes dieser verschiedenen Instrumente kann die Validität des Verfahrens durch einzelne Tests zur Messung allgemeiner Fähigkeiten (→ Intelligenz, → Intelligenztest), Arbeitsproben oder strukturierte Interviews übertroffen werden.

Assoziation – I. Allgemein: Vereinigung bzw. Zusammenschluss wirtschaftlicher Organe zur Verfolgung bes. wirtschaftlicher Ziele.

II. Psychologie: automatischer Denkvorgang; eine gelernte Beziehung zwischen zwei kognitiven Elementen, meist einem Reiz und einer belohnten (oder bestraften) Reaktion (→ Behaviorismus). – *Bedeutung für die Werbung:* Durch Ausnutzung von Sprach- und Denkgewohnheiten werden bei den Umworbenen durch Verwendung von (1) informativen Sprachformeln bestimmte *sachbezogene Vorstellungen* ausgelöst und damit indirekt Sachinformationen vermittelt; (2) emotionalen Sprachformeln automatisch *gefühlsmäßige Vorstellungen* ausgelöst und damit indirekt emotionale Eindrücke vermittelt. – Vgl. auch → emotionale Konditionierung.

III. Soziologie: zumeist freiwillige Verbindung von Gruppen (aber auch einzelnen Personen) u.a. sozialen Gebilden (z.B. Organisationen) zu Gruppen-, Zweck-, Interessenverbänden (wie Gewerkschaften, Genossenschaften, Sportverbänden). – Der Begriff *Assoziierung* ist teilweise gebräuchlich zur Bezeichnung aller sozialen Prozesse, die zu Verbindungen unter Menschen führen im Gegensatz zu Assoziationen zur Kennzeichnung aller so zustande gekommenen Kontakte, Vereinigungen etc.

IV. Statistik: 1. Bezeichnung für den *Zusammenhang zweier nominaler Merkmale oder speziell dichotomer Merkmale.* Die

Häufigkeitstabelle (Kontingenztafel) wird für dichotome Merkmale als Vierfeldertafel bezeichnet. Zur Quantifizierung der Assoziation werden *Assoziationsmaße* berechnet, etwa der Yule'sche Assoziationskoeffizient oder der Pearson'sche Kontingenzkoeffizient. Zur Prüfung der Existenz von Assoziationen werden statistische Testverfahren eingesetzt. – 2. Assoziation wird auch als Oberbegriff für den *Zusammenhang von zwei Merkmalen beliebiger Skalierung* (Skala) verwendet, umfasst dann also auch Maß- und Rangkorrelation (Korrelation). – Vgl. auch Kontingenz.

Attest – bei krankheitsbedingtem Fernbleiben vom → Arbeitsplatz durch den Arbeitnehmer bei seinem Arbeitgeber vorzulegende ärztliche Bescheinigung, i.d.R. nach Arbeits- oder Tarifvertrag oder auf Verlangen des Arbeitgebers bei Krankheitsdauer über drei Tage. – Anders: Gesundheitsattest.

Attribution – Zuschreibung von Eigenschaften und Ursache-Wirkung-Beziehungen gegenüber der Realität durch die handelnde Person zur Erleichterung der Orientierung im Alltag. Attributionen ersetzen häufig überprüftes Wissen. – *Formen: Kausal-Attribution* liegt vor, wenn die Person spezifischen Bedingungen Ursachencharakter zuschreibt; *internale Kausal-Attribution*, wenn die Person Erfolg/Misserfolg auf Bedingungen in ihr selbst (Fähigkeiten) zurückführt; *externale Kausal-Attribution*, wenn die Person Erfolg/Misserfolg durch Bedingungen in der Umwelt (Zufall) erklärt. – Die in der → Leistungsmotivation wichtige Orientierung „Hoffnung auf Erfolg" wird attributionstheoretisch durch stabile Tendenzen der Person zu internaler Attribution gegenüber erlebtem Erfolg zu erklären versucht.

Aufgabenorientierung – *Initiating Structure;* ist neben der → Mitarbeiterorientierung eine der bekanntesten Dimensionen des → Führungsverhaltens. Aufgabenorientierung ist gekennzeichnet durch Verhaltensweisen wie dem Definieren klarer Ziele, Aufzeigen der Wege zum Ziel, Strukturieren von Aufgaben, Aktivieren durch aufmunternde bzw. drängende Worte oder Aussprechen von Anerkennung bzw. Kritik anlässlich einer Kontrolle. Aufgabenorientierung steht tendenziell im Zusammenhang mit hoher Leistung der Arbeitsgruppe.

Aufmerksamkeitsprämie → Prämie, die zusätzlich zu einer bestimmten Grundlohnform für bes. Aufmerksamkeitserfordernisse bei der Arbeit gezahlt wird (→ Prämienlohn). Aufmerksamkeitsprämie kann sowohl → Qualitätsprämie als auch Quantitätsprämie (→ Mengenleistungsprämie) sein.

Auftragszeit (T) → Vorgabezeit für das Ausführen eines Auftrags durch einen Menschen. T besteht aus → Rüstzeit (t_r) und → Ausführungszeit (t_a); Gliederung im Einzelnen vgl. Abbildung „Auftragszeit". Wichtig v.a. für Lohnformen, Produktionsprozessplanung und Kalkulation.

Auftragszeit T

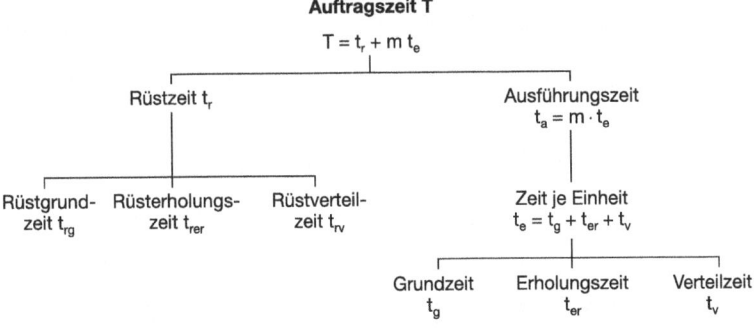

Ausführbarkeit – arbeitswissenschaftlich anerkanntes Kriterium für menschengerechte Arbeitsgestaltung: Eine Arbeit ist dann ausführbar, wenn sie so organisiert ist, dass ein Mensch ohne Gefährdung seines Lebens bei Berücksichtigung seiner biologischen Gegebenheiten tätig werden kann. Die Arbeit sollte den Körpermaßen, den Körperkräften und dem Sinnesapparat des Menschen entsprechen.

Ausführungszeit (t) – Der Begriff Ausführungszeiten entstand in Verbindung mit dem REFA-Verband, gegründet 1924 (Verband für Arbeitsstudien und Betriebsorganisationen e. V.). – Die Ausführungszeit und Rüstzeit gehören zusammen zur Auftragszeit. Sie ist von der Auftragsgröße abhängig, dementsprechend handelt es sich also um eine variable Größe. – Zur Ausführungszeit zählen alle nach der Vorbereitungszeit (Rüstzeit) entstehenden Arbeitszeiten. Die Ausführungszeit und die Rüstzeit zusammen nennt man gesamte Vorgabezeit, die zur Erledigung eines gesamten Arbeitsganges an einen Auftrag benötigt wird:

$$t_a = m * t_e$$

t_a = Ausführungszeit, m = Menge, t_e = Zeiteinheit pro Menge

autokratischer Führungsstil → Führungsstil.

autonome Arbeitsgruppe → teilautonome Arbeitsgruppe.

autoritärer Führungsstil → Führungsstil.

Barlohn → Geldlohn.

BDA – Abk. für → Bundesvereinigung der Deutschen Arbeitgeberverbände e. V.

Beanspruchung → Beanspruchung und Belastung.

Beanspruchung und Belastung – Unter *Belastung* versteht man objektive, von außen auf den Menschen einwirkende Faktoren wie z.B. Lärm, Zeitdruck oder widersprüchliche Erwartungen an Mitarbeiter. – Unter *Beanspruchung* versteht man die subjektiven Folgen dieser Belastungen, die sich in a) physische (z.B. Beanspruchung des Herz-Kreislaufsystems, der Muskulatur etc.) und b) psychische Beanspruchung (z.B. Beanspruchung der Aufmerksamkeit, des Gedächtnisses etc.) unterteilen lassen. Die Begriffe psychische Beanspruchung und Belastung sind in der DIN 33405 aufgeführt. Durch eine Diskrepanz zwischen der Beanspruchung einer Person und ihrer jeweiligen Bewältigungsmöglichkeit (z.B. Fähigkeiten) können sich sowohl positive (z.B. höhere Aktivierung) als auch negative Beanspruchungsfolgen (z.B. Stress, → Monotonie etc.) ergeben.

Bedürfnis – 1. *Marketing:* Wunsch, der aus dem Empfinden eines Mangels herrührt. Man unterscheidet: natürliche Bedürfnisse, gesellschaftliche Bedürfnisse (Kollektivbedürfnisse) und Grundbedürfnisse. – 2. *Marktpsychologie/Arbeits- und Organisationspsychologie:* → Motiv.

Bedürfnishierarchie – 1. *Begriff:* Hierarchische Ordnung der → Bedürfnisse in der Form einer Pyramide (Maslow); vgl. Abbildung „Bedürfnishierarchie". Die Basis der Pyramide besteht in physiologischen Bedürfnissen, während sich in der Spitze das Bedürfnis nach Selbstverwirklichung findet. Zwischen diesen Extremen liegen, von unten nach oben betrachtet, die Bedürfnisse nach Sicherheit, Zugehörigkeit und Wertschätzung. Die Hypothese der hierarchischen Motivaktivierung besagt, dass ein nächst höheres Bedürfnis erst dann aktualisiert wird, wenn das hierarchisch untergeordnete Bedürfnis befriedigt ist. Situative Bedingungen, die z.B. eine Befriedigung des Bedürfnisses nach Wertschätzung (Anerkennung) ermöglichen, gewinnen demnach erst nach der Befriedigung der untergeordneten Bedürfnisse den Charakter eines → Anreizes. – 2. *Beurteilung:* Die Bedürfnishierarchie ist die bekannteste Klassifikation von Bedürfnissen; sie hat im Sinn der → humanistischen Psychologie auf die Praxis der → Arbeitsgestaltung wesentlich Einfluss genommen. Theoretische Fundierung sowie empirische Evidenz für die Klassifikation der Bedürfnisse und die Hypothese der hierarchischen Motivaktivierung sind im Gegensatz zu ihrem Bekanntheitsgrad unzureichend.

Bedürfnishierarchie

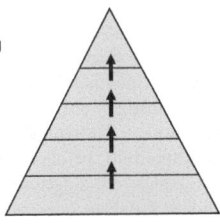

Bedürfnislohn – Teil des Arbeitsentgelts, der nicht oder nicht allein an der Leistung des Arbeitnehmers für den Betrieb ausgerichtet ist, sondern darauf, welchen Geldbetrag der Arbeitnehmer benötigt, um das Existenzminimum (Living Wage) oder einen angemessenen Lebensstandard (Cultural Wage) finanzieren zu können. Die Berücksichtigung bes., das Existenzminimum bestimmender sozialer Verhältnisse (z.B. Kinderzahl) und die Bestrebungen, den cultural wage zu einem festen Bestandteil der Lohnbemessung zu machen, sind jüngeren Datums, z.B. Soziallohn des Bergbaus. Insgesamt hat sich jedoch eine Kombination aus Bedürfnislohn und → Leistungslohn durchgesetzt, wobei zu einem bedürfnisorientierten Basisbetrag leistungsbezogene Bestandteile hinzugerechnet werden.

Beförderung – *Transport*.

I. Verkehrsrecht und -politik: die durchgeführte Ortsveränderung von Personen und Sachen. – Vgl. auch Verkehr.

II. Personalwirtschaft: i.d.R. hierarchischer Aufstieg. Mit der Beförderung wird einem Mitglied einer zivilen Organisation ein höherer Dienstgrad oder eine verantwortungsvollere Dienststellung übertragen. – Vgl. auch Versetzung, → Karriereplanung, Personalentwicklung, → Personalmanagement.

Befragung – 1. *Begriff*: Informationsgewinnungsmethode zur Erhebung von Daten. Gegenstand von Befragungen ist z.B. die Gewinnung von Informationen über bisheriges Kaufverhalten, zukünftiges Verhalten sowie über Einstellungen und Motive der Befragten. – *Anders*: → Beobachtung. – 2. *Anlässe*: a) Befragung zu wissenschaftlichen oder staatspolitischen Zwecken durch Forschungsinstitute oder freiberufliche Forscher (Enquete). – b) Befragung im Interesse der Marktforschung bei allen Fragestellungen des Marketings, die aufgrund einer intervenierenden Variablen oder aus wirtschaftlichen Gründen nicht durch → Beobachtungen beantwortet werden können. – 3. *Formen*: a) Nach dem *befragten Personenkreis*: Expertenbefragung und Abnehmerbefragung (Verbraucherbefragung, Händlerbefragung). – b) Nach den *Befragungsformen*: Persönliche Befragung (Interview), schriftliche Befragung, telefonische Befragung (Telefonbefragung) und Internetbefragung oder Onlinebefragung. Die Auswahl der Befragungsform erfolgt u.a. nach der Länge der Befragung (persönlich: lange Befragungen möglich, telefonisch ist in der Mitte, schriftlich und online nur kurze Befragungen), nach den Kosten (persönlich: hoch, telefonisch: mittel, online und schriftlich niedrig), nach den notwendigen Stimuli (z.B. kann man Bilder persönlich und online gut zeigen) und nach der erforderlichen Schnelligkeit (persönlich und schriftlich langsam, telefonisch und online schnell). – c) Nach der *Zahl der zu untersuchenden Themen*: Einthemenbefragung und Mehrthemenbefragung (Omnibus-Befragung). – d) nach der Häufigkeit der Befragung: Einmalbefragung (Befragung wird einmalig durchgeführt, auch Ad-hoc-Befragung) oder Wiederholungsbefragung (Befragung wird in regelmäßigen Abständen wiederholt, um Veränderungen zu erfassen), wobei hier unterschieden wird zwischen Panelbefragung (Fragen werden stets an die gleiche Stichprobe gerichtet) und Wellenbefragung (wechselnde Stichproben). – e) Nach den *Arten der Fragestellung (Befragungstaktik)*: (1) Direkte Befragung; (2) indirekte Befragung: Die Auskunftsperson wird durch geschickte und psychologisch zweckmäßige Formulierung der Fragen veranlasst, über Sachverhalte zu berichten, die sie bei direkter Befragung aus den verschiedensten Gründen verschwiegen oder verzerrt wiedergegeben hätte, oder Zusammenhänge werden durch Korrelationsanalysen oder experimentelle Anordnungen herausgefunden, ohne dass diese Beziehungen den Auskunftspersonen selbst bewusst werden. Zu den Frageformen vgl. Fragebogen. – 4. *Probleme*: Problematisch sind Befragungen u.U. deshalb, weil mit dieser Methode nicht das erhoben wird, was sie zu erheben beabsichtigt (Validität). Die Antworten können falsch oder verzerrt sein, weil die Befragten keine wahre Auskunft geben möchten, weil sie sich nicht mehr richtig erinnern, weil sie die Frage falsch verstehen oder weil durch die Art der Befragung (z.B. Reihenfolge der Fragen, Art der Antwortalternativen) das Antwortverhalten systematisch beeinflusst wird. – 5. *EDV-Einsatz bei Befragungen*: computergestützte Datenerhebung.

Behaviorismus – verhaltenswissenschaftliche Forschungsrichtung. – *Kerntheorie* ist die unmittelbare Erklärbarkeit menschlichen Verhaltens durch Beobachtung der auf den Menschen einwirkenden Reize und der dadurch ausgelösten Reaktionen. Nach dieser Auffassung werden Verhaltensweisen erworben, entweder durch die Koppelung von Hinweisreizen und Verhaltensweisen oder durch die Belohnung von Verhaltensweisen. – *Grundlage* ist das Stimulus-Response-Konzept (SR-Konzept), das jedem Reiz eine bestimmte Reaktion zuordnet, ohne Berücksichtigung der Vorgänge im Organismus des Menschen (z.B. Denken, Fühlen etc.; Organismus als Blackbox); Käufer-und Konsumentenverhalten. – *Weiterentwicklung des Behaviorismus*: Neobehaviorismus.

Belastung – I. Arbeitspsychologie: → Beanspruchung und Belastung.
II. Buchführung: Die Eintragung eines Buchungspostens im Soll eines Kontos („belasten"). Das zu belastende Konto steht im Buchungssatz der doppelten Buchführung an erster Stelle, z.B. Kassakonto an Warenverkaufskonto (Belastung Kasse). – *Gegensatz*: Gutschrift.
III. Grundstücksrecht: In Abt. 2 und 3 des Grundbuchs eingetragene Rechte eines Dritten an einem Grundstück; in Abt. 2 Beschränkungen des Eigentums wie Grunddienstbarkeiten und Nießbrauch; in Abt. 3 die häufigeren Belastungen wie Hypotheken und Grundschulden.

Belegschaft – Gesamtheit aller im Betrieb tätigen Arbeitnehmer: Arbeiter und → Angestellte, einschließlich der Auszubildenden, ausschließlich leitende Angestellte. – Beziehung zum Arbeitgeber geregelt durch Betriebsverfassung. – Vgl. auch → Stammbelegschaft.

Beleuchtung – zu berücksichtigen wegen der Erhaltung der Sehkraft und des Leistungsvermögens der Arbeitnehmer sowie zur Vermeidung vorzeitiger → Ermüdung (Betriebsunfälle). – 1. Einlass von *Tageslicht* in die Arbeitsräume in möglichst breitem Strom, jedoch ohne direkte Sonnenbestrahlung der Arbeitsplätze oder Werkstücke. Empfohlen wird eine Kombination aus indirekter und gleichmäßiger Raumausleuchtung und geeigneten Arbeitsplatzleuchten für die individuelle Lichtgestaltung. – 2. Bei *künstlicher* Beleuchtung ist auf angemessene Lichtstärke zu achten und auf zweckentsprechende Stellung der Lichtquelle zum Werkstück (ggf. bewegliche Aufhängung oder Blendschutz). Große Helligkeitsunterschiede sind zu vermeiden.

Belohnungsmacht – Macht eines Individuums, die aus seiner Möglichkeit resultiert, andere zu belohnen.

Benachteiligung am Arbeitsplatz → Job Discrimination.

Beobachtung – 1. *Begriff*: Erhebungsmethode in der Marktforschung; systematische, planmäßige Erhebung von Daten ohne → Befragung. Bei der Beobachtung wird von einem oder mehreren Beobachtern von außen erkennbares Verhalten registriert. – 2. *Arten*: a) *Nach dem Eingreifen des Beobachters*: (1) *Teilnehmende Beobachtung*: Der Beobachter nimmt aktiv auf der gleichen Ebene wie der Beobachtete am Ablauf des Geschehens teil. Relativ selten, z.B. wenn zu beobachtendes Verhalten erst durch Versuchsleiter induziert werden muss. Stärkere Bedeutung bei der Messung von Wahrnehmung (z.B. → Blickregistrierung, Hautwiderstandsmessung, Messung der Pupillenreaktion). (2) *Nicht-teilnehmende Beobachtung*: Der Beobachter greift nicht aktiv in das Geschehen ein. Relativ häufig; Anwendung v.a. im Einzelhandel, wobei die Beobachtung durch fotomechanische Apparate durchgeführt wird (z.B. Messung der Kundenfrequenzen und des Kundenstroms, Messung der Abverkäufe durch die Scanner-Technologie). – b) *Nach den Beobachtungsbedingungen*: (1) *Feldbeobachtungen*: Das Verhalten der Beobachtungsobjekte wird in ihrer normalen Umgebung studiert; Beobachtungseffekte entfallen weitgehend. – Vgl. auch Feldforschung. (2) *Laboratoriumsbeobachtungen:* Die Beobachtung erfolgt unter künstlich geschaffenen Bedingungen (Schnellgreifbühne); Beobachtungseffekte sind häufiger. – Vgl. auch Laborforschung. – c) *Nach dem Beobachtenden:* Hier ist zu unterscheiden, ob die Beobachtung durch einen Menschen stattfindet oder unter Einsatz technischer Geräte erfolgt (z.B. kann die Erfassung der Verkäufe mit Scannerkassen im Supermarkt als Beobachtung aufgefasst werden). – 3. *Nachteile:* Das beobachtete Verhalten erlaubt nur begrenzt einen Rückschluss auf die dahinter liegenden Beweggründe (Einstellung, → Motiv, Bedarf) des Probanden. Deshalb wird die Beobachtung häufig auch mit der Befragung verknüpft, indem z.b. ein Videofilm über die Beobachtung abgespielt und der / die Beobachtete dazu befragt wird.

Beruf – dauerhaft angelegte, i.d.R. eine Ausbildung voraussetzende Betätigung, die Arbeitskraft sowie Arbeitszeit überwiegend in Anspruch nimmt. Nach Art. 12 GG besteht das Recht, den Beruf frei wählen zu können, allerdings ohne Gewährleistung der Möglichkeit zum tatsächlichen Tätigwerden. Eine Sondergruppe bilden die freien Berufe (Arzt, Architekt, Rechtsanwalt usw.). – Eine berufliche Tätigkeit kann in einem Angestelltenverhältnis oder als selbstständige Tätigkeit ausgeübt werden. Angestellt arbeiten kann man in Vollzeit oder in Teilzeit, es ist auch möglich, neben einem Hauptberuf zusätzliche Nebentätigkeiten auszuüben. – Die statistische Einordnung erfolgt mithilfe der Klassifizierung der Berufe.

berufliche Sozialisation → Sozialisation.

Berufspsychologie – Zweig der → Psychologie, der die Bedingungen feststellt, unter denen ein spezieller Beruf erfolgreich ausgeführt werden kann. – Vgl. auch → Arbeits- und Organisationspsychologie.

Beschäftigungspolitik – 1. *Charakterisierung:* Das Hauptziel der Beschäftigungspolitik des Staates und der Tarifpartner liegt in der Aufrechterhaltung bzw. Wiederherstellung einer Vollbeschäftigungssituation (bzw. eines hohen Beschäftigungsstandes). In quantitativer Hinsicht ist ein hoher Beschäftigungsstand mit der Beschäftigung aller arbeitsfähigen und arbeitswilligen Erwerbspersonen gleichzusetzen. Dabei werden bestimmte Personengruppen, wie z.B. Ausländer, Ältere, Behinderte etc. nicht ausgenommen. Die Erreichung dieses Ziels bedeutet allerdings nicht, dass die Arbeitslosenquote gegen null tendieren muss, da in einem marktwirtschaftlichen System ein gewisses Ausmaß an friktioneller Arbeitslosigkeit stets gegeben und für die Bewältigung des Strukturwandels notwendig ist. In qualitativer Hinsicht bedeutet ein hoher Beschäftigungsstand, dass die Arbeitsplätze nicht nur der Zahl nach mit dem Erwerbspersonenangebot übereinstimmen, sondern auch bestimmte qualitative Anforderungen erfüllen sollen, wie z.B. Beschäftigungsmöglichkeiten in zeitlich gewünschtem Umfang auf Teilzeitarbeitsplätzen, Beschäftigungschancen in der erworbenen Qualifikationsstufe (Vermeidung unterwertiger Beschäftigung) sowie Verbesserung der Beschäftigungsstruktur nach folgenden Gesichtspunkten: Qualifikation (Verringerung des Anteils der An- und Ungelernten) (Humankapitaltheorien), Risiko am Arbeitsplatz (Verringerung der Gesundheitsgefährdung und der Unfallhäufigkeit), Sektoren (Abbau von Monostrukturen und der Konzentration der Beschäftigung auf einen oder wenige Wirtschaftszweige) sowie Regionen (Herstellung der Einheitlichkeit der Lebensverhältnisse in Deutschland). – 2. Die staatliche Beschäftigungspolitik umfasst drei *Strategiebereiche:* a) *Nachfragepolitik* (Erhöhung der Nachfrage nach Erwerbspersonen) mit folgenden Instrumenten: (1) *nachfrageorientierte Wirtschaftspolitik (Konjunkturpolitik),* z.B. Steuer- und Zinssenkungen, Erhöhung der Staatsausgaben (Fiskalpolitik, Geldpolitik). (2) *angebotsorientierte Wirtschaftspolitik,* z.B. Verbesserung der Produktions- und Investitionsbedingungen, marktwirtschaftliche

Erneuerung und Förderung des Wettbewerbs durch Deregulierungsmaßnahmen, Liberalisierung des Ladenschlussgesetzes, des Arbeitsrechts und der → Arbeitnehmerüberlassung sowie Privatisierung der Arbeitsvermittlung und Berufsberatung. (3) *Technologiepolitik*, z.B. Verbesserung der internationalen Wettbewerbsfähigkeit durch Produkt- und Prozessinnovationen sowie der Förderung des Humankapitals der Erwerbspersonen. (4) → Arbeitszeitverkürzung und -flexibilisierung, z.B. Verkürzung der jährlichen Arbeitszeit bei gleichzeitiger Verlängerung der Betriebszeiten, Umwandlung von Voll- in Teilzeitarbeitsplätze sowie Einführung von Teilruhestandsphasen gegen Ende des Erwerbslebens (Arbeitszeitpolitik). (5) *beschäftigungsorientierte Lohnpolitik*, z.B. Abschluss von Tariflohnsteigerungen unterhalb des Produktivitätszuwachses, Reduzierung der Lohnnebenkosten, Förderung des Strukturwandels hin zum tertiären Sektor (Tarifpolitik). – b) *Angebotspolitik* (Anpassung des Angebots an Erwerbspersonen an die verfügbare Zahl der Arbeitsplätze) mit folgenden Instrumenten: (1) *Verkürzung der Erwerbslebensdauer*, z.B. vorzeitiges Ausscheiden aus oder späteres Eintreten in den Arbeitsmarkt durch expansive Bildungspolitik, Einführung von Sabbaticals und Langzeiturlaubsphasen, Erwerbsunterbrechung durch Mutterschafts- und Erziehungszeiten, Betreuung pflegebedürftiger Personen sowie Fortbildung und Umschulung zur Weiterbildung. (2) *Aussiedler- und Ausländerpolitik*, z.B. Maßnahmen zur Integration, Anreize zum Verbleib im Herkunftsland, wachstumsorientierte Einwanderungspolitik. (3) *Wanderungspolitik*, z.B. Förderung der regionalen und beruflichen Mobilität von Erwerbspersonen (Arbeitskräftemobilität). – c) *Arbeitsmarkt-Ausgleichspolitik* oder *Arbeitsmarktpolitik im engeren Sinne* (Ausgleich von Angebot und Nachfrage am Arbeitsmarkt) mit folgenden Instrumenten: (1) *Arbeitsvermittlung*, z.B. Maßnahmen zur Beschleunigung des Arbeitsmarktausgleichs sowie zur qualitativen Verbesserung des Vermittlungserfolges, Kooperation privater und öffentlicher Arbeitsvermittlung, Arbeitsvermittlung unter dem Dach des Arbeitnehmerüberlassungsgesetzes, Förderung der internationalen Berufs- und Arbeitsberatung sowie der Arbeitsvermittlung. (2) *Qualifizierungspolitik*, z.B. Förderung der allg. und der beruflichen Ausbildung sowie der beruflichen Weiterbildung mit dem Ziel des Erwerbs von Schlüsselqualifikationen. Vgl. auch Europäische Beschäftigungspolitik, Arbeitsmarktpolitik.

Beschwerde – I. Personalwirtschaft: Antrag auf Abänderung einer Maßnahme, durch welche sich der Beschwerdeführer verletzt fühlt. Die häufigsten Gegenstände von Beschwerden im Betrieb sind ungenügende Entlohnung, schlechte Arbeitsbedingungen, unzureichende Sozialleistungen, schlechte Zusammenarbeit der Kollegen, Vorgesetztenverhalten, unbefriedigende Regelung der Arbeitszeit. Generell ist jede geäußerte subjektiv empfundene Unzufriedenheit als Beschwerde zu behandeln.

II. Zivilprozessordnung: Durch das ZPO-Reformgesetz vom 27.7.2001 (BGBl. I 1887, 3138) wurde das Beschwerderecht (§§ 567–577 ZPO) neu geregelt. Die sog. einfache, an eine Frist nicht gebundene Beschwerde wurde abgeschafft und durch die sofortige Beschwerde, die weitere Beschwerde an das nächsthöhere Gericht durch die Rechtsbeschwerde ersetzt. Die gesetzlich nicht geregelte außerordentliche Beschwerde in Fällen *greifbarer Gesetzwidrigkeit* wird in der höchstrichterlichen Rechtsprechung nicht mehr als statthaft angesehen.

III. Strafverfahren: Beschwerde ist gegen alle von den Gerichten im ersten Rechtszug oder im Berufungsverfahren erlassenen Beschlüsse und gegen Verfügungen des Gerichts zulässig, soweit das Gesetz sie nicht ausdrücklich ausschließt und soweit sie nicht der Urteilsfällung vorausgehen (§§ 304, 305 StPO). Gegen Beschlüsse und Verfügungen des Bundesgerichtshofs (BGH) ist keine Beschwerde zulässig. Dasselbe gilt für das Oberlandesgericht, allerdings nicht bei einer Reihe von Entscheidungen, die es als erstinstanzliches Gericht trifft. Hilft das Gericht, dessen Entscheidung mit der Beschwerde angefochten ist, selbst nicht ab, ist sie spätestens vor Ablauf von drei Tagen dem Beschwerdegericht vorzulegen (§ 306 II StPO). In bes. Fällen sind die *weitere* und die *sofortige Beschwerde* gegeben (§§ 310, 311 StPO).

IV. Finanzgerichtsbarkeit: 1. In der *Finanzgerichtsbarkeit* (§§ 128–133 FGO) gegen (1) Entscheidungen des Finanzgerichts, die nicht Urteile (Revision) oder Vorbescheide sind; (2) gegen Entscheidungen des Vorsitzenden des Finanzgerichts oder des Berichterstatters; (3) gegen die Nichtzulassung der Revision. In Streitigkeiten über Kosten ist die Beschwerde nicht gegeben; dies gilt nicht für die Beschwerde gegen die Nichtzulassung der Revision. Die Beschwerde ist schriftlich beim Finanzgericht binnen zwei Wochen nach Bekanntgabe der Entscheidung einzulegen. Das Finanzgericht hilft der Beschwerde ab oder legt die Sache dem Bundesfinanzhof (BFH) zur Entscheidung vor. Die Beschwerde hat nur dann aufschiebende Wirkung, wenn sie die Festsetzung eines Ordnungs- oder Zwangsmittels zum Gegenstand hat. – 2. Die Beschwerde als frühere Form des außergerichtlichen Rechtsbehelfs ist ab 1.1.1996 aufgehoben; nur noch Einspruch ist zulässig.

V. Verwaltungsgerichtsbarkeit: 1. *Rechtsmittel* gegen Entscheidungen des Verwaltungsgerichts, des Vorsitzenden oder Berichterstatters, die nicht Urteile oder Gerichtsbescheide sind; zulässig, soweit nicht im Einzelfalle ausdrücklich ausgeschlossen (§ 146 VwGO). Die Beschwerde ist *binnen zwei Wochen* nach Bekanntgabe der Entscheidung beim Verwaltungsgericht einzulegen. Über die Beschwerde entscheidet das Oberverwaltungsgericht. Im Verfahren des vorläufigen Rechtsschutzes prüft es nur die dargelegten Gründe (§ 146 IV VwGO). – 2. Gegen Beschlüsse des *Oberverwaltungsgerichts* ist die Beschwerde an das Bundesverwaltungsgericht (BVerwG) grundsätzlich nicht zulässig (§ 152 VwGO). – 3. Die Beschwerde hat nur dann *aufschiebende Wirkung*, wenn sie die Festsetzung eines Ordnungs- oder Zwangsmittels zum Gegenstand hat. Die unter 1. Genannten können aber auch sonst bestimmen, dass die Vollziehung der angefochtenen Entscheidung einstweilen auszusetzen ist (§ 149 VwGO).

VI. Öffentliches Recht: Die Beschwerde ist nur in bes., gesetzlich ausdrücklich zugelassenen Fällen möglich.

VIII. Anders: Dienstaufsichtsbeschwerde.

Beteiligungsgesellschaft der Gewerkschaften AG (BGAG) → Deutscher Gewerkschaftsbund (DGB).

Betriebsausflug – meist eintägige vom Arbeitgeber geförderte betriebliche Veranstaltung (Ausflug, Reise) mit geselligem Angebot. Die Teilnahme an einem Betriebsausflug muss freiwillig sein und allen Betriebsangehörigen offen stehen; Druck, gleichgültig welcher Art, darf nicht ausgeübt werden. Zweck des Betriebsausfluges ist die Förderung der Zusammengehörigkeit („Verbesserung des Betriebsklimas"). Für die Veranstaltung eines Betriebsausfluges gibt es *keine zwingende rechtliche Grundlage*. Auch das Mitbestimmungsrecht des Betriebsrats beschränkt sich auf die vor- oder nachzuarbeitende Arbeitszeit bzw. das Ausmaß der anzurechnenden Arbeitszeit. – *Sachzuwendungen* des Arbeitgebers an die Arbeitnehmer aus Anlass eines Betriebsausfluges (z.B. Bewirtung, Geschenke, Fahrtkosten) gehören nicht zum Arbeitsentgelt, sind daher steuer- und sozialversicherungsfrei, solange sie einen gewissen Rahmen nicht überschreiten. Zuwendungen für teilnehmende Angehörige werden den jeweiligen Arbeitnehmern zugerechnet. Auch für den Arbeitgeber sind die Sachzuwendungen steuerfrei, wenn sie sich unterhalb der gesetzlichen Obergrenzen bewegen.

Betriebsbesichtigung – in Form eines „Tages der offenen Tür" oder regelmäßig stattfindende Veranstaltung. – *Ziele:* (1) das Unternehmen über den engen Kreis der Mitarbeiter hinaus bekannt zu machen (Public Relations (PR), → Personalwerbung); (2) neue Mitarbeiter mit dem Unternehmen bekannt und vertraut zu machen; (3) Nachwuchswerbung zu betreiben. – *Voraussetzungen:* Sorgfältige Vorbereitung und gute Organisation der Besichtigungsroute, der Darstellung des Produktionsprozesses, der Vorträge etc., Gefahrenstellen müssen bes. geschützt werden.

Betriebshandbuch – Hilfsmittel der innerbetrieblichen Information, von Großfirmen als Wegweiser für neue Mitarbeiter herausgegebene Einführungsschrift. Das Betriebshandbuch ist kein Ersatz für eine Arbeitsordnung. – *Mögliche Inhalte:* allg. Hinweise auf Altersversorgung, Arbeitszeit, Aufstiegsmöglichkeiten, Ausbildungsfragen, Ausflüge; Beanstandungen und Beschwerden, Beförderungen, Betriebsausschüsse, Betriebsbesichtigungen, Betriebskrankenkasse, Betriebsordnung, Betriebsrat, Bezug von Werkserzeugnissen; Einstellungsuntersuchung, Erfindungen, erste Hilfe, Erzeugnisübersicht; Fahrgeldzuschuss, Feiertagsbezahlung, Feuerschutz; Geheimhaltung, Geschäftsleitung, Gesundheitsdienst, Gewerkschaft und Betrieb; Haftpflicht; Lageplan des Werkes, Leistungsprämien, Lohnabrechnung (Regelung des Systems und Berechnung der Abzüge); Notruf; Organisationsplan; Pausen, Pensionskasse, Rationalisierung, Rauchen; Sanitätsdienst, Sicherheitsvorschriften, Sonderzahlungen, soziale Einrichtungen und Maßnahmen, Sterbegeld; Torkontrolle; Überstundenregelung, Unfallschutz, Unfallverhütung, Unterstützungskasse, Urlaub; Verbesserungsvorschlagswesen; Werkarzt. Daneben sollte das Betriebshandbuch auch über die Unternehmenskultur, Unternehmungsgeschichte, Unternehmensleitbilder u.Ä. informieren.

Betriebsklima – Sammelbegriff für das subjektive Erleben eines Betriebes durch seine Mitarbeiter mit Vorgängen der zwischenmenschlichen Interaktion und Kommunikation als Schwerpunkt. Betriebsklima äußert sich auch in der individuellen → Arbeitszufriedenheit und im Leistungsverhalten. Enge, wissenschaftlich wenig geklärte Beziehung zur Organisationskultur. Maßnahmen zur Verbesserung des Betriebsklimas: Raum für eigenverantwortliches Handeln, flache Hierarchien, kooperativer Führungsstil.

Betriebspsychologie → Arbeits- und Organisationspsychologie.

Betriebssport – vom Betrieb geförderte Möglichkeit der sportlichen Freizeitgestaltung. Unterstützung durch Bereitstellung von Räumlichkeiten, Sportplätzen, Geräten, u.U. auch von einheitlichem Sportdress für Wettspiele und durch Gründung von Betriebssportvereinen/Betriebssportgruppen. Die Ausgestaltung des Betriebssportes ist meist Gegenstand innerbetrieblicher Vereinbarungen. – *Zweck:* a) Gesundheitsförderung durch Bewegungsausgleich und Entspannung; b) Pflege eines fairen und kameradschaftlichen Zusammenwirkens; c) Bindung an das Unternehmen. – Betriebssport unterliegt dem Schutz der *gesetzlichen Unfallversicherung,* wenn er der allg. körperlichen Ertüchtigung der Betriebsangehörigen dient und ihnen einen Ausgleich für die körperliche Beanspruchung während der Arbeit gibt. Allerdings besteht kein Versicherungsschutz bei Sportwettkämpfen mit betriebsfremden Mannschaften. Landesbetriebssportverbände bieten eigene auf die Belange des Betriebssports ausgerichtete Versicherung an.

betriebswirtschaftliche Statistik – I. Begriff: Analyse und Interpretation von in- oder extern anfallendem Zahlenmaterial des Betriebs/der Unternehmung mittels statistischer Methoden und Verfahren zum Zwecke der Planung und Kontrolle unternehmerischer Dispositionen.

II. Teilbereiche: 1. *Personalstatistik:* Erfassung und Zählung der beschäftigten Arbeitnehmer a) nach Art der Tätigkeit, etwa tätige Inhaber, leitende Angestellte, gelernte, angelernte oder ungelernte Arbeiter, Anlernlinge, Auszubildende und Praktikanten; ggf. unter bes. Kennzeichnung der Spezialarbeiter; b) nach Alters- und Lohngruppen; c) nach Verteilung der Beschäftigten auf die betrieblichen Funktionsbereiche: (1) die in der Fertigung Beschäftigten auf Werkstätten, Abteilungen, Arbeitsgruppen, einzelne Kostenstellen; (2) die kaufmännischen Angestellten auf die Kostenstellen Verwaltung, Vertrieb, Einkauf u.ä.; d) nach Arbeitsausfällen durch Saisoneinflüsse, Betriebsunfälle, Berufskrankheiten unter Berücksichtigung der Altersgliederung und der Ergebnisse von Reihenuntersuchungen bzw. sonstiger Unterlagen über die Gesundheitsverhältnisse der Belegschaft. – 2. *Leistungsstatistik:* a) Errechnung des *Beschäftigungsgrads* aufgrund der Arbeitsstundenkapazität (Produkt aus betriebsüblicher, durchgehend gleichbleibender Arbeitszeit und der nach Anlagen und Einrichtungen „normalen" Beschäftigtenzahl) sowie der effektiv geleisteten Stundenzahl, die infolge periodischer Feiertage an Werktagen, Betriebsunterbrechungen, Krankheiten, Unfällen und anderen Ursachen stets gegenüber der kapazitiven Stundenzahl zurückbleibt. – b) Ermittlung der *Arbeitsintensität* durch Vergleich der Arbeitsstundenkapazität (Arbeitsplätze gewichtet mit der wöchentlichen Schichtzeit) mit der Arbeitsstundenleistung (Zahlen aus der Lohnbuchführung). – c) Ermittlung der *Pro-Kopf-Leistung,* wobei die menschliche Arbeitsleistung mit der Arbeitsstundenleistung gleichgesetzt werden muss. Sie ist zu beziehen (1) auf die Zahl der Beschäftigten und auf die Höhe der Lohnsumme, um die relative Leistung einer Abteilung oder des Gesamtbetriebs im Zeitvergleich oder im innerbetrieblichen Vergleich zu messen, oder (2) auf den Mengenausstoß, sog. Ausbringung, zu Standardkosten. – d) Berechnung des *Kapazitätsausnutzungsgrades:* – (1) Die Leistung der Betriebsmittel kann dabei aufgrund der Erfahrung auf die „normalen" Leistungsstunden festgelegt werden, sodass sich ein Verhältnis zwischen technisch möglichen und effektiven Leistungsstunden als prozentualer Ausnutzungsgrad ergibt. Innerbetrieblicher Vergleich von Abteilung zu Abteilung sowie auch im Zeitablauf oder durch Betriebsvergleich. – (2) Berechnung nach der kapazitiven Ausbringung, d.h. nach den Umsätzen in Mengen oder zu Verrechnungspreisen, so z.B. zur Leistungskontrolle beim Filialvergleich. – 3. *Lagerstatistik:* a) Einkaufsstatistik für Ermittlung der Mindesteindeckung: Statistik über Lieferfristen, Umschlagsgeschwindigkeit, Bestellungen, Lieferterminverzögerungen, Fehlmengen. – b) Statistik der Absatzwirtschaft: Marktanalyse, Statistik des Auftragseingangs zur Bestimmung der optimalen Losgröße, Kundenstatistik (Zahlungsfristen, regionale Verteilung der Abnehmer für die Werbung). – c) Statistik der Vorrats- und Anlagenwirtschaft mittels (1) Fortschreibung der Zu- und Abgänge von Anlagengegenständen; (2) Kontrolle der zeitlichen Verteilung von Reparaturen und der örtlichen Verteilung von Ausschuss durch Materialfehler; (3) Bestandsstatistik für Lehren und Werkzeuge; (4) Bezugsziffern für die durchschnittliche Lagerdauer bzw. Umschlagsgeschwindigkeit. – 4. *Statistik der Kostenstruktur und Kostenentwicklung* (u.a. für den Betriebsvergleich): a) Statistik der Kostenarten aus der Kostenrechnung; b) Bezugsziffern zwischen Einzel- und Gemeinkosten sowie zwischen Einzelkosten untereinander bei unterschiedlichem Beschäftigungsgrad; c) diverse weitere Statistiken, wie z.B. Statistik des Anteils bestimmter Kostenarten an den Gesamtkosten einzelner Erzeugnisse, Zusammensetzung der Personalkosten, Ausschuss und Nacharbeit beim Anlauf von Losfertigungen zur Ermittlung kalkulatorischer Anlaufkosten. – 5. *Bilanzstatistik* im zwischenzeitlichen und zwischenbetrieblichen Vergleich, soweit nicht durch abweichende Bewertung unmöglich. – 6. *Statistik der Preise:* Preisstatistik. – 7. *Statistische Qualitätskontrolle:* a) Anwendung von Stichprobenverfahren (Zufallsstichprobenverfahren)

betriebswirtschaftliche Statistik

Betriebswirtschaftliche Statistik

Bereiche betrieblicher Statistik

Interne Statistik

- **Beschaffungsstatistik**
  z. B.: Bestellungs-, Lieferungs-, Reklamations-, Beschaffungspreisstatistik

- **Lagerstatistik**
  z. B.: Lagerbestands-, Lagerumschlags-, Lagerwert-, Schwundstatistik

- **Produktionsstatistik**
  z. B.: Materialverbrauchs-, Betriebsmittel-, Fertigungszeit-, Mengenausstoß-, Qualitäts-, Beschäftigungsgradstatistik

- **Absatzstatistik**
  z. B.: Umsatz-, Vertreter-, Werbe-, Kunden-, Produkt-, Kundendienststatistik

- **Personalstatistik**
  z. B.: Beschäftigten-, Lohn- und Gehalts-, Sozialleistungs-, Arbeitsausfall-, Arbeitszeit-, Fluktuationsstatistik

- **Finanzstatistik**
  z. B.: Liquiditäts-, Einnahmen-, Ausgaben-, Steuer-, Kreditaufnahme-, Kredittilgungsstatistik

- **Statistik der übrigen Bereiche des betrieblichen Rechnungswesens**
  z. B.: Bilanzstatistik, Kosten-, Leistungs-, Kennzahlenstatistik

Externe Statistik

- **Statistik der gesamtwirtschaftlichen Entwicklung**

- **Statistik der Entwicklung vor- und nachgelagerter Märkte**
  - Rohstoff-, Warenmarktstatistik
  - Kapitalmarktstatistik
  - Arbeitsmarktstatistik
  - Absatzmarktstatistik

- **Statistik der Branchenentwicklung**

auf die Gut-Schlechtprüfung oder auf die messende Prüfung zur Erfassung von Materialmängeln oder Fertigungsfehlern während des Produktionsprozesses, häufig mittels Kontrollkarten. – b) Prüfung der Produktionsvorgänge auf Ausschussanteil und Qualitätsmerkmale mithilfe statistischer Entscheidungsverfahren nach sog. Prüfplan und mithilfe statistischer Testverfahren. Bereiche betrieblicher Statistik in anderer Gliederung vgl. Abbildung „Betriebswirtschaftliche Statistik".

Betriebswohnung – Werkswohnung.

Beurteilungsbogen – standardisiertes Formblatt zur → Mitarbeiterbeurteilung; über Inhalt und Form hat der Betriebsrat mitzubestimmen. Jährlich ausgefüllter Beurteilungsbogen wird der → Personalakte beigefügt.

Beurteilungskonflikt → Konflikt.

Bewegungsstudie – Verfahren der → Arbeitsanalyse, begründet von Lillian Gilbreth: Beobachtung der körperlichen Bewegungen während der Arbeit mit Untersuchung wie die Bewegungen effektiver und kosteneffizienter gestaltet werden können. Aufgrund der Bewegungsstudie können Grundsätze über den Zusammenhang von Schnelligkeit, Bewegungsform, Wirksamkeit der Arbeitsvollzugsweise und des Fertigungsfortschrittes aufgestellt werden.

Bewerbung – 1. *Charakterisierung:* Der Bewerber wirbt in eigener Sache, d.h. für seine eigene Person, um eine Stellung, ein Amt oder eine sonstige Tätigkeit zu erlangen. Grund der Bewerbung kann im Reagieren auf ein → Stellenangebot oder im Wunsch eines Bewerbers liegen, bei einer bestimmten Unternehmung zu arbeiten (Initiativbewerbung). – *Formen:* Die Bewerbung kann mündlich, schriftlich oder wie heute üblich über elektronische Medien (E-Mail, Onlineformular, Bewerberwebsite) erfolgen. Von der Beurteilung der Bewerbung hängt es in den meisten Fällen ab, ob der Bewerber zu einer persönlichen Vorstellung eingeladen wird. – 2. *Teile:* a) *Deckblatt:* Hauptfunktionen des Deckblattes ist es einen Akzent zu setzen. Bestimmte Details der Persönlichkeit wie Name und Foto werden hervorgehoben. – b) *Anschreiben:* Dieses ist der eigentliche Werbebrief. Mit dem Anschreiben will der Bewerber die Aufmerksamkeit der umworbenen Firma auf sich lenken. Aus diesem Grund müssen im Anschreiben auch alle die Tatsachen aufgeführt sein, die den Bewerber für die Stellung geeignet machen. – c) *Lebenslauf:* Er ist eine sachliche Darstellung der bisherigen Tätigkeiten, Leistungen und Qualifikationen des Bewerbers in chronologischer oder fachbezogener Folge. Wenn ein handgeschriebener Lebenslauf verlangt wird, deutet dies auf die Erstellung eines graphologischen Gutachtens hin. – d) *Beweismittel:* Die dem Lebenslauf beigefügten Unterlagen (Zeugniskopien, Prüfungsergebnisse, Bescheinigung) sind die Beweismittel der im Lebenslauf gesondert aufgeführten Leistungen. Weitere Bestandteile einer Bewerbung können sein: die sog. Dritte Seite (zur weiteren Darstellung der eigenen Person, → Motivation, Qualifikation), das Kompetenzprofil (gesonderte Präsentation von Fachwissen und Schlüsselqualifikation die Bezug zum Anforderungsprofil besitzen), Referenzen (in Form von Arbeitsproben oder Benennung von Projekten und ehemaligen Vorgesetzten). Obwohl ein Foto nach dem Allgemeinen Gleichbehandlungsgesetz (AGG) heute keine Bedingung mehr für eine Bewerbung sein darf, wird die Verwendung aus Darstellungsgründen dennoch weiter empfohlen. Vgl. auch AGG im Arbeitsrecht. – 3. *Onlinebewerbung:* Bewerbung via Internet bzw. E-Mail durch Erstellen, Einscannen, Hochladen und Verschicken von Dateien mit persönlichen Daten mittels PCs.

Bewertungskonflikt → Konflikt.

Bezugsgruppe – *Mitgliedschaftsgruppe;* Gruppe, an deren wahrgenommenen Normen sich der Einzelne orientiert, wobei dieser kein Mitglied der Bezugsgruppe zu sein braucht. Der vom einzelnen empfundene soziale Druck der Bezugsgruppe führt nach den Vorstellungen der *Bezugstheorie* zu gruppenkonformen Wahrnehmungen und Beurteilungen und normiert das Konsumentenverhalten.

BfB – Abk. für → Bundesverband der Freien Berufe.

Blickaufzeichnung → Blickregistrierung.

Blickregistrierung – *Blickaufzeichnung;* Verfahren der Aktivierungsforschung zur Messung des Blickverhaltens bzw. der visuellen Informationsaufnahme durch Registrierung der Augenbewegung. – *Verfahrensweise:* Die Augenbewegung (Saccaden = Sprünge des Auges, Fixationen = Verweilpunkte) wird aufgezeichnet. Nur während Fixationen (Dauer ca. 300 ms) erfolgt eine Informationsaufnahme. Technisch realisiert mittels Spezialbrille und Videoaufzeichnung oder durch Beobachtung der Probanden mit versteckter Kamera. – *Anwendung:* Messung der Aufmerksamkeitswirkung von Anzeigen oder eines Fernsehspots sowie der Informationsaufnahme einzelner Bild- bzw. Textelemente.

Brachzeit – *Stillstandzeit;* nach → REFA-Verband für Arbeitsstudien, Betriebsorganisation und Unternehmensentwicklung e. V. Teil der Betriebsmittel-Grundzeit, erfasst das planmäßige erholungsbedingte und ablaufbedingte Unterbrechen der Nutzung eines Betriebsmittels.

Brainstorming – 1. *Begriff:* Kreativitätstechnik, bei der mehrere Personen nach bestimmten Regeln in einer Gruppe Lösungsalternativen sammeln. – 2. *Ablauf:* a) Dem Brainstorming wird eine Problemanalyse vorangestellt, aus der eine Fragestellung entwickelt wird. – b) Der Moderator stellt die Fragestellung vor und gibt die Regeln bekannt. – c) Während der Sitzung motiviert der Moderator die Teilnehmer zur Abgabe von Ideen, achtet auf die Einhaltung der Regeln und protokolliert die Ideen und Diskussionen. – d) Nach der Sitzung werden die gesammelten Ideen geordnet und protokolliert. Diese werden anschließend an die Gruppe oder Experten zur weiteren Entwicklung und Ausarbeitung versandt. – 3. *Regeln:* a) Freies Spiel der Gedanken ist erwünscht, jede Idee ist willkommen. – b) Die Quantität und nicht die Qualität oder Realisierbarkeit der Vorschläge ist das entscheidende Kriterium – c) Ideen der Anderen sollen aufgenommen und weiterentwickelt werden, es gibt kein Urheberrecht auf Ideen. – d) Killerphrasen, Kritik und Selbstkritik an den genannten Ideen sind streng verboten. – 4. *Kritik:* Obwohl diese Methode vielfach eingesetzt wird, scheint sie doch hinsichtlich Anzahl und Qualität der gesammelten Ideen schlechter zu sein als Methoden, bei denen zunächst in Einzelarbeit Ideen gesammelt werden, mit denen dann in der Gruppe weitergearbeitet wird. Beim Brainstorming wird gesprochen, beim Brainwriting werden schriftliche Impulse weiterentwickelt.

Bruttoarbeitsentgelt – *Bruttolohn;* Arbeitsentgelt vor Abzug von Steuern (Lohnsteuer, Solidaritätsbeitrag, ggf. Kirchensteuer) und Sozialversicherungsbeiträgen (i.d.R. Rentenversicherung, Krankenversicherung, Arbeitslosenversicherung, Pflegeversicherung) (→ Lohnabzüge). Der Bruttolohn dient als Grundlage zur Berechnung von Steuer- und Sozialversicherungsbeiträgen. Ggf. sind Lohnsteuerfreibeträge zu den Sozialversicherungsbeiträgen hinzuzurechnen. – *Berechnung:* Bruttolohnermittlung.

Bruttolohn → Bruttoarbeitsentgelt.

Bundesverband der Freien Berufe (BfB) – Dachverband von über 90 Spitzenvereinigungen und Landesorganisationen der Freien Berufe, Sitz in Berlin. – *Aufgaben:* Interessenvertretung der freiberuflich Schaffenden; in Bezug auf Steuern, Sozialpolitik, Berufsbildung, Umwelt. Zusammenfassung der Freien Berufe, Sicherung ihrer sozialen Grundlagen, Stärkung des Einflusses der frei und selbstverantwortlich schaffenden Persönlichkeit auf das öffentliche Leben; Pflege der Beziehungen der freien Berufe untereinander.

Bundesverband der Selbständigen e.V. (BDS) – älteste Interessenvertretung der mittelständischen Unternehmen in Deutschland; Sitz in Berlin. – *Aufgaben:* Unterstützung mittelständischer Unternehmen bei Existenzgründung, Rechtsfragen und der täglichen Unternehmenspraxis. Interessenvertretung über ihm angehörende Abgeordnete aus allen Parteien auf Landes-und Bundesebene; auf europäischer Ebene werden die Interessen des Verbandes von der europäsichen Dachorganisation der Selbstständigen, UEAPME (European Association of Craft, Small and Medium-Sized Enterprises) vertreten; praxisorientierte Publikationen.

Bundesverband Junger Unternehmer (BJU) → Arbeitsgemeinschaft Selbständiger Unternehmer e. V. (ASU).

Bundesvereinigung der Deutschen Arbeitgeberverbände e.V. (BDA) – Zusammenschluss von Fachspitzen- und überfachlichen Landesverbänden der dt. Privatwirtschaft; Sitz in Berlin. – *Aufgaben:* Wahrnehmung der gemeinschaftlichen sozialpolitischen Belange auf Bundes-, europäischer und internationaler Ebene; u.a. in den Bereichen Sozial- und Tarifpolitik, Arbeitsrechtspolitik, Bildungs-, Personal- und Gesellschaftspolitik.

Burnout – Stressreaktion, die dadurch gekennzeichnet ist, dass meist ehemals beruflich sehr engagierte Personen emotional erschöpft sind, mit anderen Personen in der Arbeit zynisch umgehen und sie eher als Objekte denn als Personen behandeln sowie den Eindruck haben, dass sie in ihrer Arbeitstätigkeit keine Erfüllung mehr finden. Ursprünglich wurde diese Stressreaktion vornehmlich bei Mitarbeitern in Pflegeberufen beobachtet. Zunehmend scheint sie aber auch bei anderen Berufsgruppen aufzutreten, deren Tätigkeit durch eine hohe Dichte sozialer Interaktion und die Forderung gekennzeichnet ist, zu anderen freundlich zu sein (z.B. Stewardessen, Verkäufer, Freizeitanimateure etc.).

Büro Führungskräfte der Wirtschaft (BFW) – der Bundesagentur für Arbeit angeschlossene Behörde (Zentralstelle für Arbeitsvermittlung [ZAV]) mit spezieller Aufgabenstellung; Sitz in Frankfurt a.M. – *Aufgabe:* Vermittlung von Führungskräften. – *Ziel* ist es, den Besonderheiten bei der Vermittlung von Führungskräften Rechnung zu tragen. – Vgl. auch → Personalberatung, Managementberatung.

bürokratischer Führungsstil → Führungsstil.

Cafeteria-System – 1. *Begriff*: Konzept individualisierter Entgeltgestaltung. Die Arbeitnehmer erhalten die Möglichkeit, sozial- und/oder übertarifliche Leistungen aus vorgegebenen Alternativen den persönlichen Bedürfnissen und Präferenzen entsprechend auszuwählen. – Vgl. auch Individualisierung. – 2. *Ziele*: Neben der Individualisierung von Sozialleistungen, der erweiterten Selbstbestimmung am Arbeitsplatz und der Verbesserung der Corporate Identity soll eine bessere Steuerung der Kosten der Sozialleistungen gewährleistet werden. – 3. *Formen*: Variabel wählbar sind z.B. die Art der Bezahlung, die Form einer Erfolgsbeteiligung, die Art der Sozialleistung (Zuschuss zur Lebensversicherung, Arbeitgeberdarlehen u.Ä.). Der Arbeitnehmer kann sich somit aus einem Angebot an Sozialleistungen und übertariflichen Entgeltbestandteilen sein individuelles „Menü" zusammenstellen. Da nur übertarifliche Entgeltbestandteile darunter fallen können, ist die Bedeutung in der Praxis bislang beschränkt.

CEDI – Abk. für → Conféderation Européenne des Independants.

CGB – Abk. für → Christlicher Gewerkschaftsbund Deutschlands.

Charisma – In der psychologischen Führungsforschung versteht man unter Charisma ein Persönlichkeitsmerkmal, das sich in bestimmten Situationen (z.B. in einer Krise) in ein bestimmtes Verhalten des Führenden übersetzt (z.B. sinngebend), um dann bei den Geführten über den Prozess der Identifikation mit dem Führenden zum Effekt (z.B. gesteigerte Motivation) zu führen. Charisma wird nicht als dauernd und situationsunabhängig angesehen, wie andere Persönlichkeitsmerkmale (z.B. Intelligenz).

charismatischer Führungsstil → Führungsstil.

Christlicher Gewerkschaftsbund Deutschlands (CGB) – Bundesgeschäftsstelle mit Sitz in Berlin; gegründet 1959. – *Aufgaben*: Zusammenfassung aller dt. christlichen Gewerkschaften; Bestimmung der Ziele des Bundes auf allen Gebieten gewerkschaftlicher Betätigung; Vertretung der Mitglieder auf nationaler und internationaler Ebene. – Angeschlossen ist der *Deutsche Handels- und Industrieangestellten-Verband (DHV)*.

Coaching – I. *Personal*: Personalentwicklungskonzept, bei dem ähnlich wie im Sport die Aufgabe einer Führungskraft u.a. darin gesehen wird, durch individuelle Betreuung der Mitarbeiter auf ihr Leistungsverhalten einzuwirken und einen Ausgleich zwischen Unternehmensanforderungen und Mitarbeiterbedürfnissen zu schaffen und damit Hilfestellung zur Selbstmotivation zu geben. – Vgl. auch → Counseling.

II. *Health Care Management*: 1. *Begriff*: Coaching ist eine spezielle Form des Case Managements. Beim Coaching-Ansatz wird eher ein breites Behandlungsspektrum vorgehalten, wohingegen das Case Management prinzipiell ein spezielleres, tiefgründigeres Wissen erfordert. – 2. *Merkmale*: Im Coaching sind verschiedenste Berufsfelder vereint und konkretisiert, ohne diese zu ersetzen. Insbesondere in niedrigschwelligen und stärker psychosozialen Gesundheitssituationen erhält dieser Ansatz eine bes. Bedeutung. Im Gegensatz zur klassischen, hierarchisch orientierten Leistungserbringer-Patient-Beziehung, ist die Beziehung des Coachs zum Patienten gleichberechtigter. Das Coaching hat einen stark koordinierenden Charakter. Mittels Coaching soll dem Patienten eine praktikable und transparente Orientierungshilfe im Gesundheitswesen ermöglicht werden. Außerdem sollen Schnittstellen zwischen sämtlichen, an der Gesundheitsversorgung beteiligten Akteuren überwunden und gleichzeitig die Effektivität der Versorgung erhöht werden. Koordination von Terminen und Behandlungen, Suche und Zusammenstellung patientenrelevanter Informationen in laienverständlicher Sprache oder Sicherstellung der Abrechnung und Kostenerstattung von Behandlungen sind nur einige Aufgaben des Coachings. Erfolgsfaktoren des Coachings sind einerseits der Vorzug niedrigschwelliger Ressourcen in Form von speziell qualifizierten Pflegepersonals vor der Höchstressource Arzt und dadurch der Einsatz von Gesprächszeit (im Gegensatz zur hektischen Situation in einer Praxis wird hier gezielt der Zeitdruck aufgehoben) und andererseits die Nutzung moderner Informationstechnologien (elektronische Patientenakte). – 3. *Formen:* Wesentliche Formen des Coachings sind: a) *Patientencoaching,* umfasst die informationelle, transparente und koordinierende Unterstützung des Patienten im Gesundheitswesen. Von der individuellen Vorsorge (z.B. Ernährung) bis hin zu chronischen Versorgungsmaßnahmen bietet das Coaching eine individuelle Hilfestellung für den Patienten. Gleichermaßen stellt das Coaching durch seine koordinierende Funktion zwischen Patient und Leistungserbringer, aber auch zwischen den einzelnen Leistungserbringern bzw. Sektoren, eine allg. Entlastung für die Versorgungssituation dar. Das umfassende Aufgabengebiet des Coachings bedarf einer fundierten und weitreichenden Ausbildung bez. rechtlicher, organisatorischer, medizinischer und gesundheitswesenspezifischer Aspekte. Die durchaus enge Beziehung des Coachs zum Patienten bedarf darüber hinaus höchster Integrität auf der Suche nach einer angemessenen Versorgung und nicht zuletzt der Schweigepflicht. – b) *Gesundheitscoaching,* ist eine Teilaufgabe des Patientencoachings. Aufgabengebiete beider Formen gehen fließend ineinander über. Im Gegensatz zum Patientencoaching umfasst das Gesundheitscoaching jedoch sämtliche Bereiche des alltäglichen Lebens (z.B. Work-Life Balance, Ernährung, Stressmanagement).

Patientencoaching konzentriert sich insbesondere auf Inhalte des medizinischen Leistungsspektrums. Verstärkt ist hier fundiertes Wissen über Krankheiten erforderlich. Demgegenüber kann Gesundheitscoaching quasi überall Anwendung finden. Vorrangig soll das Gesundheitscoaching bereits im Vorfeld einer Krankheit dem Patienten eine Hilfestellung geben, weshalb v.a. Wissen über Prävention und gesundes Leben notwendig sind. Gesundheitsschwächende Faktoren sollen aufgedeckt sowie Strategien zur Vermeidung aufgezeigt und gemeinsam erarbeitet werden.

Conféderation Européenne des Indépendants (CEDI) – *Europaverband der Selbstständigen;* europäische Interessenvertretung der Selbstständigen, der Klein- und Mittelbetriebe, der freien Berufe und der übrigen Gewerbes. – In der Bundesrepublik Deutschland vertreten durch den *Conféderation Européenne des Indépendants Bundesverband Deutschland e. V.* in Bexbach.

Consideration → Führungsverhalten.

Coping – 1. *Begriff:* Handlung einer Person, die darauf abzielt, eine belastende Situation zu bewältigen. – 2. *Strategien:* Meist werden die zwei Formen problembezogenes vs. emotionsbezogenes Coping unterschieden. Beim problembezogenen Coping versucht eine Person, eine Änderung der belastenden Situation oder der Problemursachen (z.B. Lärmquellen ausschalten) herbeizuführen; ggf. wird darunter auch die Neuinterpretation einer Situation gefasst. Beim emotionsbezogenen Coping versucht eine Person, die ausgelösten Emotionen (Angst, Ärger) etc. zu bewältigen, bspw. durch Entspannen, Ablenken, Bewegen etc.

Counseling – Instrument der Personalentwicklung. Durch Counseling soll dem Mitarbeiter mittels einer geplanten und überwachten Form der Arbeitsdurchführung die Möglichkeit gegeben werden, eigene Erfahrungen zu sammeln. Die Aufgabe des Vorgesetzten ist hier darauf gerichtet, durch Hilfestellung und Anregung das Hineinwachsen

Critical Incident Technique (CIT) – halbstandardisiertes Verfahren zur empirischen Anforderungsanalyse. Grundidee ist es, bestimmte Verhaltensweisen (bzw. „kritische Ereignisse") als bes. erfolgreich oder nicht erfolgreich im Hinblick auf ein bestimmtes Ziel zu klassifizieren. Dazu wird die zu befragende Person aufgefordert, aus dem eigenen Erlebnisbereich über wichtige, „kritische" Ereignisse in der Vergangenheit zu berichten. – *Anwendung* u.a. bei der Erhebung von Anforderungen für die → Eignungsdiagnostik oder die Gestaltung von Trainingsmaßnahmen. – Vgl. auch → Arbeitsgestaltung, → Arbeits- und Organisationspsychologie.

in eine neue Aufgabenstellung zu erleichtern. – Vgl. auch → Coaching, → Mentoring.

DAG – Abk. für → Deutsche Angestellten-Gewerkschaft.

degressiver Akkord – Sonderform des → Akkordlohns, bei der der Stundenlohn in Abhängigkeit vom Leistungsgrad degressiv verläuft. Grundgedanke ist der Schutz der Arbeitnehmer vor Überanstrengung. – *Am bekanntesten:* Rowan-Lohn. – *Gegensatz:* → Progressiver Akkord.

Delegation – 1. *Organisation:* Übertragung von Kompetenz (und → Verantwortung) auf hierarchisch nachgeordnete organisatorische Einheiten, auch als Kompetenzdelegation bezeichnet. Der Delegationsgeber hat darauf zu achten, ob der Delegationsnehmer von seiner Kompetenz und → Motivation her zur selbstständigen Erfüllung der zu übertragenden Aufgaben fähig ist. – Vgl. auch → Führungsstil. – 2. *Öffentliches Recht:* Übertragung der Zuständigkeit zur Wahrnehmung bestimmter hoheitlicher Befugnisse auf einen anderen Verwaltungsträger, z.B. kann nach Art. 60 III GG der Bundespräsident seine Befugnisse auf dem Gebiet des Begnadigungsrechts auf andere Behörden übertragen.

Delphi-Technik – *Delphi-Methode, Delphi-Verfahren.* 1. *Begriff:* Form der Expertenbefragung. – 2. *Ziel/Nutzen:* Zusammenführung und Analyse von Expertenmeinungen. Ihr Nutzen ist primär heuristischer Natur. – 3. *Ablauf:* Experten werden in mehreren Durchgängen zu einer komplexen Problemstellung einzeln schriftlich befragt. Die Gesamtergebnisse jedes Durchgangs werden dabei zu Beginn des folgenden Durchgangs jedem der beteiligten Experten zur Kenntnis gegeben. Unterschiedliche Beurteilungen von Eintrittswahrscheinlichkeiten möglicher Ereignisse in der Zukunft werden miteinander konfrontiert. Mit der Zeit ergibt sich eine Konvergenz und Verengung des Bereichs der durch die Experten abgegebenen Schätzwerte, da die „überzeugendsten" Argumente langfristig in dem Kreis der Befragten diffundieren sollten. Oft konvergieren die Meinungen auch zu polarisierenden Standpunkten. – 4. *Annahmen:* Experten kennen die Zukunft besser als andere; mehrere Experten prognostizieren nicht schlechter als ein einzelner. – 5. *Probleme:* Unklar ist, ob die Meinung, gegen die die Gruppe konvergiert, einen tiefgründig reflektierten Konsens oder nur das Ergebnis der Tendenz darstellt, dass sich die weniger Überzeugten den stärker Überzeugten anpassen. Es lassen sich Tendenzen feststellen, dass Befragte sich in Richtung der Allgemeinheit korrigieren. – 6. *Anwendung:* Unterstützung der Szenario-Technik.

demokratischer Führungsstil → Führungsstil.

Denken – psychischer Prozess, der der Informationsverarbeitung dient. Das Individuum verfügt über kognitive Abbildungen von Problemstrukturen, die es aktiv manipuliert, um die erlebte Situation zu strukturieren und bestehende Probleme zu lösen. In diesem Sinn wird das Denken auch gelegentlich als „Probehandeln" umschrieben. Man unterscheidet ein *divergentes,* neue Verbindungen suchendes, wenig kontrolliertes Denken, das für die Kreativität wichtig ist von einem *konvergenten,* regelgebundenen, schlussfolgernden, kontrollierenden Denken.

Deutsche Angestellten-Gewerkschaft (DAG) – ehemals gewerkschaftliche Einheitsorganisation der Angestellten, konfessionell und parteipolitisch unabhängig; gegründet 1945; Sitz in Berlin. – Am 2.7.2001 ist die DAG in der Vereinten Dienstleistungsgewerkschaft (ver.di) aufgegangen.

Deutscher Frauenrat – *Bundesvereinigung Deutscher Frauenverbände und Frauengruppen gemischter Verbände e. V.,* gegründet 1951; Sitz in Berlin. – *Aufgaben:* Durchsetzung der

Chancengleichheit für Frauen in allen gesellschaftlichen Bereichen.

Deutscher Gewerkschaftsbund (DGB) – Vereinigung von Einzelgewerkschaften; nicht rechtsfähiger Verein; gegründet im Oktober 1949 in München. Sitz in Berlin. – *Zweck/ Grundsätze:* Zusammenfassung aller Gewerkschaften zu einer wirkungsvollen Einheit und Vertretung der gemeinsamen gesellschaftlichen, wirtschaftlichen, sozialen und kulturellen Interessen. – *Ziele: (1)* Im sozialpolitischen Bereich: v.a. Vertretung der Arbeitnehmerinteressen in der nationalen und internationalen Sozial- und Gesundheitspolitik (einschließlich Umweltschutz), in der Sozialversicherung (einschließlich Selbstverwaltung), in der Arbeitsmarktpolitik und Arbeitssicherheit sowie im Sozial- und Arbeitsrecht. (2) Im wirtschaftspolitischen Bereich: v.a. Ausbau der Mitbestimmung und Vertretung der Arbeitnehmerinteressen in allen politischen Bereichen. – Der DGB ist demokratisch aufgebaut. Seine Satzung legt die Unabhängigkeit gegenüber den Regierungen, Verwaltungen, Unternehmern, Konfessionen und politischen Parteien fest. Das Organisationsgebiet erstreckt sich auf das Gebiet der Bundesrepublik Deutschland (einschließlich neue Bundesländer). – Der DGB ist *Mitgliedsorganisation* des Europäischen Gewerkschaftsbundes (EGB) und des Internationalen Bundes Freier Gewerkschaften (IBFG). Der DGB vertritt außerdem die dt. Gewerkschaftsinteressen bei internationalen Organisationen wie der EU und UN. – Folgende acht *Gewerkschaften* gehören dem DGB an: IG Bauen-Agrar-Umwelt;IG Bergbau, Chemie und Energie;Gewerkschaft Erziehung und Wissenschaft;IG Metall;Gewerkschaft Nahrung-Genuss-Gaststätten;Gewerkschaft der Polizei;TRANSNET;Vereinte Dienstleistungsgewerkschaft (ver.di). – Seit 1974 sind die gemeinwirtschaftlichen Unternehmen des DGB und seiner Einzelgewerkschaften in der *Beteiligungsgesellschaft für Gewerkschaften AG (BGAG)* vereinigt.

Deutscher Handels- und Industrieangestellten-Verband (DHV) → Christlicher Gewerkschaftsbund Deutschlands (CGB).

differenzielle Psychologie – Teilgebiet der → Psychologie. Die differenzielle Psychologie beschäftigt sich mit der Frage nach Unterschieden zwischen und Gemeinsamkeiten von Personen im Erleben und Verhalten.

Direkt-Geld-Methode – Rangreihenverfahren der → Arbeitsbewertung, bei dem die Beanspruchungshöhe durch einzelne Anforderungsarten direkt in Geld ausgedrückt wird. Geldlohnsätze werden auf die Anforderungsarten verteilt.

duale Berufsausbildung – 1. *Begriff:* in der Bundesrepublik Deutschland übliches Berufsausbildungssystem mit dualer Struktur; berufliche Erstausbildung Jugendlicher, die an zwei Lernorten (Berufsschule und Betrieb) mit unterschiedlichen Ausrichtungen durchgeführt wird. – 2. *Merkmale:* inhaltlich-zeitliche Verknüpfung einer überwiegend fachpraktischen Ausbildung im Betrieb (betriebliche Ausbildung) und/oder in einer überbetrieblichen Ausbildungsstätte mit einer fachtheoretisch-allgemeinen Bildung in der Berufsschule. – 3. *Rechtliche Regelungen:* Zweiteilung der Zuständigkeiten für die rechtliche Regelung der betrieblichen und schulischen Berufsausbildung: (1) Die Ausbildung in den Betrieben wird bundeseinheitlich durch das Berufsbildungsgesetz (BBiG) geregelt. – (2) Kultusminister und -senatoren der Länder sind für den Unterricht an den berufsbildenden Schulen zuständig. Es werden vom Bund einheitliche Ausbildungsordnungen erstellt, während die Länder gesondert Lehrpläne bzw. Richtlinien für die Berufsschulen erlassen. Der Kultusministerkonferenz der Länder (KMK) obliegt die vorbereitende Koordination der einzelnen Lehrpläne durch die Erarbeitung gemeinsamer Rahmenlehrpläne. – Die Durchführung der Berufsausbildung regeln, soweit detaillierte Vorschriften nicht bestehen, die „*zuständigen Stellen*", z.B. Industrie- und

Handelskammern, Handwerkskammern, Landwirtschaftskammern, Ärztekammern. Sie führen ein Verzeichnis der Berufsausbildungsverhältnisse (Lehrlingsrolle), bilden Prüfungsausschüsse und erlassen Prüfungsordnungen für die Ausbildungsabschluss- und -zwischenprüfungen und stellen zur Beratung und Kontrolle der Ausbildungsbetriebe einen Ausbildungsberater. – 4. *Finanzierung*: Es ist eine Mischfinanzierung in öffentlicher (Berufsschule) und privatwirtschaftlicher (Betrieb) Verantwortung. I.d.R. werden die Personalausgaben für die Lehrer an öffentlichen Berufsschulen von den Ländern getragen; der jeweilige Schulträger (kreisfreie Städte, Landkreise) übernimmt die Sachausgaben sowie die Ausgaben für das Verwaltungspersonal. Die anerkannten privaten Berufsschulen erhalten je nach Länderregelung Finanzhilfen zu den Sach- und Personalausgaben. Die Ausbildungsbetriebe finanzieren die Kosten der betrieblichen Ausbildung (Personalkosten, Sachkosten) eigenständig (einzelbetriebliche Finanzierung). Durch die Kritik an dem einzelbetrieblichen Finanzierungsmodus haben sich eigenständige Organisations- und Finanzierungsweisen von betrieblicher Ausbildung entwickelt. So werden die überbetrieblichen Ausbildungsstätten (z.B. Lehrwerkstätten) zumeist durch Zuschüsse des Bundes sowie der jeweiligen Bundesländer finanziert. Die Tariffondfinanzierung erfolgt über ein Umlagesystem und die Verbundfinanzierung je nach Kooperationsform im Sinn eines Ausgleichsprinzips. – 5. *Probleme*: Aufgrund der unterschiedlichen Zuständigkeiten bei der Planung und Durchführung der Berufsausbildung weichen die Ausbildungspläne für den schulischen und betrieblichen Teil der Ausbildung z.T. erheblich voneinander ab; zudem sind die betriebliche und schulische Ausbildung sachlich und zeitlich nur wenig aufeinander abgestimmt. Zur Behebung dieses Problems wurde von der Kultusministerkonferenz der Länder ein Koordinierungsausschuss eingesetzt, der u.a. die Aufgabe hat, die Abstimmung der Ausbildungsordnungen und Rahmenlehrpläne vorzunehmen. – Vgl. auch Bildungspolitik und den umfangreichen von der Bundesregierung jährlich vorgelegten Berufsbildungsbericht.

dynamische Muskelarbeit – rascher Wechsel von Kontraktion und Erschlaffung der Muskeln. Dynamische Muskelarbeit ist weniger ermüdend als die → statische Muskelarbeit wegen besserer Durchblutung.

E

Ecklohn – tariflich festgesetzter Stundenlohn für eine mittlere Facharbeitergruppe, aus dem sich durch prozentualen Zu- oder Abschlag die Tariflöhne für die übrigen Gruppen errechnen lassen, wenn deren Verhältnis untereinander durch → Arbeitsbewertung exakt festgelegt ist. Im Rahmen von Lohnverhandlungen geht es i.d.R. nur um die Neufestsetzung des Ecklohns.

Educentives – Wortzusammensetzung aus *Education* und → Incentives; Motivationsprogramme mit Eventcharakter, die eine Verknüpfung von Bildung und Wissen mit Spaß und Unterhaltung zum Ziel haben und sowohl für Mitarbeiter als auch Kunden eingesetzt werden können.

Edutainment – Kombination der Wörter *Education* und *Entertainment*. – Spielerische Vermittlung von Wissen bei gleichzeitigem großen Unterhaltungswert. Anwendung in der Aus-, Fort- und Weiterbildung sowie im Marketing, z.B. bei Unternehmenspräsentationen.

Eigenschaftstheorie der Führung – Theorie, die auf den Ansätzen der Great-Man-Theroy (Anfang des 20. Jahrhunderts) basiert und die den Führungserfolg eines Vorgesetzten aus bestimmten persönlichen Fähigkeiten und Eigenschaften abzuleiten versucht. Solche Eigenschaften sind in unterschiedlicher Ausprägung vorhandene, physische (wie Größe, Statur, Konstitution, Gesundheit etc.) und psychische (wie Durchsetzungsvermögen, Leistungsbereitschaft, Intelligenz, Initiative etc.) Persönlichkeitsmerkmale, die zeitlich stabil sind und in unterschiedlichen Situationen zum Ausdruck kommen. Der klassische Ansatz der Eigenschaftstheorie der Führung ging soweit, ein einziges Merkmal (oder eine Merkmalskombination) zu finden, die über den Führungserfolg entscheidet. Zwar gibt es Persönlichkeitseigenschaften, die den Führungserfolg generell oder in bestimmten Situationen begünstigen (→ Führungseigenschaften), insgesamt wird der Ansatz, nicht zuletzt aufgrund seiner einseitigen Betrachtungsweise, jedoch stark kritisiert und als überholt betrachtet; Partielle Rehabilitation der Eigenschaftstheorie der Führung in Gestalt der charismatischen Führung (→ Führungsstil). – *Gegensatz:* → Interaktionstheorie der Führung

Eignung – Gesamtheit aller Merkmale und Eigenschaften, die einen Menschen befähigen, eine bestimmte Tätigkeit erfolgreich auszuüben. Hierbei stehen diese Merkmale oder Eigenschaften immer nur in Bezug auf eine bestimmte Tätigkeit. Geeignet ist eine Person in dem Umfang, in dem ihre Merkmale und Eigenschaften den Anforderungen einer bestimmten Tätigkeit entsprechen (z.B. Schreibmaschine schreiben können, CAD-System bedienen, Buchhaltung führen etc.). Häufig Eignungsmerkmale: Wissen, Können, Erfahrung, körperliche Leistungsfähigkeit. Feststellung mittels diverser Verfahren der → Eignungsdiagnostik. – Der Begriff der Eignung wird oftmals auch darüber hinaus auf das Ausmaß angewendet, in dem die Interessen, Bedürfnisse und Wertvorstellungen einer Person dem Befriedigungspotenzial des Arbeitsplatzes entsprechen.

Eignungsdiagnostik – psychologische Teildisziplin, die die Zuordnung von Person und Arbeitsplatz/Arbeitsinhalt auf der Basis von Informationen über die Person sowie mithilfe von Anforderungsanalysen mit dem Ziel zu optimieren versucht, Eignungs- und Anforderungsprofil aufeinander abzustimmen. Informationen über die Personen werden mithilfe eignungsdiagnostischer Instrumente, wie z.B. psychologischer Tests (z.B. Persönlichkeitstests, Tests zur Messung allgemeiner kognitiver Fähigkeiten), biographischer

Fragebögen, Einstellungsinterviews oder Simulationsverfahren (z.B. Arbeitsprobe, Assessment Center) erhoben. Die höchsten Zusammenhänge mit der Berufsleistung (Validität) weisen Tests zur Messung allgemeiner kognitiver Fähigkeiten (→ Intelligenz; → Intelligenztest) auf, gefolgt von Arbeitsproben, strukturierten Interviews, Erhebung von Fachkenntnissen und → Assessmentcenter. Deutlich schlechter schneiden die → Graphologie oder unstrukturierte Interviews ab. Die Qualitätsstandards zur Eignungsfeststellung sind in der DIN 33430 formuliert. – *Angewandt* bei der Berufsberatung und Personalberatung sowie der Personalentwicklung.

Einstellung zur Arbeit – Affekte und kognitive Haltungen gegenüber der eigenen Arbeitstätigkeit (z.B. → Arbeitszufriedenheit), der Arbeitsgruppe oder gegenüber der ganzen Organisation. – Vgl. auch → Klima.

Einzelakkord – Form des → Akkordlohns, bei der sich das Entgelt im Gegensatz zum → Gruppenakkord nicht auf die Leistung einer Gruppe von Arbeitnehmern, sondern auf die eines einzelnen Arbeitnehmers bezieht.

Elementarzeitverfahren → Systeme vorbestimmter Zeiten (SvZ).

Emotion – *Affekt, Gefühl, psychische Erregung;* innere Empfindung, die angenehm oder unangenehm empfunden und mehr oder weniger bewusst erlebt wird, z.B. Freude, Angst, Kummer, Überraschung. Die Emotion ist ein komplexes Muster aus physiologischen Reaktionen (z.B. Steigerung des Blutdrucks), Gefühlen (z.B. Liebe, Wut), kognitiven Prozessen (Interpretation, Erinnerung und Erwartung einer Person) sowie Verhaltensreaktionen (z.B. lachen, weinen). – Als individueller Aspekt des Konsumentenverhaltens vielfältige Einsatzmöglichkeiten in der *Werbung*, u.a. zur Steigerung der Aufmerksamkeitswirkung von Werbemitteln durch emotionale Bilder, Texte etc. – Vgl. auch → Aktivierung, → emotionale Konditionierung.

emotionale Intelligenz – Fähigkeit eines Menschen, die → Emotionen eines anderen zu erkennen und in adäquater Weise darauf zu reagieren. In Managemententscheidungen fließen zwangsläufig neben rationalen Elementen auch Elemente einer emotionalen Vernunft ein. Die stark emotionsgetönte Intuition wird daher zu einer eigenen produktiven Managementkompetenz. Die Emotionsarbeit lässt sich über vier Grunddimensionen beschreiben: (1) Die Notwendigkeit subjektiver Aufmerksamkeit, die beim Zurschaustellen des emotionalen Ausdrucksverhaltens aufgebracht werden muss; (2) die Häufigkeit des (erwünschten) emotionalen Ausdrucksverhaltens; (3) die Vielfalt unterschiedlicher Emotionen, die im Rahmen einer Arbeitsrolle erwartet werden; (4) der Grad empfundener Dissonanz. – Es gibt Versuche, den Grad der emotionalen Intelligenz mithilfe → psychologischer Testverfahren zu erfassen und in Parallelität zum → Intelligenzquotienten (IQ) eine Kennziffer für die emotionale Intelligenz (EQ) zu erarbeiten. Die emotionale Intelligenz ist nahe verwandt mit dem Konzept der sozialen Kompetenz.

emotionale Kompetenz → emotionale Intelligenz.

emotionale Konditionierung – Lernvorgang, der eine emotionale Reaktion auf bislang neutral empfundene Reize hervorruft: Ein neutraler Reiz (z.B. Markenname) wird wiederholt mit einem emotionalen Reiz (z.B. emotionales Bild) gekoppelt, bis der vormals neutrale Reiz in der Lage ist, die beabsichtigte emotionale Reaktion (→ Emotion) hervorzurufen. – *Einsatz* v.a. bei Werbung auf gesättigten Märkten.

Empowerment – 1. *Begriff:* engl. für *Bevollmächtigung;* in den USA gebräuchliche Bezeichnung für vom Management initiierte Maßnahmen, die die Autonomie und Mitbestimmungsmöglichkeiten von Mitarbeitern rund um ihren Arbeitsplatz erweitern. Empowerment bezeichnet somit die Weitergabe von Entscheidungsbefugnissen und

Verantwortung durch Vorgesetzte an Mitarbeiter. Empowerment konkretisiert sich u.a. in einer (weitgehend) selbstbestimmten Gestaltung des Arbeitsablaufs, dem Zugang zu gewünschten Informationen und intensivierter (aufgabenbezogener) Kommunikation mit Kollegen und Vorgesetzten. – 2. *Vorteile* des Empowerments sind auf organisationaler Ebene der Abbau von Hierarchie, weniger Bürokratie und Leistungsoptimierung sowie auf Mitarbeiterebene motivationale Effekte. Mit Ansätzen zur Mitbestimmung und zur → Humanisierung der Arbeit ist Empowerment nur bedingt vergleichbar.

Entlohnungspolitik – betriebliche Lohngestaltung.

Entscheiden – kognitiver Prozess der Wahl zwischen Alternativen; in der Psychologie häufig modelliert über den Nutzen (Utility) einer jeden Alternative multipliziert mit der subjektiven Wahrscheinlichkeit (Expectancy) der Zielerreichung, wobei die Höhe des Produkts den Ausschlag in der Wahlsituation gibt (SEU-Entscheidungstheorie). – In der Marktpsychologie wird bei der Analyse von Konsumentscheidungen zwischen „echten" bzw. vollständigen Entscheidungen im Sinn dieses Modells und verkürzten Abläufen durch → Habitualisierung, Kontraktbildung und impulsives Verhalten (Reizkauf) differenziert.

Entscheidungsbaum – I. Entscheidungstheorie: Darstellung mehrstufiger Entscheidungen. Der Entscheidungsbaum wird aus einer Erweiterung des Zustandsbaums gewonnen, indem in den einzelnen Zeitpunkten neben den erwarteten Umweltzuständen zusätzlich die verfügbaren Aktionen einbezogen werden. – *Darstellungsweise:* Die rechteckigen Knoten, a und b, kennzeichnen Entscheidungspunkte (zum Zeitpunkt t), von denen Kanten a_1, a_2 bzw. b_1, b_2 ausgehen, die mögliche Aktionen repräsentieren; diese zeigen auf weitere Knotenpunkte, die denkbaren Umweltzustände 1 bzw. 2, 3. Mögliche Umweltentwicklungen mit den Übergangswahrscheinlichkeiten W_{ij} werden durch die folgenden Kanten abgebildet, die in neue Entscheidungsknoten münden. Eine Aktionskette (z.B. a_1, b_1) bildet eine Strategie, die zusammen mit einer Umweltentwicklung (z.B. Zustand 1, 2) ein bestimmtes Entscheidungsergebnis hervorruft. – Die *Entscheidung* zum Zeitpunkt t = 0 kann dadurch bestimmt werden, dass auf dem Wege der Rückwärtsrechnung die Erwartungswerte der Ergebnisse der Entscheidungsalternativen errechnet und auf jeder Stufe die weniger vorteilhaften Alternativen deminiert werden (Roll-back-Verfahren). – *Vorteil:* Vollständige Abbildung der Entscheidungssituation. – *Nachteil:* Mangelnde Übersichtlichkeit; diese verhindert die Anwendbarkeit der Entscheidungsbaumanalyse für die Mehrzahl realer Problemstellungen. – *Reduktionen der Risiken*, die dadurch entstehen, dass eine weniger wahrscheinlich angenommene Umweltsituation eintritt, möglich durch: (1) Laufende Anpassung der Pläne (rollende Planung, Blockplanung) oder (2) weitgehend flexible Handhabung wichtiger Entscheidungen (flexible Planung); Aufstellung von Eventualplänen. – Vgl. auch Abbildung „Entscheidungsbaum – Beispiel".

Entscheidungsbaum – Beispiel

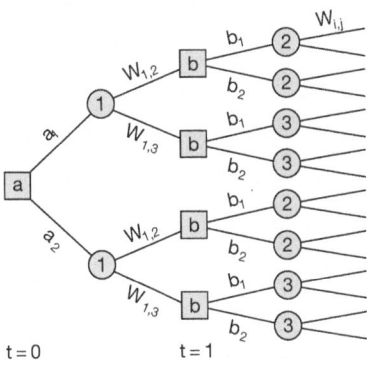

II. Arbeits- und Organisationspsychologie: Auf Vroom und Yetton zurückgehendes Verfahren, wonach der Grad der Partizipation der Geführten am Entscheidungsprozess des

Führenden im Sinn der → Situationstheorien der Führung u.a. abhängig zu machen ist von dem Grad der Aufgabenkomplexität, Informationsstand des Führenden, Akzeptanzbedarf der Entscheidung bei den Geführten, von der Zielhomogenität von Führendem und Geführten und dem Grad von → Konflikten innerhalb der → Arbeitsgruppe. – *Beurteilung*: Das Modell ist empirisch tendenziell bestätigt und spezifiziert zugleich Bedingungen für das Eintreten von → Synergie.

Entspannungstechniken – psychologische Übungen, mit denen eine Entspannungsreaktion (z.B. Muskelentspannung, Reduzierung der kortikalen Aktivität etc.) herbeigeführt werden kann. Die Entspannungstechniken dienen meist dazu, Stress oder Belastungsreaktionen zu mindern. Sie werden auch im Rahmen von psychotherapeutischen Maßnahmen (z.B. Behandlung von Angststörungen) eingesetzt. Bewährte Verfahren sind etwa die Progressive Muskelentspannung oder das Autogene Training.

Erfolgsbeteiligung – individual- oder kollektivvertragliche Vereinbarung eines Arbeitgebers mit seinen Mitarbeitern, die additiv zum tarifvertraglich festgesetzten Lohn regelmäßig einen Anteil am Erfolg des Unternehmens gewährt. Neben der Einkommenswirkung für den Mitarbeiter verfolgt die Erfolgsbeteiligung gesellschaftspolitische, sozialpolitische, personalpolitische, steuer- bzw. finanzierungspolitische Ziele für das Unternehmen. Erfolgsbeteiligung kann orientiert sein am erzielten Gewinn (→ Gewinnbeteiligung), am Ertrag (→ Ertragsbeteiligung) oder an der Leistung (→ Leistungsbeteiligung). Zu welcher Form eine Erfolgsbeteiligung erfolgt, ist abhängig von der Rechtsform sowie vertraglichen Abmachungen zwischen den Partnern. – Vgl. auch → materielle Mitarbeiterbeteiligung.

Ergebnisbeteiligung – Beteiligung der Arbeitnehmer an dem durch ihre Mitarbeit erzielten Erfolg des Betriebes, wesentlicher Betriebsteile oder der Gesamtheit der Betriebe eines Unternehmens, z.B. aufgrund von Materialersparnissen, Verminderung des Ausschusses oder der Fehlzeiten, sorgfältiger Wartung der Arbeitsgeräte und Maschinen, Verbesserung der Arbeitsmethoden und der Qualität der Erzeugnisse sowie sonstiger Produktions- und Produktivitätssteigerungen. Der Erfolg ist nach betriebswirtschaftlichen Gesichtspunkten jeweils für bestimmte Berechnungszeiträume zu ermitteln; die Ergebnisbeteiligung vor deren Beginn zu vereinbaren. Der Arbeitgeber hat den beteiligten Arbeitnehmern auf Verlangen Auskunft über die Richtigkeit der Berechnung der Ergebnisse zu geben; auf Wunsch des Arbeitgebers haben die beteiligten Arbeitnehmer aus ihrer Mitte nicht mehr als drei Beauftragte zur Wahrnehmung dieser Auskunftsrechte zu wählen, die über vertrauliche Angaben Stillschweigen zu bewahren haben. – *Anders*: → Gewinnbeteiligung.

ergebnisorientierte Führung → Management by Results.

Ergonomie – Teilgebiet der → Arbeitswissenschaft und dient der optimalen Gestaltung von Arbeitssystemen in Bezug auf die Abstimmung zwischen Mensch, Maschine und Arbeitswelt. Die Ergonomie beruht auf der Erforschung der Eigenarten und Fähigkeiten des menschlichen Organismus und schafft dadurch die Voraussetzungen für eine Anpassung der Arbeit an den Menschen sowie umgekehrt. Diese Anpassung liegt sowohl im Bereich der körpergerechten Gestaltung der Arbeitsplätze (→ Arbeitsgestaltung), der Beschränkung der Beanspruchung durch die Arbeit auf ein zulässiges Maß (→ Humanisierung der Arbeit) und der Gestaltung der Umwelteinflüsse, als auch im Bestreben nach einem wirtschaftlicheren Einsatz menschlicher Fähigkeiten (Definition nach → REFA-Verband für Arbeitsstudien, Betriebsorganisation und Unternehmensentwicklung e. V.).

Erhaltungsfortbildung – Reaktivierung von beruflichen Fertigkeiten und Fähigkeiten, z.B.

nach längerer Berufsuntätigkeit. – *Anders:* → Anpassungsfortbildung.

Erholungszeit – ist ein Bestandteil der Auftragszeit i.S.d. → REFA-Verband für Arbeitsstudien, Betriebsorganisation und Unternehmensentwicklung e.V. Sie umfasst die Zeitdauer der Tätigkeitsunterbrechung, die zum Abbau der tätigkeitsbedingten Arbeitsermüdung erforderlich ist. Sie hängt von der Höhe und Dauer der Beanspruchung des Menschen ab, dient der Reproduktion der körperlichen und geistigen Spannkraft. Diese sind zur Erhaltung der → Normalleistung notwendig.

Erkenntnis → Kognition.

Ermüdung – Abnahme der Leistungsfähigkeit, hervorgerufen durch arbeitsbedingten Kräfteverbrauch (Arbeitsermüdung) oder Ermüdungsreize (z.B. ermüdende atmosphärische, klimatische Bedingungen, unzureichende Schlaf- und Erholungsmöglichkeit im Gegensatz zum normalen biologischen Tag/Nacht-Rhythmus). Die Ermüdungserscheinungen zeigen sich in physischen und psychischen Veränderungen. Arbeitspausen (Pausen) verlangsamen den Ermüdungsprozess: Die lohnendste Pause ist diejenige, bei der der Verlust an Arbeitsbereitschaft am kleinsten und die Erholungswirkung am größten ist; am besten kurz vor dem Absinken der Höchstleistung einzulegen (→ Pausengestaltung).

Ermüdungsstudie – Untersuchung der Arbeitsbelastungen, die eine Arbeit bei → Normalleistung an den Arbeitenden stellt, und methodische Ermittlung des für den Ermüdungsausgleich erforderlichen Erholungszeitzuschlag (prozentuales Verhältnis von → Erholungszeit zu Grundzeit) aus den Erkenntnissen der Arbeitsphysiologie und -psychologie.

Erschwerniszulage – zusätzlicher Lohn bei bes. schwerer Arbeit. – 1. *Arbeitsrecht:* → Zulage, durch die bes. Belastungen des Arbeitnehmers entgolten werden sollen, sofern sie nicht bereits bei der Entgeltfestsetzung Berücksichtigung fanden, z.B. für Schmutz, Säure, Gase, Nässe, Lärm, Gefahr. Ein Anspruch besteht nur dann, wenn eine Erschwerniszulage tarifvertraglich, durch Betriebsvereinbarung oder einzelvertraglich vereinbart ist. Die Erschwerniszulagen gehören zum Arbeitsentgelt. – 2. *Verwaltungsrecht:* Zulage für Empfänger von Dienst- und Anwärterbezügen zur Abgeltung bes. bei der Bewertung des Amtes oder bei der Regelung der Anwärterbezüge nicht berücksichtigter Erschwernisse nach der VO über die Gewährung von Erschwerniszulagen i.d.F. vom 3.12.1998 (BGBl. I 3497) m.spät.Änd.

Ersparnisprämie – Art des → Prämienlohns, gewährt für wirtschaftlichen Einsatz und Verbrauch von Werkstoffen, Material, Hilfsstoffen und Energie. Häufig bezogen auf die bewerteten prozentualen Verbrauchsabweichungen (Abweichungen). Wegen der Interdependenz von Leistungsgrad und Ersparnis ist häufig eine Kombination der Ersparnisprämie mit der → Mengenleistungsprämie sinnvoll.

Erträglichkeit – arbeitswissenschaftlich anerkanntes Kriterium für menschengerechte Arbeitsgestaltung nach Rohmert. Eine Arbeit wird dann als erträglich bezeichnet, wenn die Leistungsgrenzen der arbeitenden Menschen – auch unter dem Aspekt der langfristigen Belastungsdauer – nicht überschritten werden. Die Gesundheit der Arbeitsperson muss unversehrt bleiben.

Ertragsbeteiligung – Form der → Erfolgsbeteiligung. Grundlage der Ertragsbeteiligung ist der buchhalterisch ermittelte Ertrag einer Rechnungsperiode. Bei der Ertragsbeteiligung wirken sich somit neben den Leistungseinflüssen auch die Einflüsse des Marktes aus.

Erwartungs-Valenz-Theorie → Erwartungswert-Theorie.

Erwartungswert-Theorie – *Valenz-Instrumentalitäts-Erwartungs-(VIE)-Theorie;* Prozesstheorie der Motivation, die zu erklären beansprucht, wie die Motivation menschlichen

Verhaltens zustande kommt. Dabei steht – im Gegensatz zu Inhaltstheorien der Motivation (→ Bedürfnishierarchie) – der prozessuale Charakter im Vordergrund. Wichtigste Vertreter der Erwartungswert-Theorien sind John W. Atkinson (1957) und Victor Harald Vroom (1964) – *Grundgedanken*: a) *Weg-Ziel-Gedanke*: Menschen werden diejenigen Wege einschlagen, von denen sie vermuten, dass sie zu einem als erstrebenswert erachteten Ziel führen. – b) *Idee der Gratifikation*: Menschliches Verhalten wird im Wesentlichen durch Belohnungen und Bestrafungen (positive und negative Gratifikationen) beeinflusst; eine hohe Leistungsbereitschaft entsteht immer dann, wenn die individuelle Erwartung besteht, ein bestimmtes Verhalten führe zu bestimmten Gratifikationen, und wenn außerdem diese Gratifikationen als wertvoll erachtet werden, d.h. positive Valenz besitzen. – Vgl. auch → Weg-Ziel-Ansatz der Führung.

Essenszuschuss – vom Arbeitgeber gewährte Zuschüsse zur Verbilligung von Mahlzeiten für die Arbeitnehmer. Steuerfrei, wenn der Zuschuss direkt an die Kantine, Gaststätte etc. gegeben wird und der Kostenanteil des Arbeitnehmers mind. so hoch ist wie der amtliche Sachbezugswert (2009: Mittag- bzw. Abendessen 2,73 Euro, Frühstück 1,53 Euro). Ist der Sachbezugswert geringer, ist der Unterschiedsbetrag steuer- und beitragspflichtig. – Das Gleiche gilt für *Essensmarken,* die für verbilligte Mahlzeiten an Arbeitnehmer ausgegeben werden.

Evaluation – Sammelbezeichnung für den systematischen Einsatz von Methoden, die dazu dienen, die Erreichung eines vorab festgelegten Ziels nach einer Intervention (z.B. Training, Einarbeitungsmaßnahme, Gehaltssystem etc.) nach deren Durchführung zu überprüfen. Als Evaluationskriterien z.B. für Trainings lassen sich folgende unterscheiden: subjektive Äußerungen der Trainingsteilnehmer (z.B. Zufriedenheit mit dem Training), Lerngewinn (z.B. Wissenstest am Ende eines Trainings), Verhaltensänderung durch das Training (z.B. Videoaufnahmen vor und nach dem Training) und Verhaltensergebnisse (z.B. Leistungssteigerung in einer Abteilung). Die möglichst systematisch und standardisiert erhobenen Evaluationskriterien sollten auf die Ziele der Interventionsmaßnahme abgestimmt sein: Wenn nur die Zufriedenheit der Teilnehmer erreicht werden soll, genügt die Messung der Zufriedenheit, wenn das Ziel auch Verhaltensänderungen umfasst, sollten diese auch erhoben werden, um eine Auskunft über die Qualität der Maßnahme zu erhalten.

Experiment – Versuchsanordnung in der → Psychologie und Marktforschung. – 1. *Begriff*: Planmäßige Erhebung empirischer Sachverhalte zur Prüfung von Hypothesen. Dabei müssen mehrere Arten von Variablen unterschieden werden. Die *Testvariable* oder *unabhängige Variable* ist die Variable, deren Einfluss von Interesse ist. Im Beispiel eines neuen Getränks, für das überprüft werden soll, ob eine Einführung lohnend ist, ist das die Variable „Einführung" vs. „Nichteinführung". Die *Zielvariable* oder *abhängige Variable* ist die Variable, für die untersucht werden soll, wie sie sich verändert, wenn die Testvariable verändert wird. Im Beispiel kann dies der Marktanteil des neuen Getränks sein. Darüber hinaus gibt es häufig noch *intervenierende Variable* oder *Störvariable*, die auch die Zielvariable beeinflussen, deren Einfluss aber nicht interessiert. Das *Testdesign* legt fest, wie welche Daten erhoben werden. Aufgabe des Testdesigns ist es, den Test so zu gestalten, dass der Einfluss der intervenierenden Variablen entweder zu eliminiert wird oder aber herausgerechnet werden kann. – 2. *Arten*: a) *Laboratoriums-Experiment*: Experiment unter künstlich geschaffenen Bedingungen; Ziel ist es, die intervenierenden Variablen möglichst konstant zu halten *Feld-Experiment*: Experiment unter normalen sozialen Umweltbedingungen. – b) *Projektive Experiment*: Der Forscher schafft von sich aus die Bedingungen, die das zu untersuchende Geschehen

beeinflussen; *Ex-Post-Facto-Experiment:* Im normalen Ablauf der Ereignisse werden nachträglich bereits abgeschlossene Wirkungszusammenhänge rekonstruiert. – c) Eine weitere Differenzierung der Experimente ergibt sich aus der Kombination der *Zahl verwendeter Untersuchungsgruppen* (Experimental Group = E, Control Group = C) sowie der *Zeitpunkte der Messung* (vor Eintritt des Wirkungsfaktors = B, nach Eintritt des Wirkungsfaktors = A): (1) *EBA-Typ:* Die Vorher- und Nachhermessungen werden ausschließlich bei der Experimental Group durchgeführt. Nachteilig ist hier, dass zeitabhängige intervenierende Variable wie z.B. das Wetter nicht herausgerechnet werden können (2) *CB-EA-Typ:* Die Messung vor Eintritt des Wirkungsfaktors wird bei der Kontrollgruppe, die Messung nach Eintritt des Wirkungsfaktors bei der Versuchsgruppe durchgeführt. Nachteilig ist, dass gruppenabhängige Störgrößen wie z.B. andere Soziodemografie der Mitglieder der Experimentalgruppe und der Kontrollgruppe nicht herausgerechnet werden kann (3) *EBA-CBA-Typ:* Dieser Typ entspricht den klassischen Grundsätzen des Experiments. Es erfolgt eine Trennung in Personen, die dem Wirkungsfaktor ausgesetzt waren (Versuchsgruppe), und in solche, die von ihm nicht erreicht wurden (Kontrollgruppe). Für beide Gruppen wird das Untersuchungsmerkmal vor (Vorperiode) und nach (Testperiode) Eintritt des Wirkungsfaktors gemessen. Der Testeffekt ergibt sich dann aus (B/A)/(D/C), wobei A: Zielvariabe Experimentalgruppe Vorperiode, B: Zielvariable Experimentalgruppe Testperiode, C: Zielvariable Kontrollgruppe Vorperiode, D: Zielvariable Kontrollgruppe Testperiode. Ergibt sich hier ein Wert von z.B. 1,24, so besagt dies, dass die Testvariable einen Einfluss von 24 Prozent hat. (4) *EA-CA-Typ:* Hier wird zwar zwischen Versuchs- und Kontrollgruppe unterschieden, man beschränkt sich aber auf eine Messung des Untersuchungsmerkmals, die zeitlich nach der Auswirkung des Faktors liegt. Nachteilig ist auch hier, dass a priori bestehende Unterschiede zwischen den Gruppen nicht herausgerechnet werden können.

extrinsische Motivation – bezieht sich auf einen Zustand, bei dem wegen äußerer Gründe, d.h. wegen der Konsequenzen der Handlungsergebnisse (z.B. positive Personalbeurteilung, Gehaltssteigerung etc.), gehandelt wird. – *Gegensatz:* → intrinsische Motivation.

F

Fachkenntnisse – Anforderungsart im Rahmen der → Arbeitsbewertung. Fachkenntnisse setzen sich zusammen aus: 1. *Berufsausbildung*: a) *Zweckausbildung*: (1) Anweisung (bis ein Jahr): notwendigste Stoff- und Maschinenkenntnisse, bloßes Vertrautsein mit bestimmten Bewegungsabläufen; (2) Anlernen (etwa 0,5 – 1,5 Jahre): regelmäßige, praktische und theoretische Anlernung, die begrenzte und genau umrissene Kenntnisse bez. Werkstoff und Betriebsmittel vermittelt; (3) Anlernausbildung (etwa 1,5 – 2,5 Jahre): systematische Anlernung einer als Anlernberuf anerkannten Tätigkeit mit festgelegter Prüfungsordnung. – b) *Fachausbildung* (drei Jahre): (1) abgeschlossene Handwerkslehre, sodass alle Arbeiten des Berufs fachgemäß ohne fremde Hilfe ausgeführt werden können; (2) höchstes fachliches Können: bes. langjährige Berufserfahrung und Schulung durch umfassende Praxis und fundierte theoretische Kenntnisse. – 2. *Berufserfahrung*: Kenntnisse, die über die Fach- und Zweckausbildung hinaus durch praktische Tätigkeit im Berufszweig erworben werden.

Fachkompetenz – Fähigkeit, fachbezogenes und fachübergreifliches Wissen zu verknüpfen, zu vertiefen, kritisch zu prüfen sowie in Handlungszusammenhängen anzuwenden. Es handelt sich um rein fachliche Fertigkeiten und Kenntnisse, die i.d.R. im Rahmen einer Ausbildung erworben und durch Fortbildung erweitert werden. Gilt neben → Sozialkompetenz und → Methodenkompetenz als (nach wie vor wichtigster) Teil einer umfassenden Handlungskompetenz.

Fachkraft für Arbeitssicherheit – (FAS, SiFa oder FASi) wird in Deutschland durch das Arbeitssicherheitsgesetz vorgeschrieben. Person, die vom Arbeitgeber unter den gleichen Voraussetzungen wie ein Betriebsarzt schriftlich zu bestellen ist und der bestimmte Aufgaben (v.a. Unterstützung des Arbeitgebers beim Arbeitsschutz und bei der Unfallverhütung in allen Fragen der Arbeitssicherheit einschließlich der menschengerechten Gestaltung der Arbeit) zu übertragen sind (Sicherheitsingenieure, -techniker und -meister). – *Rechtliche Regelung*: Gesetz über Betriebsärzte, Sicherheitsingenieure und andere Fachkräfte für Arbeitssicherheit vom 12.12.1973 (BGBl. I 1885) m.spät.Änd.

Fähigkeit – geistige, praktische Anlage, die zu etwas befähigt. Voraussetzung, die neben der → Motivation zur Leistungserbringung erforderlich ist (Leistung = Motivation · Fähigkeit). Fähigkeiten können sowohl angeboren *(Begabungen)* als auch erworben *(Fähigkeiten)* sein und variieren nach dem Grad ihrer Ausprägung von Person zu Person. – Die Feststellung von *Fähigkeitsunterschieden* zum Zwecke der individuellen Leistungsvorhersage ist Gegenstand der → Eignungsdiagnostik.

Faktorenanalyse – Verfahren der multivariaten Statistik zur Datenverdichtung. Bei der Faktorenanalyse werden Variablen (z.B. Einzeleigenschaften von Produkten) zu wenigen, wesentlichen und nicht beobachteten Variablen (sog. Faktoren) verdichtet. Faktorenanalyse wird u.a. im Marketing und in den Bereichen Psychologie und Soziologie verwendet. Ein Beispiel sind Intelligenztests, in denen die Ergebnisse vieler Einzeltests (Merkmale) zu übergeordneten Gruppen von Merkmalen (sog. Faktoren) zusammengefasst werden.

Fall-Methode – *Case Method*; betriebswirtschaftliche Ausbildungsmethode im Hochschulunterricht sowie bei der Aus- und Weiterbildung von Führungskräften (Personalentwicklung), entwickelt in den USA. Nutzung realer oder simulierter Situationen oder praktischer Beispiele aus der betrieblichen Praxis und deren Bearbeitung durch die Lernenden in Arbeitsgruppen zur Aneignung und Festigung von fachlichem, methodischem und sozialem Wissen und Können (Fokus Entscheidungsfindung). Eine *Weiterentwicklung* der Fall-Methode sind → Unternehmensplanspiele.

Familienlohn – Bezeichnung für die Bemessung des Arbeitsentgeltes unter Berücksichtigung der Kopfzahl und des Alters der Familienmitglieder eines Arbeitnehmers, häufig in Form eines Zuschlags. Sonderform des → Soziallohns.

Familienzulage – Erhöhung des Arbeitsentgelts aus wohlfahrts- oder bevölkerungspolitischen Motiven; im dt. Sozialrecht seit 1.1.1955 berücksichtigt durch das Kindergeld. Zuvor seit 1952 ähnliche Einrichtung im Bergbau, die aufgrund von Versuchen am Ende des vorigen Jahrhunderts erstmalig 1918 in Frankreich eingeführt worden war und später auch in Belgien und Großbritannien analog der franz. Gesetzgebung gesetzlich geregelt wurde.

Farbgestaltung – Maßnahme der Arbeitsgestaltung, dient psychologischen, organisatorischen und sicherheitstechnischen Zwecken. – 1. *Psychische Auswirkungen:* Unter Ausnutzung der farbpsychologischen Erkenntnisse werden → Arbeitsräume farblich so gestaltet, dass diese je nach zu leistender Arbeit emotional stimulierend, beruhigend, die Konzentration fördernd o.Ä. wirken. – 2. *Organisatorische Zwecke:* Die unterschiedliche farbliche Gestaltung von Abteilungsräumen kann die organisatorische Gliederung verdeutlichen. Durch farbliche Gestaltung von Medien, Unterlagen und Handhabungselementen können diese schnell und irrtumsfrei erfasst werden. – 3. *Sicherheitstechnische Zwecke:* Die signalisierende Wirkung von Farbe wird zu gezieltem Einsatz im sicherheitstechnischen Bereich verwendet, bes. kontrastierende Farben (rot/weiß), (schwarz/gelb). Die Lichtquellen können durch entsprechende farbliche Gestaltung des Untergrundes besser ausgenutzt werden.

Fehlzeiten – in Stunden oder Tagen gemessene Abwesenheit der Mitarbeiter vom Arbeitsplatz. – *Arten:* (1) motivational bedingte Abwesenheit (Absentismus); (2) krankheitsbedingte Abwesenheit; (3) sonstige Abwesenheit aufgrund von Zusatzurlaub, Fortbildung etc. – Motivational bedingte Abwesenheit ist i.d.R. ein Indikator für fehlende → Arbeitszufriedenheit und für die Qualität der Personalführung. – *Versuche zur Reduzierung bzw. Begrenzung der Fehlzeiten:* (1) Fehlzeitenbrief (Betonung der Notwendigkeit der Anwesenheit des Mitarbeiters und Appell an die Solidarität); (2) Rückkehrgespräch (Aufdecken von die Abwesenheit beeinflussenden Schwachstellen im Unternehmen); (3) motivational ansprechende Gestaltung der Arbeit als Fehlzeitenprophylaxe; (4) Gesundheitsförderungsmaßnahmen zur Prävention von Erkrankungen.

Fehlzeitenquote – zeigt auf, welcher prozentuale Anteil der Sollarbeitszeit durch Fehlzeiten verloren geht: Fehlzeiten / Sollarbeitszeit * 100 = x %.

Feiertagszuschlag → Zuschlag zum normalen Arbeitsentgelt, den der Arbeitnehmer dafür erhält, dass er an gesetzlichen Feiertagen arbeitet. Gesetzlich ist diese Zahlung allein für Besatzungsmitglieder von Seeschiffen (§ 90 III SeemG), sonst durch Tarifvertrag oder Betriebsvereinbarung geregelt. Die Höhe des Feiertagszuschlags kann bis zu 100 Prozent zum effektiven Lohn betragen; für Arbeit an hohen Feiertagen (Weihnachten, Ostern, Pfingsten, Neujahr und 1. Mai) bis zu 150 Prozent. – *Lohnsteuerliche Behandlung:* Feiertagszuschläge können bis zu 125 Prozent des Grundlohns steuerfrei sein, an den Weihnachtsfeiertagen und am 1. Mai bis zu 150 Prozent. Allerdings darf der maßgebliche Grundlohn max. mit 50 Euro pro Stunde angesetzt werden, auch wenn er tatsächlich höher sein sollte (§ 3b EStG).

Feldtheorie – auf K. Lewin zurückgehende theoretische Konzeption zur Erklärung menschlichen Verhaltens. Das Verhalten (V) wird dabei aus der Gesamtheit zugleich gegebener Tatsachen, die z.T. der Person (P) und z.T. der Umwelt (U) angehören, abgeleitet (V = f(P, U)). Alle diese zugleich gegebenen Tatsachen werden miteinander verbunden, sodass das Feld als dynamisch zu interpretieren ist. Was innerhalb dieses dynamischen Feldes für die einzelnen Personen bestimmt wird, ist ihr Lebensraum, bzw. ihr psychologisches Feld. – In der → Markt- und Werbepsychologie hat die Feldtheorie das Entstehen psychologischer Marktmodelle angeregt. Hier wird innerhalb von n-dimensionalen Räumen der Ort der Konsumenten und der Ort miteinander konkurrierender Meinungsgegenstände bestimmt. Aus der Distanz der Personen zu diesen Gegenständen lässt sich – mittelbar oder unmittelbar – die Präferenz der Personen für bestimmte Alternativen ableiten.

Fernlernen → Telelearning.

Festgehaltsklausel – eine Art Wertsicherungsklausel, bei der die vertragliche Vereinbarung über Geldsummenschulden zur Sicherung der Wertbeständigkeit nicht in einem nominellen Betrag, sondern auf das jeweilige Gehalt einer bestimmten Gehaltsgruppe bezogen ausgedrückt ist, z.B. „Zwei Monatsgehälter eines Beamten der Besoldungsgruppe B 6 im Zeitpunkt der Zahlung" etwa bei einer Rentenvereinbarung.

Festlohn – eine Art von Vertragslohn (in ähnlicher Form auch → Pensumlohn oder Kontraktlohn bezeichnet). Das Entgelt wird auf Zeitbasis für eine Tagesleistung (Measured Day Work) vereinbart.

Fixum – fester Teil des Entgelts, das ein Handelsvertreter neben Provision bezieht, unabhängig davon, ob seine Tätigkeit zu einem sofort greifbaren Erfolg führt oder nicht.

flexible Altersgrenze – I. Personalwirtschaft: → Arbeitszeitflexibilisierung, → Arbeitszeitmodelle.

II. Beschäftigungspolitik: Arbeitszeitpolitik.

III. Rentenversicherung: Möglichkeit für Versicherte, unter bestimmten Voraussetzungen die Vertragslaufzeit zu verkürzen oder zu verlängern und etwa bereits vor Vollendung des 67. Lebensjahres Altersrente zu beziehen. Die Laufzeitverkürzung verringert die Leistungen entsprechend. Die Regelung wurde zunächst in der gesetzlichen Rentenversicherung eingeführt, in Anpassung daran auch in der privaten Lebensversicherung und der betrieblichen Altersvorsorge (hier liegt das Mindestalter für den Renteneintritt bei 60 Jahren). Die Regelungen zum gesetzlichen Rentenalter und dessen Flexibilisierung wurden im Grundsatz wirkungsgleich auch für die Pensionen der Beamten übernommen.

IV. Betriebliche Altersversorgung: Betriebsrentengesetz (BetrAVG).

flexible Arbeitszeit → Arbeitszeitflexibilisierung, → Arbeitszeitmodelle.

Flow-Erleben – bes. positives emotionales Erleben bei einer Tätigkeit, das dadurch charakterisiert ist, dass eine Person ganz auf ihr Tun konzentriert ist und darin aufgeht, sich selbst dabei vergisst, das Zeitgefühl weitgehend verloren ist („Die Zeit vergeht wie im Flug"). Dieses emotionale Erleben kann sich dann einstellen, wenn die wahrgenommenen Anforderungen der Tätigkeit den Fähigkeiten entsprechen. Der → Anreiz bei einer solchen Handlung liegt nicht in erwarteten Handlungskonsequenzen (→ extrinsische Motivation), sondern in der Ausführung der Handlung selbst (→ intrinsische Motivation).

Fluktuation – Meist wird darunter der Abgang oder die Abgangsrate von Arbeitnehmern verstanden, im weiteren Sinne kann auch die Austauschrate oder der Wechsel von Personal gemeint sein. – In Zeiten der Hochkonjunktur werden ansteigende, bei allgemeinem Rückgang der Beschäftigung sinkende Fluktuationsraten beobachtet. Bei Beschäftigungseinschränkungen kann die Fluktuation verbunden mit einem Einstellungsstopp die Personalanpassung erleichtern und Maßnahmen der Personalfreisetzung (v.a. betriebsbedingte Kündigungen) vermeiden helfen. – Mögliche Ursachen: (1)

überbetriebliche: Branche, Region, Infrastruktur etc.; (2) betriebliche: Unzufriedenheit mit Arbeitsinhalt, Arbeitszeit, Entlohnung, unbefriedigende Zusammenarbeit etc.; (3) persönliche, z.b. Bestandteil der individuellen Karriereplanung. – Die *Fluktuationsanalyse* spielt eine bedeutende Rolle. Ihr Ziel besteht darin, Gründe und Motive für den Arbeitsplatzwechsel in Erfahrung zu bringen und daraus zielgerichtete Maßnahmen zu entwickeln, die Fluktuation im Rahmen der betrieblichen Gegebenheiten und die damit verbundenen Kosten zu senken. – Eine *Fluktuationsstatistik* liefertDaten für die → Personalbedarfsermittlung und Informationen über Betriebsklima, Führungssystem etc.

Fortbildung – Fortbildung ist neben der Berufsausbildungsvorbereitung, der Berufsausbildung und der beruflichen Umschulung ein Teilbereich der Berufsbildung. Sie zielt i.e.S. auf jene Qualifikationen, die bereits in einem Ausbildungsberuf erworben wurden; andernfalls ist weiter gefasst von Weiterbildung oder Umschulungen bzw. von Lebenslangem Lernen und Erhalt der Employability (Beschäftigungsfähigkeit) die Rede.

Freelancer – angelsächsische Bezeichnung für freiberuflich Tätige, i.d.R. von mehreren Arbeitgebern Aufträge erhaltende Personen, die nicht wie ein Arbeitnehmer in das Unternehmen des Auftraggebers eingegliedert sind. Im Gegensatz dazu bezieht sich der Begriff Freiberufler nicht auf die Art eines Beschäftigungsverhältnisses, sondern ist die Sammelbezeichnung für ganz bestimmte wissenschaftliche und künstlerische Berufe (z.B. Ärzte, Architekten, Psychologen, Rechtsanwälte usw.), die sog. Freiberufe.

Freistellung – Maßnahme des Arbeitgebers, widerruflich oder unwiderruflich auf die Arbeitsleistung des Arbeitnehmers zu verzichten. Die Pflicht zur Fortzahlung der vereinbarten Vergütung bleibt bestehen, da der Arbeitgeber grundsätzlich verpflichtet ist, den Arbeitnehmer gemäß dem bestehenden Arbeitsverhältnis zu beschäftigen (ggf. auch nach einer Kündigung). Dieser Anspruch kann ausnahmsweise bei berechtigten Interessen des Arbeitgebers entfallen oder wenn der Arbeitnehmer auf seinen Anspruch verzichtet.

Freizeit – Zeit außerhalb der Arbeitszeit, über deren Nutzung der Einzelne selbst (frei) entscheiden kann.

Fremd- und Selbstselektion – Die Frage der Besetzung einer Position in einer Organisation kann aus der Perspektive der Organisation oder der der Bewerber betrachtet werden. – a) Aus der Perspektive der Organisation spricht man von *Fremdselektion*: Aus einem Pool von Bewerbern werden mit mehr oder weniger zuverlässigen eignungsdiagnostischen Verfahren die geeignetsten Personen ausgewählt (→ Eignungsdiagnostik). – b) Aus der Perspektive der Bewerber spricht man von *Selbstselektion*: Bewerber wählen aus mehreren Stellenangeboten dasjenige aus, das ihnen am ehesten zusagt. Meist sind die inhaltlichen Aspekte der Tätigkeit letztendlich entscheidender, wenn das Gehalt einen notwendigen Schwellenwert überschreitet.

Führer – 1. *Formeller Führer*: Leiter einer Gruppe, der seine Autorität und Kompetenz aufgrund hierarchischer Position zugewiesen bekommt (ernannte Führung). – 2. *Informeller Führer*: faktischer Leiter einer Gruppe. Er nimmt die Führerrolle aufgrund gruppenspezifischer Rollenverteilung ein. Seine Autorität resultiert überwiegend aus der Zuschreibung und Wahrnehmung der aktuellen Gruppennorm als persönliche Eigenschaft des Führers (fundamentaler Attributionsfehler). – Vgl. auch → Führung, → Führungsstil, → Führungsverhalten.

Führung – durch Interaktion vermittelte Ausrichtung des Handelns von Individuen und Gruppen auf die Verwirklichung vorgegebener Ziele; beinhaltet asymmetrische soziale Beziehungen der Über- und Unterordnung. – Neben der Orientierung auf die Erreichung von Zielen durch Individuen und Gruppen in Organisationen, Unternehmen,

Betrieben etc. bestehen Führungsfunktionen in der Motivation der Mitarbeiter (Untergebenen) und in der Sicherung des Gruppenzusammenhalts. – Führung wird allg. als *psychologische und soziale Fähigkeit einer Person im Umgang mit Menschen* betrachtet. Neben Persönlichkeitseigenschaften des Vorgesetzten haben weitere Faktoren wie die fachliche Autorität, die situativen Bedingungen, der Einsatz von → Führungstechniken und die sozialen Beziehungen eine entscheidende Bedeutung für eine erfolgreiche Führung, die dadurch zu einem komplexen sozialen Prozess wird. – Führungskompetenz ist durch die formelle Organisation definiert und abgegrenzt *(formelle Führung)*. In Arbeitsgruppen kann sich eine *informelle Führung* herausbilden; diese erfolgt durch Mitarbeiter ohne formelle Führungsposition, die aufgrund ihrer Persönlichkeit, Fachkompetenz und Erfahrung bes. geachtet werden und daher Einfluss ausüben. – Vgl. auch Autorität, → Führungsstil, → Führungstechniken, → Führungstheorien, → Führungssituation, → Motivation, → Personalführung.

Führung durch Alternativen – → Management by Alternatives.

Führung durch Beteiligung – → Management by Participation.

Führung durch Zielvereinbarung – → Management by Objectives.

Führungseigenschaften – Merkmale erfolgreicher Führungskräfte. Zu den Führungseigenschaften zählen u.a. Merkmale wie: höhere Intelligenz, mehr Selbstvertrauen, Dominanz, Befähigung zur Situationsdiagnostik und Verhaltensflexibilität. Die Korrelation zwischen diesen Merkmalen und dem Führungserfolg ist jedoch nur schwach positiv und streut von Untersuchung zu Untersuchung. – Vgl. auch → psychologische Testverfahren, → Eigenschaftstheorie der Führung.

Führungsgrundsätze – *Grundsätze der Zusammenarbeit, Führungsleitsätze, Führungsrichtlinien*. Führungsgrundsätze sind generelle Verhaltensempfehlungen für das Zusammenleben und -arbeiten von Menschen in Unternehmungen. Sie sollen eine einheitliche Grundlage für das unternehmensweit gewünschte Führungsverhalten schaffen (Normierung der Führungsbeziehungen). Im Einzelnen haben Führungsgrundsätze eine (1) Steuerungsfunktion, (2) Standardisierungsfunktion, (3) Entlastungsfunktion, (4) Orientierungsfunktion, (5) Harmonisierungsfunktion, (6) Legitimationsfunktion, (7) Public Relations-Funktion. Die einzelnen Grundsätze betreffen bes. Zielsetzung, Delegation und Information; Kommunikation und Kooperation; Kontrolle und Mitarbeiterbeurteilung; Partizipation und Motivation sowie Mitarbeiterförderung. Inhaltlich ist eine Abstimmung mit dem Unternehmensleitbild erforderlich.

Führungshierarchie – 1. *Begriff*: die Hierarchie der Handlungsträger mit Weisungsbefugnis (Entscheidungshierarchie). – 2. *Stufen (Managementebenen, Führungsebenen)*: → Top Management, → Middle Management, → Lower Management. Es handelt sich dabei um eine verbreitete, infolge uneinheitlicher Grenzziehungen und situativer Abhängigkeiten aber nur bedingt aussagekräftige Einteilung. Während bei einer zumindest dreistufigen Führungshierarchie das Top- und das Lower Management mit der obersten und der untersten Führungsebene gleichgesetzt werden können, umfasst der Bereich des Middle Management je nach der Leitungstiefe der Führungshierarchie eine oder mehrere Führungsebenen. – 3. *Bezeichnung von Handlungsträgern* in Abhängigkeit von ihrer Einordnung in der Führungshierarchie z.B. als Abteilungsleiter, Hauptabteilungsleiter, Bereichs- oder Divisionsleiter bis hin zur Geschäftsführung bzw. zum Vorstandsvorsitzenden (CEO, Generaldirektor).

Führungskonzepte – → Führungstechniken.

Führungskräfte – Personen mit Personal- und Sachverantwortung. Haben aufgrund ihrer (relativ hohen) hierarchischen Stellung Einfluss auf das gesamte Unternehmen oder seine wichtigsten Teilbereiche. – Vgl. auch leitender Angestellter.

Führungskräfteentwicklung – Teilbereich der Personalentwicklung.

Führungslehre – 1. *Begriff*: Lehre, die auf die Darstellung aller zum Verständnis des Führungsprozesses erforderlichen Tatbestände zielt. Als Basis bedarf die Führungslehre einer theoretischen Führung (→ Führungstheorie). – 2. Die Führungslehre stellt menschliches Handeln in den Zusammenhang von Aufgabe, Gruppenumwelt und Organisation. Dabei ist stets ein spezifisches Bild vom Menschen die Grundlage der Verhaltenserklärung und damit der Führung. – 3. Die *konkrete Entwicklung* der Führungslehre reicht von rationalen Ansätzen in der Scientific-Management-Lehre über gruppenpsychologische Erklärungen bis hin zu Ansätzen, die vom → Menschenbild der modernen Management-Philosophie geprägt sind. – Vgl. auch → Führungsstil, → Führungstechniken, → Weg-Ziel-Ansatz der Führung.

Führungssituation – Umstände, unter denen sich Führung vollzieht. Die Führungssituation umfasst alle sachlichen und sozialen Bedingungen, die für das Führungsverhalten zu einem gegebenen Zeitpunkt von Bedeutung sind, wie etwa das Gruppenziel, die Gruppenstruktur, die Aufgabenstellung, die Bedürfnisse und Einstellungen der → Gruppenmitglieder, die Erwartungen fremder Gruppen, der institutionelle Rahmen etc.

Führungsstil – I. Begriff: typische Art und Weise des Verhaltens von Vorgesetzten gegenüber einzelnen Untergebenen und Gruppen.

II. Arten: Zunächst wurden in der Führungsforschung die drei Formen demokratischer (Führungskraft beteiligt die Geführten aktiv an Entscheidungen), autoritärer (Führung in unumschränkter Selbstherrschaft ohne Berücksichtigung der Geführten) und Laissez-faire Führungsstil (Führungskraft lässt die Geführten weitgehend bei allem gewähren) unterschieden. Am weitesten verbreitet ist die Unterscheidung der verhaltensorientierten Führungsforschung in Mitarbeiter- und Aufgabenorientierung (→ Führungsverhalten).

III. Beurteilung: Die genannten Führungsstile sind idealtypisch, d.h. in der Realität in reiner Form selten vorfindbar. Modifikationen und Mischungen von Führungsstilen entstehen durch die Persönlichkeit des Vorgesetzten und die Stärke seiner Positionsmacht, durch die situativen Bedingungen, in denen geführt wird, sowie durch die Ansprüche, Qualifikationen, Erfahrungen und Kompetenzen der Mitarbeiter und die Art der sozialen Beziehungen in der Gruppe. Deshalb gewinnt der Begriff der *Situativen Führung* immer mehr an Bedeutung. Die Ausprägungen der Kompetenz und des Engagements von Mitarbeitern sind dabei ausschlaggebend für die Anwendung der unterschiedlichen Führungsstile. – Vgl. auch → Führung, → Führungstechnik, → Führungstheorie, → Führungssituation.

Führungstechniken – *Führungskonzepte*; Vorgehensweisen und Maßnahmen der Personalführung zur Verwirklichung vorgegebener Ziele, der Gestaltung der → Führungssituation und der Behandlung der Untergebenen. Führungstechniken beziehen sich auf (1) die Formen von Anweisungen, (2) die Durchführung von Kontrolle, (3) den Einsatz von Lob und Tadel, (4) die Vorbereitung von Entscheidungen, (5) die Behandlung von Beschwerden, (6) die Information der Untergebenen und (7) die Delegation von Aufgaben und Verantwortung. Diese Führungstechniken werden im Rahmen unterschiedlicher → Führungsstile und allgemeiner Managementtechniken als Führungsmittel in unterschiedlicher Ausformung angewendet.

Führungstheorien – Aussagensysteme zur Erklärung von Führungserfolg. Bes. Beachtung haben folgende führungstheoretische Grundpositionen gefunden: (1) der eigenschaftstheoretische Ansatz, der zur Führung bes. prädestinierende Persönlichkeitsmerkmale in den Vordergrund stellt (→ Eigenschaftstheorie der Führung); (2) die situationstheoretische Perspektive, die auf die Bedeutung des Umfelds (Aufgabenstruktur sowie Kompetenz und Engagement von Mitarbeitern usw.) für das Führungshandeln abstellt (→ Situationstheorie der Führung); (3) die Interaktionstheorie, die Führungserfolg als *Wechselwirkung* zwischen Persönlichkeitsmerkmalen und situativen Bedingungen des Führungshandelns interpretiert (→ Interaktionstheorie der Führung); (4) der → Weg-Ziel-Ansatz der Führung, der die Führungsproblematik aus der Mitarbeiterperspektive beleuchtet; (5) die Theorie der Führungssubstitution, die die Frage stellt, unter welchen Bedingungen Führung überflüssig ist.

Führungsverhalten – 1. *Bekannteste Beschreibungsdimensionen:* (1) *Mitarbeiterorientierung (Consideration):* Besorgtheit, Wertschätzung gegenüber den Geführten, Zugänglichkeit der Führenden; (2) *Aufgabenorientierung (Initiating Structure):* Zielpräzisierung, Kontrolle, Vorrangigkeit der Aufgabenerfüllung. Beide sind tendenziell unabhängig voneinander und insofern auf der Verhaltensebene kombinierbar. – Hohe Mitarbeiterorientierung kann den über hohe Leistungsorientierung vermittelten Leistungsdruck tendenziell abpuffern. – 2. *Beurteilung:* Generalisierende Aussagen zur Wirksamkeit von Consideration und Initiating Structure auf → Arbeitszufriedenheit und Leistung sind kaum möglich; tendenziell ist eine sinnvolle Kombination erfolgversprechend. – Vgl. auch → Situationstheorie der Führung, → Führungsstil.

Führungszeugnis – 1. von dem *Unternehmer* auf Wunsch des Arbeitnehmers auch über Verhalten und Leistung auszustellendes Zeugnis. – 2. Zeugnis über den den Antragsteller betreffenden Inhalt des *Bundeszentralregisters* (also z.B. über strafgerichtliche Verurteilungen); es ist bei der Meldebehörde am Wohnsitz zu beantragen. Eine Übersendung an andere Personen als an den Antragsteller ist grundsätzlich unzulässig, Ausnahme: für die Vorlage bei Behörden (§ 30 BZRG) oder bei der Erteilung an Behörden auf deren Betreiben (§ 31 BZRG). Was Inhalt des Führungszeugnisses sein darf, regeln die §§ 32 ff. BZRG.

G

Gage – Bezeichnung des Entgelts für Schauspieler, Musiker und Artisten.

Garantielohn → garantierter Mindestlohn.

garantierter Mindestlohn – Ergänzung des reinen Akkordsystems (→ Akkordlohn) durch einen festen Mindestlohn. Der Mindestlohn entspricht dem Lohn, den der Arbeitnehmer bei Zeitlohn erhalten würde.

Gedächtnis – wird als ein Speichersystem konzeptualisiert, in dem Erfahrungen unterschiedlich lange bewahrt werden. Obwohl Gedächtnismodelle einen hohen Anspruch haben, wurden sie fast ausschließlich im Kontext des verbalen Lernens untersucht. Dabei werden Prozesse der Speicherung durch eine Lernkurve, Prozesse des Verlustes der gespeicherten Information durch eine Vergessenskurve visualisiert. Voneinander abgehoben werden meist ein Ultrakurzzeitspeicher (UKZS), den man mit dem der Sinnesorgane gleichsetzen kann, ein Kurzzeitspeicher (KZS) und ein Langzeitspeicher (LZS). – In der Marktpsychologie werden häufig das Ausmaß und die Dauer der Informationsspeicherung mithilfe von Wiedergabe- (Recall-) und Wiedererkennungs- (Recognition-)Verfahren untersucht.

Gehaltsklassen – definierte Verdienstspannen von Angestellten. Die Mitarbeiter werden in Bezug auf das Arbeitsentgelt entsprechend der betrieblichen Vergütungspolitik bzw. entsprechend den tarifvertraglichen Regelungen einer Gehaltsklasse zugeordnet. Die Zuordnung kann z.B. auf einem Arbeitsbewertungssystem basieren, das die Anforderungshöhe der Stelle ermittelt.

Geldakkord → Akkordlohn.

Geldfaktor – Begriff der → Arbeitsbewertung. Bei Zeitakkord ist der Geldfaktor mit der → Vorgabezeit zu multiplizieren, um den → Akkordlohn pro Stück zu erhalten.

$$\text{Geldfaktor} = \frac{\text{Akkordrichtsatz}}{60}.$$

Der Geldfaktor entspricht dem Akkordrichtsatz (= Stundenlohn für Akkordarbeit bei Normalleistung) geteilt durch 60. Der Geldfaktor stellt also den Lohn pro Minute der Vorgabezeit dar. – *Anders:* → Steigerungsfaktor.

Geldlohn – in Geld bezahltes Arbeitsentgelt; heute grundsätzlich übliche Entlohnungsform. Sowohl bar ausgezahltes Entgelt als auch bargeldlose Lohn- und Gehaltszahlung stellt Geldlohn dar. In der Frühzeit des Kapitalismus musste der Geldlohnanspruch des Arbeitnehmers in harten Kämpfen durchgesetzt werden, da die Betriebe v.a. bei ungünstiger Marktlage versuchten, das Absatzproblem teilweise durch Entlohnung der Arbeiter mit Betriebsprodukten zu lösen (→ Trucksystem). Grundsätzlich zulässig sind Sachbezüge (§ 107 II GewO). – *Gegensatz:* → Naturallohn.

Genfer Schema – 1950 bei einer internationalen Konferenz für Arbeitsbewertung in Genf vorgeschlagenes Schema, das zur Bewertung verschiedene Anforderungsmerkmale heranzieht. Die Anforderungskategorien geistige Anforderungen, körperliche Anforderungen, Verantwortung und Arbeitsbedingungen werden unter den Gesichtspunkten erforderliches Können bzw.

Genfer Schema

	Können	Belastung
1. Geistige Anforderung	x (Kenntnisse)	x (geistige Belastung)
2. Körperliche Anforderung	x (Geschicklichkeit)	x (Muskelarbeit)
3. Verantwortung	x	–
4. Arbeitsbedingungen	–	x

auftretende Belastung betrachtet, sodass insgesamt sechs Anforderungsarten entstehen. – Vgl. auch Abbildung „Genfer Schema". Das Genfer Schema wurde seither weiterentwickelt und wirkte sich auf die Gestaltung der modernen analytischen Arbeitsbewertungssysteme und die Definitionen der Entgeltgruppen in Tarifverträgen aus.

Gerechtigkeit in Organisationen – Eine wesentliche Einflussgröße auf Arbeitseinstellungen und die → Arbeitsmotivation ist die wahrgenommene Gerechtigkeit in einer Organisation. Vier Aspekte lassen sich unterscheiden: die Verfahrensgerechtigkeit, die Verteilungsgerechtigkeit, die interpersonale und die informationale Gerechtigkeit. – a) Die *Verfahrensgerechtigkeit* bezieht sich darauf, inwieweit ein Entscheidungsprozess (z.B. Besetzung einer Position, Entlohnung) als fair oder angemessen angesehen wird. Sechs Merkmale beeinflussen (vermutlich), ob ein Entscheidungsprozess als fair angesehen wird: (1) Konsistenz (d.h. das Verfahren sollte immer in der gleichen Weise ablaufen), (2) Unvoreingenommenheit (d.h. der Prozess soll unabhängig durch Eigeninteressen derjenigen sein, die ihn durchführen), (3) Genauigkeit (d.h. alle für den Prozess relevanten Informationen sollen genutzt werden), (4) Korrekturmöglichkeit (d.h. Möglichkeiten für die Revision von (Fehl-) Entscheidungen sollten vorgesehen sein), (5) Repräsentativität (d.h. die Interessen aller am Entscheidungsprozess Beteiligten sollten berücksichtigt werden) und (6) ethische Rechtfertigung (d.h. das Verfahren sollte allg. moralischen Standards nicht widersprechen). – b) Die *Verteilungsgerechtigkeit* bezieht sich auf die Frage, als wie fair oder angemessen das *Ergebnis* einer Entscheidung angesehen wird. Die Wahrnehmung der Verteilungsgerechtigkeit erwächst aus dem sozialen Vergleich mit anderen Personen: Eine Person strebt an, dass das Verhältnis ihrer Nettobelohnung (N_p) für ihren Einsatz (I_p) jenem entspricht, das sie bei anderen Personen (N_A/I_A) wahrnimmt. Eine unfaire Verteilung liegt demnach vor, wenn gilt: (1) $N_p/I_p > N_A/I_A$ oder (b) $N_p/I_p < N_A/I_A$. Im Fall (1) entsteht das Gefühl der „Überbezahlung", im Fall (2) das der „Unterbezahlung". Wenn die Verteilung als unfair empfunden wird, führt das zur Motivation von Verhalten, das das Ungleichgewicht wieder ausgleicht. – c) Die *interpersonale Gerechtigkeit* bezieht sich auf auf die Wahrnehmung der sozialen Interaktion bei der Entscheidungsfindung. Beurteilt wird dabei, wie viel Respekt der Person entgegengebracht wird, die von einer Entscheidung betroffen sein wird. – d) Die *informationale Gerechtigkeit* schließlich bezieht sich darauf, inwiefern das Informationsverhalten der entscheidungstreffenden Person wahrheitsgemäß ist, Begründungen und spezifische Informationen enthält sowie zeitnah erfolgt.

Geschicklichkeit → Anforderungsart im Rahmen der Arbeitsbewertung. Geschicklichkeit ist nur dann zu bewerten, wenn sich die einzelnen Bewegungen und Griffe des Arbeitenden in bes. Weise ständig wechselnden oder plötzlich auftretenden Anforderungen anpassen müssen. – Vgl. auch → Genfer Schema.

Gesundheit – Entsprechend der Auffassung der WHO umfasst Gesundheit das vollständige physische, soziale und mentale Wohlbefinden. Gesundheit ist damit mehr als nur die Abwesenheit von Krankheit oder Gebrechlichkeit.

Gewinnbeteiligung – I. Erfolgsbeteiligung: 1. *Mitarbeiter eines Unternehmens* partizipieren am Gewinn des beschäftigenden Unternehmens; ggf. verbunden mit einer → Kapitalbeteiligung. Grundlage ist eine freiwillige Vereinbarung. Bezugsgröße der Gewinnbeteiligung ist zumeist der Bilanzgewinn. – Die in der Praxis auftretenden Unterschiede ergeben sich aus der Funktion der Gewinnbeteiligung und dem Auszahlungs- und Verfügungsmodus. – 2. *Gewinnbeteiligung der Vorstands- und Aufsichtsratsmitglieder* (Tantieme): soll in einem angemessenen Verhältnis stehen zu den

Aufgaben des Vorstands- oder Aufsichtsratsmitglieds und der Lage der Gesellschaft (§§ 87 I, 113 I AktG). Fragen der Gewinnbeteiligung, wie überhaupt des Salärs von Vorständen, sind angesichts von Firmenpleiten und Korruptionsfällen immer wieder Gegenstand der öffentlichen Diskussion. Neben moralischen Fragen geht es dabei auch um Rechtsfragen, so u.a. darum, ob eine gesetzliche Deckelung rechtlich möglich ist und eingeführt werden sollte.

II. Versicherungswirtschaft: Überschussbeteiligung.

III. Verteilungstheorie und -politik: Vermögensumverteilungspolitik.

gleitende Arbeitszeit – *Gleitarbeitszeit*. 1. *Begriff*: Arbeitszeitmodelle zur Flexibilisierung und Individualisierung der Arbeitszeit. Die Arbeitszeit wird nicht auf bestimmte Anfangs- und Endtermine festgelegt. Der Arbeitnehmer kann innerhalb eines bestimmten Rahmens den Zeitpunkt des persönlichen Arbeitsbeginns und -endes selbst bestimmen. – *Ziel*: Erhöhung der individuellen Gestaltungsspielräume und Entlastung des Berufsverkehrs in Ballungsgebieten. – Die *Modelle* der gleitenden Arbeitszeit reichen von der Gestaltung der täglichen über die wöchentliche bis zur jährlichen Arbeitszeit oder sogar der Lebensarbeitszeit (→ Sabbatical, → Jahresarbeitszeitvertrag). – 2. *Zeiten*: Die gleitende Arbeitszeit setzt sich zusammen aus der *Gleitspanne* (z.B. von 7 bis 9 Uhr und 15 bis 19 Uhr) und der *Kernarbeitszeit* (Zeit zwischen den Gleitzeiten). In der Kernarbeitszeit muss der Arbeitnehmer im Betrieb anwesend sein, innerhalb der Gleitspanne darf der Arbeitnehmer selbst disponieren. In den jeweiligen Arbeitszeitmodellen wird jedoch die zulässige Anzahl von Plus- oder Minusstunden gegenüber der Normalarbeitszeit festgelegt, die sich höchstens anhäufen dürfen. Außerdem kann ein Zeitraum festgelegt werden, innerhalb dessen ein Ausgleich erfolgen muss. – 3. Die *Einführung* der gleitenden Arbeitszeit ist – falls ein Betriebsrat existiert – mitbestimmungspflichtig (§ 87 Nr. 2 BetrVG). Auch bei Gleitzeit sind die Regelungen des Arbeitszeitgesetzes einzuhalten. – 4. Zum *Nachweis* der geleisteten Arbeitszeit ist in geeigneter Weise eine Zeiterfassung (z.B. durch elektronische Zeiterfassungsgeräte) zu gewährleisten.

gleitender Lohn → Indexlohn.

gleitender Ruhestand – allmählicher Übergang von der Vollarbeit in den Ruhestand. Die Arbeitszeit wird stufenweise reduziert. Den Rahmen für die Gestaltungsmodalitäten bildet seit 1996 das Altersteilzeitgesetz (ATG). Ziel ist es, durch stufenweise Kürzung der Arbeitszeit ab dem 55. Lebensjahr den Wechsel vom aktiven Arbeitsleben in den Ruhestand zu erleichtern; ferner Entlastung der Renten und Arbeitslosenversicherung von den Kosten der Frühverrentungspraxis. Die Förderung der Altersteilzeit durch die Arbeitsagentur läuft Ende 2009 aus. – Vgl. auch → Arbeitszeitmodelle, Vorruhestand.

Gleitzeit → gleitende Arbeitszeit.

Graphologie – Technik der psychodiagnostischen Auswertung der individuellen Handschrift. Die Graphologie geht von der Grundannahme aus, dass das Verhalten des Menschen von einem relativ konstanten Faktorensystem bestimmt wird und die individuelle Handschrift eine geeignete Verhaltensstichprobe ist, um auf die Persönlichkeit des Individuums zu schließen. – *Anwendung* heute sehr selten bei der Personalauswahl. – *Beurteilung*: Nach heutiger Erkenntnis gibt es keinen Zusammenhang zwischen graphologischen Urteilen und dem Berufserfolg. – Vgl. auch → Eignungsdiagnostik.

Grundgehalt – Gehaltsbestandteil, der unabhängig von der konkreten Arbeitssituation oder der Leistung des Mitarbeiters gezahlt wird.

Grundlohn – I. Personalwirtschaft: tariflich festgelegtes Entgelt für die übliche Arbeitsleistung in verschiedenen Lohnformen.

II. Sozialrecht: Seit 01.01.1989 richtet sich die Bemessung der Beiträge zur gesetzlichen Krankenversicherung nach den beitragspflichtigen Einnahmen bis zur Beitragsbemessungsgrenze (§ 223 SGB V). Bei versicherungspflichtig Beschäftigten werden die Beiträge vom Arbeitsentgelt aus der Beschäftigung errechnet (§ 226 SGB V). Bei Beschäftigten, die freiwillig versichert sind, sieht § 240 II SGB V die Anwendung derselben Grundsätze wie für pflichtversicherte Beschäftigte vor. Als beitragspflichtige Mindesteinnahmen für freiwillige Versicherte gilt jedoch der 90. Teil der monatlichen Bezugsgröße. Für freiwillige Mitglieder, die hauptberuflich erwerbstätig sind, gilt als beitragspflichtige Einnahme für den Kalendertag der 30. Teil der monatlichen Bemessungsgrenze, bei Nachweis niedrigerer Einnahmen, jedoch mind. der vierzigste der monatlichen Bezugsgröße (§ 240 IV SGB V). Für die übrigen Versicherten (Rentner, Studenten u.a.) gelten z.T. unterschiedliche Regelungen (§§ 226 ff. SGB V).

III. Steuerrecht: Begriff, der zur Berechnung der steuerfreien Nachtarbeits-, Sonntags- und → Feiertagszuschläge von Bedeutung ist.

Gruppenakkord – Form des → Akkordlohns, bei der im Gegensatz zum → Einzelakkord nicht ein einzelner Arbeitnehmer, sondern eine Gruppe von Arbeitnehmern nach ihrer Leistung entlohnt wird. Probleme entstehen bei der Verteilung des Gruppenakkords auf die einzelnen Gruppenmitglieder. Der individuelle Anteil bemisst sich meist nach dem Verhältnis der tariflichen Grundlohnansprüche. Bei → teilautonomen Arbeitsgruppen können die individuellen Anteile nach in der Gruppe festzulegenden Schlüsseln verteilt werden.

Gruppenarbeit – von Vertretern der Human-Relations-Bewegung empfohlene Form der Arbeitsorganisation, die der Befriedigung sozialer Bedürfnisse (→ Bedürfnishierarchie) dienen soll und z.B. in der → teilautonomen Arbeitsgruppe realisiert wird. Gruppenarbeit kann unter spezifischen Voraussetzungen → Synergie-Effekte produzieren.

Gruppenbedürfnis – *Gemeinschaftsbedürfnis, Gesellungsstreben;* zu den sozialen Bedürfnissen (→ Bedürfnishierarchie) zählendes Grundmotiv, das den Menschen veranlasst, mit anderen Individuen Kontakt aufzunehmen bzw. die Gesellschaft anderer zu suchen.

Gruppendenken – *Groupthink;* hohe Konformität in der Einschätzung und Bewertung spezieller komplexer Situationen durch die Mitglieder der Gruppe. Das Phänomen des Gruppendenkens wird mit für eine ganze Reihe von Unfällen oder Desastern (z.B. Absturz des Spaceshuttle Challenger; Reaktorunfall in Tschernobyl) verantwortlich gemacht.

Gruppendynamik – Forschungsrichtung innerhalb der → Humanistischen Psychologie, die auf K. Lewin (1890–1947) zurückgeht und v.a. durch die Betonung der dynamischen Zusammenhänge von Gruppenphänomenen (Herausarbeitung der wechselseitigen Abhängigkeiten) Bedeutung erlangt hat (→ gruppendynamisches Training).

gruppendynamisches Training – *Laboratory Training, Sensitivity Training;* in den USA unter dem Einfluss von K. Lewin entwickelte Trainingsform zum Aufbau neuer sozialer Interaktionsmuster im Sinn der → Humanistischen Psychologie. Analyse der „hier und jetzt" ablaufenden gruppendynamischen Prozesse, Experimentieren mit dem eigenen Verhalten sowie Rückkopplung (Feedback) anderer zur Wirkung des eigenen Verhaltens. Der Lernprozess betont Erfahrung (statt Übung) und schließt emotional-affektive Prozesse mit ein. – *Ergebnisse:* Erhebliche Streuung der Wirksamkeit des gruppendynamischen Trainings bei den Teilnehmern; Übertragung (Transfer) des Erlernten am Anwendungsort i.d.R. nur, sofern parallel die betriebliche Situation mit verändert wird (→ Organisationsentwicklung).

Gruppenforschung – Forschungsgebiet der → Sozialpsychologie. Gegenstand ist die

Gruppe, ihr Wesen, ihre Entstehung, ihre Wirkungsweise, ihre Beziehung zum Individuum und zu anderen Gruppen. Je nach Betonung des psychologischen oder soziologischen Aspekts steht dabei das Individuum oder die Gruppe im Vordergrund.

Gruppenklima – Unter dem Gruppenklima versteht man das Ausmaß der geteilten Wahrnehmung von Gruppenmitgliedern über spezifische Einstellungsbereiche, wie etwa die Kommunikation innerhalb der Gruppe oder das Verständnis über die gemeinsamen Aufgaben. Da es sich um die geteilte Wahrnehmung handelt, kann etwa bei Befragungen immer auch geprüft werden, ob es sich tatsächlich um ein Klimaphänomen handelt, weil überprüft werden kann, ob und inwieweit die Gruppenmitglieder in ihren Wahrnehmungen übereinstimmen. I.d.R. ist das Gruppenklima auf spezifische Bereich ausgerichtet, man spricht dann also von einem Gruppenklima für Gerechtigkeit, Innovation o.ä.

Gruppenkohäsion – Ausmaß des Zusammenhalts in → Arbeitsgruppen. Die Gruppenkohäsion hängt wesentlich von der Attraktivität der Gruppe für den einzelnen ab. Gruppenkohäsion ist umso größer, je eher Vorteile im Hinblick auf die Erreichung persönlicher Ziele zu erwarten sind, z.B. im Hinblick auf Prestige, das mit der Zugehörigkeit zu dieser Gruppe verbunden ist und die Möglichkeiten, innerhalb der Gruppe eigene Bedürfnisse zu befriedigen. – *Folge hoher Gruppenkohäsion* ist i.Allg. eine relativ starke Verhaltensnormierung der Gruppenmitglieder; hohe Gruppenkohäsion führt dann zu hoher Gruppenleistung, wenn die Leistungsnorm (→ Gruppennorm) in der Gruppe hoch ausgeprägt ist.

Gruppenmitglied – jeder Angehörige einer bestimmten Gruppe, ungeachtet der Position, die er darin einnimmt; entscheidend ist, dass er an der Aktivität (Interaktion) der Gruppe teilnimmt, ihre Normen (→ Gruppennorm) und Ziele im Wesentlichen akzeptiert, sich ihr zugehörig fühlt und auch von den übrigen Mitgliedern angenommen wird.

Gruppennorm – eine von der Mehrheit der Mitglieder einer Arbeitsgruppe geteilte Auffassung über erwünschtes Verhalten von → Gruppenmitgliedern.

Gruppenpsychologie – Gebiet der → Sozialpsychologie. Gegenstand der Gruppenpsychologie sind v.a. die Probleme, die bei der Zusammenarbeit mehrerer Individuen auftreten. – *Beispiel:* Eine Idealgruppe umfasst je nach ihrer Aufgabe sechs bis zehn Mitglieder; Beteiligung am Arbeitserfolg durch Gruppenprämien. – Vgl. auch → Gruppenarbeit, → Gruppendynamik, → Organisationsentwicklung.

Güteprämie → Qualitätsprämie.

Habitualisierung – Gewohnheitsbildung, die in der Arbeitspsychologie bei maximal gelernten Arbeitsvollzügen im Sinn eines automatisierten Handelns relevant wird und in der Marktpsychologie als vereinfachte Entscheidung interpretiert wird. Ausgelöst wird habitualisiertes Verhalten meist durch spezifische → Reize, deren Bedeutung erlernt wurde und die häufig als Schlüsselinformation mit einer Vielzahl von Informationen verbunden sind.

Handlungskompetenz – Oberbegriff für → Fachkompetenz, → Methodenkompetenz und → Sozialkompetenz. Ist die Fähigkeit, zielgerichtet, aufgabengemäß, der Situation angemessen und verantwortungsbewusst betriebliche Aufgaben zu erfüllen und Probleme zu lösen.

Handlungsregulation – Regulierung des Arbeitsprozesses (u.a. im Rahmen der Mensch-Maschine-Interaktion) in Abhängigkeit von der Erfahrung und der Komplexität der Aufgabe auf der intellektuellen, perzeptiv-begrifflichen und/oder sensomotorischen Ebene. Im Gedächtnis der Mitarbeiter sind operative Abbildsysteme gespeichert, die sich auf die gedankliche Vorwegnahme des Arbeitsergebnisses, das Wissen um die Ausführungsbedingungen sowie die Hypothesen zu den erforderlichen Operationen beziehen, um vom Istzustand zum Sollzustand zu gelangen. Hohe → Monotonie verbindet sich mit sehr einfachen operativen Abbildsystemen und Handlungsregulation auf der sensomotorischen Ebene.

Handlungsspielraum – definiert die Möglichkeiten, die jemanden offen stehen, um zu handeln. – Vgl. auch → Arbeitsgestaltung.

Harzburger Modell – 1. *Begriff*: von R. Höhn (Leiter der Akademie für Führungskräfte der Wirtschaft, Bad Harzburg) 1956 ins Leben gerufene „Führung im Mitarbeiterverhältnis mit Delegation von Verantwortung". – 2. *Zentrale Zielsetzungen*: a) *Autoritäre Führung überwinden*: Das auf Befehl und Gehorsam beruhende Prinzip der Führung von Mitarbeitern wird als unzeitgemäß abgelehnt. – b) *Verantwortung delegieren*: Dies soll nicht nur das Abgeben von Arbeit heißen, sondern die Schaffung von eigenen Bereichen, die durch → Stellenbeschreibungen genau abgegrenzt sind. – Genaue *Verhaltensanweisungen* im Einzelnen. Die große Menge der im Harzburger Modell zu beachtenden Vorschriften macht es zu einem starren, reglementierenden Modell, das die autokratische durch eine bürokratische Führung ablöst. – 3. *Beurteilung*: Die Erfahrungen mit dem Harzburger Modell sind geteilt; als Führungskonzept (→ Führungstechnik) umstritten.

Hausgehilfin – I. Begriff: *Hausangestellte*; Arbeitnehmerin, die Hausarbeit gegen Entgelt leistet und i.d.R. zum Haushalt ihres Arbeitgebers gehört. – *Anders*: Haushaltshilfe.

II. Steuerrecht: Der Lohn der Hausgehilfin ist steuerpflichtig (Einkünfte aus nichtselbständiger Arbeit), wenn das Arbeitsverhältnis nicht als geringfügiges Beschäftigungsverhältnis behandelt und der Lohn vom Arbeitgeber pauschal versteuert wird. – Der Arbeitgeber kann für die Kosten einer Hausgehilfin die Steuerermäßigung für haushaltsnahe Beschäftigungsverhältnisse nutzen.

Hawthorne-Effekt – Vom Hawthorne-Effekt spricht man, wenn die Ursache von beobachteten Verhaltenseffekten nicht die manipulierte *abhängige Variable* ist (z.B. Beleuchtungsintensität), sondern auf das Wissen der teilnehmenden Personen zurückzuführen ist, dass sie an einer Studie teilnehmen. Unter Bezugnahme auf die Hawthorne-Experimente von Mayo (→ Human Relations) vorgenommene spezifische Erklärung beobachteter Verhaltensänderungen im Betrieb.

Head Hunting – gezielte Abwerbung von Mitarbeitern aus anderen Unternehmen unter Einschaltung darauf spezialisierter Personalberater. Erschlossen wird ein Mitarbeiterkreis, der sich ohne direkte Ansprache nicht auf eine Stelle bewerben würde. In USA weit verbreitet; zunehmende Bedeutung auch in Deutschland.

hierarchisches Motivationsmodell → Inhaltstheorien der Motivation.

Hilfsarbeiter – ein Arbeiter ohne branchenspezifische Berufsausbildung, der ungelernt (→ angelernter Arbeiter) gering qualifizierte Tätigkeiten (Hilfstätigkeiten) ausführt. – Vgl. auch ungelernter Arbeiter.

Hilfsarbeiterlohn – meist Zeit-, selten Akkordlohn für ungelernte Arbeiter oder → angelernte Arbeiter. – *Kostenrechnungstechnische Erfassung und Verrechnung:* Hilfsarbeiterlöhne können *Fertigungslöhne* sein, sofern sie sich dem Kostenträger direkt, d.h. ohne Verrechnung über Kostenstellen im Betriebsabrechnungsbogen (BAB), zurechnen lassen. Meist jedoch nur Verrechnung als *Gemeinkostenlöhne (Hilfslöhne)*, oftmals als Kostenstelleneinzelkosten möglich, da die Hilfsarbeiter i.d.R. bestimmten Kostenstellen als Arbeitskraft zugeteilt und die für sie erwachsenden Lohnkosten diesen zuzurechnen sind; bei „fliegenden Kolonnen" oder vielseitig beanspruchten Einzelkräften ist eine Aufteilung anteilig (nach Zeit- oder Mengeneinheiten) der für die Kostenstellen erbrachten Arbeitsleistung erforderlich.

Humanisierung der Arbeit – zusammenfassende Bezeichnung für alle auf die Verbesserung des Arbeitsinhaltes und der Arbeitsbedingungen gerichtete Maßnahmen um die Arbeitswelt möglichst menschengerecht zu gestalten. – *Bedeutungsinhalte:* 1. *Maßnahmen zum Gesundheitsschutz am Arbeitsplatz und zur Arbeitsplatzgestaltung* (→ Ergonomie) um gesundheitliche Risiken und körperliche Belastungen zu minimieren. – 2. *Arbeitsorganisatorische Maßnahmen*, die darauf abzielen, die psychische Arbeitsbelastung zu minimieren, etwa durch Abbau von Monotonie (→ Jobrotation), Erweiterung des Tätigkeitsspielraumes (→ Jobenlargement), sowie Erweiterung der Verantwortung (→ Jobenrichment). – 3. *Psychologische Arbeitsgestaltung*, d.h. Abstimmung der Arbeit auf die individuellen arbeitsbezogenen Motive (→ Job Diagnostic Survey).

humanistische Psychologie – auf Autoren wie McGregor, Maslow, Argyris und Schein zurückgehende Richtung der Psychologie, nach der im Unterschied zur bürokratischen Organisation nicht die Kontrolle der Person, sondern deren Selbstentfaltung und Möglichkeit zur authentischen Kommunikation im Vordergrund stehen soll. – *Bedeutung:* Von der humanistischen Psychologie sind wesentliche Impulse auf die Humanisierung der Arbeitswelt (→ Humanisierung der Arbeit) ausgegangen.

Human Relations – in den USA im Anschluss an die Hawthorne-Experimente entstandene Bewegung, die die Pflege der zwischenmenschlichen Beziehungen zwischen Führenden und Geführten sowie zwischen den Gleichgestellten zu fördern versucht. Human Relations wird von sozialkritischer Seite häufig mit dem Argument kritisiert, dass hier in manipulativer Weise eine Anpassung an bestehende Verhältnisse gefördert werde ohne dass objektive Arbeitsbedingungen verbessert würden.

Human Resource → Humanvermögen.

Human Resource Accounting → Humanvermögensrechnung.

Human Resource Management – im angelsächsischen Bereich durchgängig benutzte Bezeichnung für → Personalmanagement; mittlerweile auch in Deutschland, überwiegend in mittelständischen und großen Unternehmen regelmäßig verwendet. Betont werden soll der *Ressourcencharakter* des Personals. – Zu inhaltlichen Aspekten vgl. → Personalwirtschaft.

Humanvermögen – I. Betriebswirtschaftslehre: *Human Resource;* Gesamtheit der Leistungspotenziale (Leistungsreserve), die einem Unternehmen durch seine Mitarbeiter zur Verfügung gestellt werden. Begriffsbildung entsprechend dem allg. betriebswirtschaftlichen Vermögensbegriff: Summe aller Ressourcen, über die eine Unternehmung zur wirtschaftlichen Nutzung bzw. zum Verzehr verfügen kann. Erfasst werden soll nicht der Arbeitnehmer selbst, sondern sein der Unternehmung zur Verfügung gestelltes Leistungspotenzial, das sich ergibt aus dem Produkt seines Leistungsangebotes mit dem Zeitraum, über den er die Leistung anzubieten in der Lage ist; das Leistungsangebot ist bestimmt durch die individuelle Leistungsfähigkeit und Leistungsbereitschaft (Leistungsmotivation). – *Quantitative Bewertung und Darstellung:* → Humanvermögensrechnung.
II. Volkswirtschaftslehre: alternativer Begriff zum in der Öffentlichkeit umstrittenen Konzept des „Humankapitals". Als Humanvermögen wird dabei nicht nur die Erwerbskapazität von Individuen (etwa als Barwert ihrer durch Erwerbsarbeit erzielbaren Einkommen) bezeichnet, sondern ein breiteres Spektrum menschlicher Fähigkeiten und Potenziale.

Humanvermögensrechnung – *Human Resource Accounting;* aus den USA stammender Ansatz, das dem Unternehmen zur Verfügung stehende → Humanvermögen zu erfassen. Unzureichende Einschätzung des Humanvermögens kann zu personalpolitischen Fehlentscheidungen führen: Personalpolitische Rationalisierungsstrategien, mit denen Abbau von Personal (→ Personalfreisetzung) verbunden ist, erweisen sich häufig ausschließlich als Abbau von Humanvermögen. Zur Bewertung gibt es verschiedene Prinzipien: kostenorientierte Modelle *(Human Resource Cost Accounting),* Bewertung mit Anschaffungskosten (Brummet/Flamholtz/Pyle 1968), Bewertung mit Opportunitätskosten (Hekimian/Jones 1967), Bewertung mit Wiederbeschaffungskosten (Flamholtz 1974). Der letztere Ansatz ist der umfassendste, da damit die (für neu eingestellte Mitarbeiter erst zu erlernende) Qualifikationen am stärksten berücksichtigt werden.

Hygienefaktoren – Bestandteil der Zweifaktorentheorie der → Arbeitszufriedenheit. Hygienefaktoren verhindern die Entstehung von Unzufriedenheit, ihre positive Ausprägung trägt jedoch nicht zur Zufriedenheit bei. – *Beispiele:* → Führungsstil, Unternehmenspolitik und -verwaltung, Arbeitsbedingungen, Beziehungen zu Gleichgestellten, Unterstellten und Vorgesetzten, Status, Arbeitssicherheit und Gehalt.

Image – Konzept aus der → Markt- und Werbepsychologie, das als die Quintessenz der Einstellungen verstanden werden kann, die Konsumenten einem Produkt, einer Dienstleistung oder einer Idee entgegenbringen. Wie Einstellungen stammen Images aus der direkten oder indirekten Erfahrung. Bei ihnen lassen sich (1) kognitive (Was weiß ich über den Gegenstand?), (2) evaluative (Wie werte ich den Gegenstand?) und (3) konative (Wie möchte ich dem Gegenstand gegenüber handeln?) Komponenten voneinander abheben. Für die Imageanalyse gibt es eine Vielzahl von quantitativen (auf Skalierungsverfahren beruhenden) und qualitativen Verfahren. Der Imagegestaltung dienen marketingpolitische Instrumente, also der Preis, die Produktgestaltung, die Werbung und der Absatzweg. – *Firmenimage:* Public Relations (PR).

immaterielle Mitarbeiterbeteiligung – Partizipation der Mitarbeiter an Entscheidungen, u.U. als Folge → materieller Mitarbeiterbeteiligung. Immaterielle Mitarbeiterbeteiligung kann sich grundsätzlich auf den Arbeitsplatz (Arbeitsplatzmitbestimmung) oder die Unternehmensebene beziehen. In Großunternehmen gesetzlich geregelt durch Mitbestimmungsgesetz (MitbestG), Betriebsverfassungsgesetz 1952 (BetrVG), Montan-Mitbestimmungsgesetz (Montan-MitbestG), in mittelständischen Betrieben verschiedene Modelle freiwillig vereinbarter immaterieller Mitarbeiterbeteiligung. Mitwirkungsmöglichkeiten der Mitarbeiter von Informations- und Kontrollrechten bis zu Mitsprache- und Mitbestimmungsrechten. Zumeist handelt es sich um eine Komponente der betrieblichen Partnerschaft (→ Partnerschaft). Ausübung der immateriellen Mitarbeiterbeteiligung in Partnerschaftsausschüssen, Beiräten oder ähnlichen Organen, denen bisweilen recht weit reichender Einfluss auf wichtige Unternehmensentscheidungen eingeräumt wird. – Vgl. auch Mitbestimmung.

In-Basket-Methode → Postkorb-Übung.

Incentives – I. *Wirtschafts-/Finanzpolitik:* Durch wirtschafts- oder finanzpolitische (bes. steuerliche) Maßnahmen bewirkte Erhöhung der (ökonomischen) Leistungsbereitschaft. Diese äußert sich in privaten Haushalten meist in einer Erhöhung des Arbeitsangebots und in Unternehmen meist in einer Erhöhung der Investitionen. – *Gegensatz:* Disincentives.

II. *Arbeits- und Organisationspsychologie:* → Anreiz.

Indexlohn – *gleitender Lohn;* Entlohnungssystem, bei dem der *Reallohn* stabil gehalten wird (gleiche Kaufkraft). Maßstab für die Kaufkraft des Geldes ist meist der Verbraucherpreisindex für Deutschland (VPI) bzw. Harmonisierter Verbraucherpreisindex (HVPI), ggf. auch Goldpreis und Kurs für fremde Währung. Eine Anwendung des Indexlohns ist sinnvoll, wenn eine Volkswirtschaft unter erheblichen Geldwertschwankungen zu leiden hat, in normalen Zeiten jedoch nicht zweckmäßig wegen der komplizierten Berechnung. In der Bundesrepublik Deutschland sind Indexbindungen als Bestandteil der Tarifverträge rechtlich zulässig. Die Koppelung des Lohns an den Verbraucherpreisindex gilt als inflationsfördernd und -verstärkend.

individualisierte Organisation → Individualisierung.

Individualisierung – 1. *Begriff:* Individualisierung ist ein personalwirtschaftliches Programm, das der Einzigartigkeit bzw. Individualität der Mitarbeiter systematisch Rechnung zu tragen sucht. Durch Individualisierung lässt sich gezielt auf deren Freiheitsbedürfnis sowie allg. auf den Subjektcharakter

Individualisierung

lebendiger Arbeit (→ Personalwirtschaft) positiv eingehen, womit zugleich ein unternehmensethisches Anliegen angesprochen ist. Weil Individualität, determiniert durch Leistungsdisposition, Leistungsfähigkeit und Leistungsbereitschaft, auch im Leistungsverhalten Ausdruck findet, wird mit Individualisierung aber auch die Interessenlage von Unternehmen berührt. – Institutionelle Verkörperung konsequent verfolgter Individualisierung ist das individualisierte Unternehmen im Sinn einer konkreten Utopie. Mit dieser Charakterisierung soll zum Ausdruck gebracht werden, dass eine vollständige Individualisierung lediglich einen idealtypischen, in der Unternehmensrealität nicht zu erreichenden Endzustand darstellt, dem man sich durch gezielte Gestaltungsmaßnahmen allerdings schrittweise annähern kann. – 2. *Programmpunkte*: Wenn die im Hinblick auf ihre überdauernden und momentanen Leistungsvoraussetzungen (Leistungsdisposition und Leistungsfähigkeit) bestehenden Unterschiede und darüber hinaus auch die motivationale Differenziertheit (Leistungsbereitschaft) der Mitarbeiter systematische Berücksichtigung finden soll, dann kann dies dadurch erfolgen, dass (a) seitens des Unternehmens den Mitarbeitern eine Mehrzahl von Arbeitssituationen offeriert werden, zwischen denen diese (b) mittels selbstbestimmten Entscheidens das ihnen zusagende, d.h. ihren Bedürfnissen und Wünschen am besten entgegen kommende Arrangement auswählen können. – Damit sind zugleich die beiden zentralen Programmpunkte der personalwirtschaftlichen Individualisierung angesprochen, nämlich Wahlmöglichkeiten schaffen und Selbstselektion ermöglichen. – Was den ersten Programmpunkt *Wahlmöglichkeiten schaffen* anbelangt, so bilden dabei verschiedene Bereiche personalwirtschaftlichen Gestaltens und Handelns den nahe liegenden Ansatzpunkt. Als solche können v.a. die Arbeitszeit, das Entgelt- und das Karrieresystem, die Tätigkeiten, die Gruppenbeziehungen sowie die Mitarbeiterführung gelten.

Zu beachten ist dabei, das die Individualisierungspotenziale innerhalb der genannten Gestaltungsbereiche und Handlungsfelder aus der Natur der Sache heraus oder aufgrund gesetzlicher und (kollektiv-)vertraglicher Regelungen unterschiedlich groß ausfallen. So sind sie bspw. bez. der Entgeltgestaltung durch Tarifverträge und Betriebsvereinbarungen beträchtlich eingeschränkt bzw. bleiben – etwa in Form von → Cafeteria-Systemen – weitgehend der Entlohnung von Führungskräften vorbehalten. Ganz anders stellen sich die Verhältnisse im Hinblick auf Arbeitszeitregelungen dar, wo von einem breiten Spielraum für Gestaltungsmöglichkeiten auszugehen ist. – In dem mit *Selbstselektion ermöglichen* bezeichneten zweiten Programmpunkt kommt zunächst die Überzeugung zum Ausdruck, dass Menschen bzw. Mitarbeiter i.d.R. selbst am besten wissen, welche der unternehmensseitig offerierten Alternativen ihnen am meisten zusagen. Allerdings setzt die Wahrnehmung der Chance zur Selbstselektion Aufklärung voraus. Nur in solchen Fällen kann von informierten Entscheidungen zwischen den grundsätzlich verfügbaren Wahlmöglichkeiten gesprochen werden. Ferner muss Selbstselektion im Prinzip als Daueroption verfügbar sein. Die Erfüllung dieser Zusatzbedingung öffnet das Individualisierungskonzept gegenüber Lernprozessen, wie sie in der Realität an der Tagesordnung sind. Ferner können sich die Präferenzen der Mitarbeiter im Laufe der Zeit verschieben; dies etwa deshalb, weil sich ihre Lebensumstände und -pläne – etwa im Zuge einer neuen familiären Situation oder altersbedingt – verändern. – 3. *Prozessuale und unternehmenskulturelle Merkmale*: Personalwirtschaftliche Individualisierung ist ein umfassender und ggf. auch langwieriger Prozess organisationalen und individuellen Lernens, der zweckmäßigerweise im Geist der → Organisationsentwicklung voranzutreiben ist. V.a. bei der Einführung des Konzepts erweist sich eine umfassende Information der Mitarbeiter – etwa durch die Unternehmensleitung, das Personalressort oder die Fachabteilungen – als unumgänglich. Wie alles Neue, so ist auch Individualisierung für ihre Nutznießer zunächst einmal mit Unsicherheit verbunden, stellt sie sich doch als ausgesprochen mehrdeutige Innovationssituation dar. Dass bei der Implementierung auch die Verfolgung einer Partizipationsstrategie zweckmäßig ist, versteht sich von selbst; ebenfalls, dass eine Beteiligung des Betriebsrats i.d.R. schon deshalb erforderlich wird, weil die unternehmensseitig angebotenen Wahlmöglichkeiten vielfach die Mitwirkungs- und Mitbestimmungsrechte dieses Organs der Arbeitnehmer-Interessenvertretung tangieren. – Schließlich ist davon auszugehen, dass sich Individualisierung in unternehmenskultureller Hinsicht (nachhaltig) bemerkbar macht: Als „Kultur des Unterschieds", die Individualität dadurch berücksichtigt, dass den Bedürfnissen, Interessen, Neigungen und Fähigkeiten der einzelnen Mitarbeiter im Rahmen des unternehmensseitig Möglichen konsequent Rechnung getragen wird. Eine solche Kultur wirkt darüber hinaus vertrauensbildend, denn es wird den Mitarbeitern signalisiert, dass sie als Individuen akzeptiert, ernst genommen sowie gefördert werden und das Unternehmen ihnen die Fähigkeit zubilligt, verantwortlich über ihr eigenes Wollen zu entscheiden. I.d.R. wird sich dies nicht nur vorteilhaft auf das Leistungsverhalten der Mitarbeiter auswirken, sondern auch positive Außeneffekte haben, die insbesondere im Zusammenhang mit der Personalgewinnung Bedeutung erlangen können.

Industrial Relations – Arbeitsbeziehungen bzw. Arbeitgeber-Arbeitnehmer-Beziehungen. Diese finden ihren Niederschlag zwischen Institutionen (→ Arbeitgeberverbände, Gewerkschaften) sowie Verfahren und Regeln (Arbeitskämpfe etc.).

Informationsverarbeitung – I. Organisation: Umwandlung, Verwertung und Ein- und Umsetzen von Informationen im Hinblick auf ihre betriebliche Zwecksetzung. Phase des betrieblichen Informationsprozesses.

II. Marketing/Werbung: Die Phase der Informationsverarbeitung schließt sich der Informationsaufnahme an. Durch diesen Wahrnehmungsprozess gelangen ausgewählte Informationen in den Kurzzeitspeicher des Gedächtnisses, wiederum Ausschnitte davon in umorganisierter Form in den Langzeitspeicher und werden dort zum Wissen über den Gegenstand. Informationsverarbeitung wird beeinflusst vom persönlichen Wertesystem (→ Motivation) des Individuums und dessen Involvement. Darüber hinaus wird die Informationsverarbeitung von der Stärke des aufgenommenen Reizes beeinflusst. – Vgl. auch Informationsspeicherung, Informationsüberlastung.

III. Entscheidungstheorie: *IV-Ansatz*; Ansatz zum Entscheidungsverhalten einer Einzelperson (Individualentscheidung). Der betrachtete Mensch wird v.a. als informationsverarbeitendes System gesehen *(kognitiv-empirischer Ansatz)*. – *Charakterisierung:* (1) Informationsbeschaffung und -verarbeitung sind wichtige Teile der Entscheidung; (2) situations- und kontextabhängige Sicht der Entscheidung; (3) Integration von Entscheidungsfällungsinstrumentarien und Eigenschaften des Menschen.

Infotainment – multimediale Vermittlung von Informationen mit hohem Unterhaltungswert für die Teilnehmer (z.B. Erlebnisfernsehen). Einsatz z.B. in der Aus-, Fort- und Weiterbildung (→ Edutainment).

Inhaltstheorien der Motivation – Gruppe von Motivationstheorien, deren gemeinsames Merkmal darin besteht, dass sie eine Klassifikation der Motivziele anbieten. Die Theorie der → Bedürfnishierarchie nach Maslow sowie die Zweifaktorentheorie von Herzberg sind bekannte Ansätze der Inhaltstheorien.

Initiating Structure → Aufgabenorientierung, → Führungsverhalten.

innerbetriebliche Weiterbildung – im Betrieb durchgeführte Maßnahmen der Personalentwicklung zur Intensivierung des Wissens und der Fähigkeiten. – *Vorteil* gegenüber außerbetrieblichen Maßnahmen der Weiterbildung: Beeinflussbarkeit des Programmes hinsichtlich der Struktur der Teilnehmer und der Firmeninteressen. – *Nachteil*: häufig zu speziell auf die Situation des arbeitgebenden Unternehmens zugeschnittenes Programm.

innere Kündigung – *innere Emigration.* 1. *Begriff*: nicht explizit geäußerte mentale Verweigerung engagierter Leistung eines Mitarbeiters. Der Mitarbeiter will zwar seine Stellung behalten (keine Kündigung als offizielle und rechtlich wirksame Beendigung des Arbeitsverhältnisses), beabsichtigt aber, sich aufgrund der von ihm als frustrierend empfundenen Arbeitssituation nicht (über ein minimal erforderliches Maß hinaus) zu engagieren. Die innere Kündigung vollzieht sich als lautloser Prozess, ist deshalb auch für Vorgesetzte und Unternehmensführung nur schwer zu erkennen und einzudämmen. – 2. Als *Möglichkeiten zur Lösung des Problems innere Kündigung* gelten: bessere Sinnvermittlung für die Mitarbeiter; kontinuierliche Mitarbeitergespräche; Förderung und Entwicklung einer vertrauensbasierten Unternehmungskultur; Gestaltung von Umgangsformen und interner Kommunikation; Selbsthinterfragung des Vorgesetzten und Veränderung seines Selbstverständnisses; Einrichtung kreativitätsfördernder, kleinerer Organisationseinheiten; Vermitteln und Umsetzen von Visionen.

Intelligenz – in der Psychologie ein hypothetisches Konstrukt (d.h. eine Erklärung für ein nicht direkt beobachtbares Phänomen), das die erworbenen kognitiven Fähigkeiten und Wissensbestände einer Person bezeichnet, die ihr zu einem gegebenen Zeitpunkt zur Verfügung stehen. Je nach theoretischer Auffassung werden meist verschiedene Formen der Intelligenz unterschieden, z.B. a) fluide (Fähigkeit, Beziehungen zu erfassen und anzuwenden) vs. kristalline (verbale und sprachgebundene Fähigkeiten) Intelligenz, oder b) sieben eigenständige Formen der Intelligenz (Raumvorstellung, Sprachverständnis, Wortflüssigkeit, Rechenfertigkeit, Induktion, Wahrnehmungsgeschwindigkeit und mechanisches Gedächtnis). Entsprechend der unterschiedlichen theoretischen Konzeptualisierungen der Intelligenz gibt es vielfältige → psychologische Testverfahren zur Messung der Intelligenz, die häufig in der → Eignungsdiagnostik eingesetzt werden. Viele metaanalytische Ergebnisse zeigen den hohen Zusammenhang zwischen Intelligenz und Ausbildungs- oder Berufserfolg.

Intelligenzalter – Bezeichnung der praktischen Psychologie für die dem jeweiligen Lebensalter von Kindern und Jugendlichen entsprechenden Anforderungen. Versagt ein Kind bei den für sein Alter angegebenen Aufgaben, so hat es gegenüber seinen Altersgenossen einen Intelligenzrückstand; kann es auch Aufgaben höheren Alters lösen, hat es einen Intelligenzvorsprung. – Vgl. auch → Intelligenzquotient (IQ).

Intelligenzquotient (IQ) – *Entwicklungsquotient (EQ)*; von W. Stern eingeführter Ausdruck für das Verhältnis von → Intelligenzalter (IA) oder Entwicklungsalter (EA) zum Lebensalter (LA):

$$IQ = \frac{IA}{LA} \cdot 100$$

Bei durchschnittlich Intelligenten ergibt sich ein IQ von 100. Zur verbalen Umschreibung einzelner IQ-Stufen wird häufig folgende *Klassifizierung* benutzt.

140 und höher	extrem hohe Intelligenz
120–139	sehr hohe Intelligenz
110–119	hohe Intelligenz
90–109	durchschnittliche Intelligenz
80–89	niedrige Intelligenz
70–79	sehr niedrige Intelligenz
unter 70	extrem niedrige Intelligenz

Intelligenztest – psychologisches Verfahren zur Bestimmung der intellektuellen Leistungsfähigkeit. Der Intelligenztest besteht aus einer Reihe von Problemaufgaben, die unter Standardbedingungen einer oder mehreren Personen (Probanden) zur Bearbeitung vorgelegt werden. Aus den richtigen Lösungen (Rohwert) wird durch Vergleich mit Normwerten (etwa der Leistungsverteilung einer für die Gesamtbevölkerung repräsentativen Stichprobe) das relative Leistungsniveau (Standardwert) ermittelt. Dieser Standardwert kennzeichnet die Position des Einzelnen im Vergleich zu allen anderen Personen der jeweiligen Bezugsgruppe und wird zur Einschätzung seiner intellektuellen Leistungsfähigkeit benutzt; er ist also nicht ein direktes Maß der → Intelligenz. – Vgl. auch → Intelligenzquotient (IQ).

Interaktionstheorie der Führung – Ansatz der Führungsforschung und Führungslehre, der davon ausgeht, dass → Führung ein interaktiver Prozess ist, beeinflusst von den Persönlichkeitsmerkmalen der Geführten und des Führers sowie der relevanten Situation. – Vgl. auch → Führungstheorien.

internationales Personalmanagement – Summe personeller Gestaltungsmaßnahmen mit grenzüberschreitender Ausrichtung zur Verwirklichung der Unternehmensziele. – Im Vergleich zum nationalen Personalmanagement ist das → internationale Personalmanagement durch erhöhte Komplexität und Unsicherheit gekennzeichnet, da sich die unternehmerische Tätigkeit auf zwei oder mehr Länder erstreckt. Unterschiedliche rechtliche Regelungen, kulturspezifische Besonderheiten und Erfordernisse verschiedener Mitarbeitergruppen (aus dem Heimatland des Unternehmens, aus dem Gastland oder aus Drittländern) sind zu berücksichtigen. – Vgl. auch internationale Personalentwicklung, internationales Management, interkulturelles Management.

Intrapreneuring – auch Intrapreneurship (der Begriff setzt sich zusammen aus den beiden engl. Wörtern *Intracorporate* und *Entrepreneur*) bzw. Binnenunternehmertum bezeichnet das unternehmerische Verhalten von Mitarbeitern in Unternehmen und öffentlichen Einrichtungen. Mitarbeiter sollen sich demnach so verhalten, als ob sie selbst Unternehmer (Entrepreneur) wären. – Vgl. auch Entrepreneurship.

intrinsische Motivation – bezieht sich auf einen Zustand, bei dem wegen eines inneren Anreizes, der in der Tätigkeit selbst liegt, z.B. im Empfinden des → Flow-Erlebens gehandelt wird. Eine hohe intrinsische Motivation wird oft als Voraussetzung für kreative Leistung angesehen. Früher war man der Auffassung, dass die intrinsische Motivation durch Anreize bzw. Belohnungen (z.B. Geld) vermindert würde. Der negative Einfluss von Anreizen auf die intrinsische Motivation tritt aber nur unter ganz bestimmten Bedingungen auf, die leicht vermieden werden können: Nur wenn Personen *allein* für die Ausführung einer Tätigkeit *ohne* Bezug zu einem Leistungskriterium belohnt werden, vermindert sich die intrinsische Motivation für diese Tätigkeit. Maßnahmen zur Steigerung der intrinsischen Motivation liegen z.B. darin, → Motivatoren verfügbar zu machen oder das Motivationspotenzial der Tätigkeit zu erhöhen. – *Gegensatz:* → extrinsische Motivation.

Istzeit – tatsächlich vom Menschen und Betriebsmittel gebrauchte Zeit für die Ausführung bestimmter Ablaufabschnitte (Arbeitsablauf) in einem Arbeitssystem. – *Istzeit-Ermittlung* durch direkte Messung am Arbeitsplatz durch einen Beobachter (→ Arbeitszeitstudie), durch Selbstaufschreibung bzw. Einsatz selbsttätiger Registrierinstrumente, ggf. auch durch Befragung. – *Gegensatz:* → Sollzeit.

Jahresarbeitszeitvertrag → Arbeitszeitmodell zur Flexibilisierung der Arbeitszeit. Die Dauer der Arbeitszeit wird in Form einer bestimmten Stundenzahl auf Jahresbasis festgelegt und zu Beginn eines jeden Jahres fixiert. Die Verteilung des Kontingents an abzuarbeitender Arbeitszeit während des Arbeitsjahres wird zwischen Arbeitgeber und -nehmer flexibel gestaltet. – Vgl. auch → gleitende Arbeitszeit.

Jahressondervergütung – zumeist am Jahresende gezahlter Betrag, der an den Gewinn des Unternehmens, des Betriebs oder einer Abteilung oder an die Leistung des einzelnen Arbeitnehmers geknüpft ist.

Job Description → Stellenbeschreibung.

Job Diagnostic Survey – Diagnoseinstrument der psychologischen → Arbeitsgestaltung. Der von R. Hackman und R. D. Oldman in 1975 entwickelte Job Diagnostic Survey (JDS) ist als standardisierter Fragebogen aufgebaut, den der Inhaber einer Stelle ausfüllt. Ziel der Befragung ist es, das vom Stelleninhaber wahrgenommene Motivationspotenzial der Stelle zu erkunden (→ Anreize). Durch den JDS können Wirkungen von vergangenen Arbeitsgestaltungsmaßnahmen beurteilt und Potenzial zukünftiger Maßnahmen aufgedeckt werden.

Job Discrimination – I. Personalmanagement: Erscheinung, dass bestimmte Personen im Arbeitsleben benachteiligt (diskriminiert) werden, meist in Form von Unterbezahlung, Anstellung in untergeordneten Positionen oder Behinderung beim beruflichen Aufstieg.

II. Arbeitsrecht: Gleichbehandlung.

Jobenlargement – *Arbeitserweiterung, Arbeitsfeldvergrößerung;* Arbeitsgestaltungsmaßnahme, die durch Vergrößerung der Vielfältigkeit der Arbeitsvollzüge auf eine Verringerung der horizontalen Arbeitsteilung und der → Monotonie abzielt. – Vgl. auch → Arbeitsgestaltung, → Jobenrichment.

Jobenrichment – *Arbeitsbereicherung;* Maßnahme der → Arbeitsgestaltung, die durch eine Erweiterung des Entscheidungs- und Kontrollspielraums auf eine Verminderung der Arbeitsteilung abzielt. Verbindet sich häufig mit der Förderung der → Arbeitsmotivation und → Arbeitszufriedenheit. – Vgl. auch → Arbeitsgestaltung, → Jobenlargement.

Jobrotation – 1. *Systematischer Arbeitsplatzwechsel* zur Entfaltung und Vertiefung der Fachkenntnisse und Erfahrungen geeigneter Mitarbeiter oder zur Vermeidung von Arbeitsmonotonie und einseitiger Belastung im Sinn einer → Humanisierung der Arbeit, wobei i.d.R. nur der Tätigkeits- nicht aber der Entscheidungsspielraum erweitert wird. – 2. Methode zur *Förderung des Führungsnachwuchses* und zur Weiterbildung betrieblicher Führungskräfte. – 3. *Qualifizierungsmaßnahme* durch Arbeitsmarktpolitik der Arbeitsagenturen, um Mitarbeiter für unterschiedliche Arbeitsplätze zu qualifizieren und Flexibilität zu trainieren.

Jobsharing – *Arbeitsplatzteilung;* bes. Form des Teilzeitarbeitsverhältnisses. Dem Arbeitsverhältnis liegt ein zwischen dem Arbeitgeber und zwei oder mehreren Arbeitnehmern geschlossener Arbeitsvertrag zugrunde, in dem diese sich verpflichten, sich die Arbeitszeit an einem Vollarbeitsplatz zu teilen. Innerhalb der Gesamtarbeitszeit sieht dieses *Arbeitszeitmodell* einen flexiblen Umgang mit der jeweiligen Arbeitszeit der Arbeitnehmer vor. – *Gesetzliche Grundlage:* § 13 Teilzeit- und Befristungsgesetz (TzBfG). – Für den Arbeitgeber liegt ein entscheidener Vorteil gegenüber dem reinen Teilzeitarbeitsverhältnis darin, dass der Arbeitsplatz während der gesamten betriebsüblichen Arbeitszeit besetzt ist. Die Frage, ob der Arbeitnehmer den Partner im Fall einer vorübergehenden Verhinderung vertreten muss, richtet sich nach der für den einzelnen Vertretungsfall geschlossenen Vereinbarung (§ 13 I TzBfG). Die Pflicht zur Vertretung kann auch vorab für den Fall eines dringenden betrieblichen Erfordernisses vereinbart werden; dann ist der Arbeitnehmer zur Vertretung nur verpflichtet, soweit sie ihm im Einzelfall zumutbar ist. – Wegen des *Ausscheidens eines Partners* ist die Kündigung der anderen Arbeitnehmer nicht zulässig (§ 13 II TzBfG).

Jubiläumszuwendung – Zuwendung des Arbeitgebers an einen Arbeitnehmer aus Anlass eines Arbeitnehmer- oder Firmenjubiläums. Die Jubiläumszuwendung soll die Dauer der Betriebszugehörigkeit des Arbeitnehmers honorieren. Die frühere Steuerbefreiung von Jubiläumszuwendungen ist seit 1999 entfallen.

K

Kapitalbeteiligung – Beteiligung des Arbeitnehmers am Kapital des arbeitgebenden Unternehmens. Das Aufbringen einer Kapitaleinlage durch den Mitarbeiter kann erfolgen durch → Erfolgsbeteiligung, Unternehmenszuwendungen, staatliche Prämien und Eigenleistungen. Die Verwendungsseite der Kapitalbeteiligung, also die Form der Kapitalbeteiligung, ist abhängig von der Rechtsform der Unternehmung. Je nach Organisationsform ergeben sich Unterschiede in der steuer-, arbeits- und gesellschaftsrechtlichen Behandlung. Zu unterscheiden ist grundsätzlich zwischen Eigen- und Fremdkapitalbeteiligungen sowie eigenkapitalähnlichen Beteiligungen (bes. stille Beteiligung). – Vgl. auch → materielle Mitarbeiterbeteiligung.

Karriereplanung – Teil der langfristigen → Personalplanung im Bereich des Führungsnachwuchses mit dem Ziel, den zukünftigen Bedarf an Führungskräften durch rechtzeitige personalpolitische Entscheidungen sicherzustellen (→ Personalmanagement). Grundlage der Karriereplanung bildet die → Mitarbeiterbeurteilung. Instrumente sind u.a. Aus- und Weiterbildungsmaßnahmen, → Jobrotation. Sichtbarer Niederschlag der Karriereplanung sind *personenbezogene Laufbahn- oder Karrierepläne* über Tätigkeitsart, -ort und -dauer eines Mitarbeiters, d.h. zugleich Regelung des → Personaleinsatzes auf längere Sicht. Die individuelle Karriereplanung wird ergänzt durch Aufstellung normierter Laufbahnen. Zur Karriereplanung zählt auch die *Nachfolgeplanung*. Sie bietet dem Unternehmen Sicherheit bei der Nachfolge von Positionen. – Karriereplanung dient auch als *Instrument der Anreizpolitik* einer Organisation. – Vgl. auch Personalentwicklung, → Anreizsystem.

Katalogisierungsverfahren → Arbeitsbewertung.

Kennzahlen in der Personalwirtschaft → Personalkennzahlen.

Kernarbeitszeit – determiniert den Zeitraum zwischen dem spätesten Arbeitsbeginn und dem frühesten Arbeitsende, in der die Arbeitnehmer am Arbeitsplatz anwesend sein müssen. – Vgl. auch → gleitende Arbeitszeit.

Klima – von einer sozialen Einheit (Gruppe oder gesamte Organisation) wahrgenommene Beschreibung ihrer sozialen Einheit. Beim Organisationsklima können z.B. Einschätzungen u.a. zu den Aspekten Kollegen, Vorgesetzte, Information und Mitsprache, Zusammenarbeit zwischen den Bereichen etc. unterschieden werden.

Kognition – *Kenntnis, Erkenntnis*; in konstruktivistischer Perspektive (Konstruktivismus) ein biologisches Phänomen der Lebensbewältigung. Demnach verfügt ein Lebewesen über Kognition, wenn es in der Lage ist, seine Fortexistenz unter dem Einfluss von (störenden) Außenreizen zu erhalten. Die Zuschreibung von Kognition geschieht durch einen Beobachter des Lebewesens, wenn er bei diesem erfolgreiche Störungsbewältigung feststellt. Kognition kann also auch mit überlebensverträglichem Handeln umschrieben werden. In Bezug auf die Möglichkeit des neuzeitlichen Menschen, Erkenntnisse über seine überlebensrelevante Umwelt zu generieren, werden zunehmend Kognitionsbarrieren (Virtualisierung und Entsinnlichung der Welt, Problematik der Begrenzung des Zeithorizonts menschlicher Wahrnehmung, Komplexitätszuwachs der überlebensrelevanten Umwelt) diskutiert. Derartige neuzeitliche Tendenzen scheinen die evolutionäre Passung des Menschen und damit seine Überlebensfähigkeit zu gefährden (Koevolution). – Innerhalb des psychischen Systems werden kognitive Vorgänge, die als gedankliche oder rationale Prozesse verstanden werden, den aktivierenden Konzepten → Emotion, → Motivation und Einstellung gegenübergestellt. Die kognitiven Prozesse beziehen sich auf die Informationsaufnahme des Menschen durch die Wahrnehmung, die Beurteilung des Wahrgenommenen, die Speicherung des Wahrgenommenen im Gedächtnis sowie die Verknüpfung dieser Gedächtnisinhalte zu einem System des Wissens.

kognitive Dissonanz – 1. *Begriff:* → Kognitionen sind Erkenntnisse des Individuums über die Realität. Einzelne Kognitionen können in einer Beziehung zueinander stehen. Kognitive Dissonanz entsteht, wenn zwei zugleich bei einer Person bestehende Kognitionen einander widersprechen oder ausschließen. Das Erleben dieser Dissonanz führt zum Bestreben der Person, diesen Spannungszustand aufzuheben, indem eine Umgebung aufgesucht wird, in der sich die Dissonanz verringert oder selektiv Informationen gesucht werden, die die Dissonanz aufheben. – 2. *Beispiel:* Das Wissen über ein erhöhtes Krebsrisiko kann bei Rauchern kognitive Dissonanz hervorrufen, denn die positive Einstellung zum Rauchen steht im Widerspruch zu den unerwünschten Konsequenzen. – 3. *Möglichkeiten der Dissonanzreduktion:* (1) Vermeidung von kognitiver Dissonanz durch Nichtwahrnehmung oder Leugnen von Informationen; (2) Änderung von Einstellungen oder Verhalten (Verzicht auf das Rauchen, Abwerten der Glaubwürdigkeit medizinischer Forschungsergebnisse); (3) selektive Beschaffung und Interpretation dissonanzreduzierender Informationen (z.B. ein starker Raucher wurde 96 Jahre alt). – 4. *Bedeutung für das Marketing:* kognitive Dissonanz kann vor und nach wichtigen Kaufentscheidungen auftreten. Sie entsteht sehr oft, wenn die betrachteten Alternativen sowohl Vor- als auch Nachteile haben. Dies führt zu einem kognitiven Konflikt für den Entscheider, wodurch es (bezogen auf den Kaufprozess) zu einer Verzögerung oder gar zu einem Nichtkauf bzw. Rücktritt vom Kauf kommen kann. Ziel des Marketings muss es deshalb sein, kognitive Dissonanz zu verhindern bzw. zu reduzieren. Möglichkeiten: Vermindern der Bedeutung einer Entscheidung, Nachkauf-Werbung auf Gebrauchsanweisungen etc.

Kommunikation – I. Kommunikationswissenschaft: 1. *Begriff:* a) *I.w.S.:* Prozess der Übertragung von Nachrichten zwischen einem Sender und einem oder mehreren Empfängern. – b) *I.e.S.:* Austausch von Botschaften oder Informationen zwischen Personen. Als Kommunikationskanäle werden die Sprache einerseits sowie die Körpersprache (nonverbale Kommunikation), u.a. Mimik, Gestik, Blickkontakt, räumliche Distanz verwendet. In der wissenschaftlichen Analyse werden die kommunizierenden Personen meist Kommunikator und Rezipient genannt, die zwischen beiden vermittelnde Nachricht auch Mitteilung oder (allg.) Zeichen. Ein abstrakter Ansatz zur Analyse von Kommunikations- und Zeichenprozessen ist die Semiotik. – 2. *Inhalt/Inhaltsaspekte:* Der Ausdruck „Mitteilung" verweist darauf, dass Kommunikator und Rezipient etwas miteinander teilen. Dieses Gemeinsame ist zunächst der „Inhalt" der Mitteilung. Es können drei Inhaltsaspekte analytisch unterschieden werden: (1) Ihr Bezug auf Objekte oder Sachverhalte *(Darstellungsfunktion)*, (2) der Bezug auf Eigenschaften oder Absichten des Kommunikators *(Ausdrucksfunktion)* und (3) der Bezug auf Reaktionen des Rezipienten *(Appellfunktion)*. Darüber hinaus hat jede Mitteilung auch einen *Beziehungsaspekt*. Sie definiert und reguliert die soziale Beziehung zwischen Kommunikator und Rezipient. – Vgl. auch Kommunikationsforschung, Kommunikationspolitik.

II. Organisation: 1. *Begriff:* Prozess, bei dem Informationen mit dem Ziel, sich über Aufgaben zu verständigen, ausgetauscht werden. Fach- und Führungskräfte verbringen den größten Anteil ihrer Arbeitszeit mit Kommunikation. Die Effizienz der Kommunikation wird neben der individuellen Fähigkeit der Personen auch wesentlich durch die

→ Kommunikationsstruktur beeinflusst. – 2. *Typen:* (1) Nach dem *Inhalt der Aufgabe,* in deren Rahmen die Kommunikation durchgeführt wird: Einzelfallbezogene (individualisierte), sachfallbezogene und routinefallbezogene (programmierte) Kommunikation; (2) nach der *formalen Regelung des Kommunikationsweges:* Dienstweggebundene und ungebundene Kommunikation; (3) nach der *organisatorischen Eingliederung der Kommunikationspartner:* Innerorganisatorische und organisationsübergreifende Kommunikation; (4) nach dem *auslösendem Kriterium:* Formelle (d.h. durch den Organisationsplan bestimmte) und informelle (d.h. im Rahmen zwischenmenschlicher Kontakte stattfindende) Kommunikation; (5) nach dem *Empfänger* der zu übermittelnden Information: Individualkommunikation und Massenkommunikation; (6) nach der *Richtung des Informationsflusses:* Ein- und wechselseitige Kommunikation; (7) nach der *zeitlichen Abstimmung der Kommunikationspartner* und des damit verbundenen Erfordernisses einer Zwischenspeicherung der übermittelten Informationen: Synchrone und asynchrone Kommunikation; (8) nach den *organisatorischen Ebenen,* denen die Kommunikationspartner zugeordnet sind: Horizontale und vertikale Kommunikation.

Kommunikationsstruktur – formale Art, wie der Informationsfluss in einer Gruppe (z.B. Projektgruppe, Abteilung) erfolgt. Es wird zwischen den Kommunikationsstrukturen Stern, Y, Kette, Kreis und Voll-Struktur unterschieden (vgl. Abbildung „Kommunikationsstruktur"). *Zentralisierte Strukturen* (z.B. der „Stern") sind gekennzeichnet durch eine hohe Gruppenleistung und eine klare Identifikation der Führungskraft, gleichzeitig aber auch durch eine hohe Unzufriedenheit der Gruppenmitglieder. *Dezentralisierte Strukturen* (z.B. „Vollstruktur") führen zu gegenteiligen Effekten.

Konation – die mit einer Einstellung verbundene Handlungsabsicht; sie ist somit die Prädisposition z.B. zur Wahl eines bestimmten Produktes.

Konditionieren – ein v.a. in verschiedenen Lerntheorien (→ Behaviorismus) gebräuchliches Konstrukt, das auf die Verbindung verschiedener Elemente aufgrund spezifischer Erfahrungen hinweist. – 1. Innerhalb der Theorie des *klassischen Konditionierens* (V. Pawlow) werden zwei Reize aufgrund ihrer

Kommunikationsstruktur

Beurteilungskriterium	Stern	Y	Kette	Kreis	Voll-Struktur
Zentralisation	sehr hoch	hoch	mittel	niedrig	sehr niedrig
Kommunikationsvorgänge	sehr wenige	sehr wenige	mittel	viele	sehr viele
Führung	sehr hoch	hoch	mittel	niedrig	sehr niedrig
Gruppenzufriedenheit	niedrig	niedrig	mittel	mittel	hoch
individuelle Zufriedenheit der Führenden	hoch	hoch	mittel	niedrig	sehr niedrig

Quelle: Rosenstiel, L. von (2000). Grundlagen der Organisationspsychologie. Stuttgart: Schäffer-Pöschel, S. 287

räumlichen oder zeitlichen Nähe miteinander verbunden. Wird ein neutraler Reiz, der zunächst für das Individuum keine Bedeutung hat, häufig zusammen mit einem unbedingten Reiz, der angeborenermaßen oder aufgrund von Vorerfahrung eine bestimmte Reaktion auslöst, dargeboten, so löst schließlich auch der ursprünglich neutrale Reiz die gleiche Reaktion aus. Der neutrale Reiz wurde konditioniert. – 2. Im Rahmen der Theorie des *instrumentellen Konditionierens* (E. Thorndike) bzw. der sehr ähnlichen des operanden Konditionierens (B.F. Skinner) geht es um den Aufbau der Verbindung eines Reizes mit einer Reaktion. Die Wahrscheinlichkeit des Auftretens einer Reaktion auf den Reiz erhöht sich, wenn die Konsequenzen, die der Reaktion folgen, für das Individuum positiv sind (Verstärkungsprinzip). – 3. Die positive Konsequenz auf das Verhalten muss nicht beim Individuum selbst auftreten; es kann sie auch bei anderen Personen beobachten. Wird aus dieser Beobachtung sichtbar, dass die beobachtete Person mit einem bestimmten Verhalten zu einem Ergebnis gelangt, das auch für die beobachtende Person positiv wäre, so wird diese mit größerer Wahrscheinlichkeit das entsprechende Verhalten zeigen. Man spricht dann von *Modelllernen* oder stellvertretender Verstärkung (A. Bandura).

Konflikt – 1. *Begriff*: Prozess der Auseinandersetzung, der auf unterschiedlichen Interessen von Individuen und sozialen Gruppierungen beruht und in unterschiedlicher Weise institutionalisiert ist und ausgetragen wird. – 2. *Arten*: a) *Grundsätzlich*: (1) Sind sich die Parteien des Konflikts bewusst, liegt ein *manifester Konflikt* vor. (2) Wenn sich die Parteien des Konflikts (noch) nicht bewusst sind, die Situation aber so angelegt ist, dass ein Konflikt sehr wahrscheinlich ist oder die Parteien sich ihrer unvereinbaren Handlungstendenz zwar bewusst sind, sie deren Verwirklichung aber noch nicht gewagt haben, dann liegt ein *latenter Konflikt* vor. –, b) *Sozialer Konflikt*: Interaktion zwischen Akteuren, wobei mind. ein Akteur Unvereinbarkeiten im Denken, Fühlen und Verhalten mit dem zweiten Akteur in einer Art erlebt, dass im Realisieren eine Beeinträchtigung stattfindet. (1) *Zielkonflikt*: Zwei oder mehr in einem Abhängigkeitsverhältnis agierende Personen verfolgen unterschiedliche Ziele. (2) *Bewertungskonflikt*: Die Effektivität oder Wirkung unterschiedlicher Methoden zur Zielerreichung werden unterschiedlich bewertet. (3) *Verteilungskonflikt*: Die Parteien können sich nicht über die Verteilung von Ressourcen (persönliche, monetäre, technische o.Ä.) einigen. (4) *Persönlicher Konflikt*: Menschen verspüren intrapsychisch unterschiedliche Entscheidungs- oder Verhaltenstendenzen. (5) *Beziehungskonflikt*: In der zwischenmenschlichen Beziehung kommt es zu Störungen. (6) *Rollenkonflikt*: Menschen sind widersprüchlichen Rollen(-erwartungen) ausgesetzt. – c) *Konflikte in Organisationen*: Spannungssituationen, in denen voneinander abhängige Menschen versuchen, unvereinbare Ziele zu erreichen oder gegensätzliche Handlungspläne zu verwirklichen. – 3. *Funktion von Konflikten*: Konflikte führen zu einem gesellschaftlichen Wandel: zur Anpassung sozialer Normen bzw. der Entwicklung neuer sozialer Normen und Regeln. Dadurch entstehen neue soziale Strukturen und Institutionen. Hinter dieser Position, die Konflikt als funktional für die Gesellschaft definiert, steht ein Konflikt-Modell einer Gesellschaft, das auf der Annahme eines Pluralismus unterschiedlicher und auch kontroverser Interessen, Einstellungen und Werte beruht und in dem die gewaltfreie Regelung von Konflikten die zentrale Integrationsleistung darstellt. Soziale Konflikte können jedoch nicht grundsätzlich als funktional im Sinn sozialer Integration begriffen werden (v.a. Kriege, Revolutionen, Bürgerkriege).

Konfliktmanagement – Feststellung, Steuerung und Regelung von → Konflikten durch spezifische Handhabungsformen, etwa Verhandlung, Vermittlung, Schlichtung, einschließlich Zwangsschlichtung. – Vgl. auch → Mediation.

Konformität – Begriff aus der Gruppenpsychologie. Konformität bezeichnet einen auf das Individuum wirkenden Druck, sich so zu verhalten, wie es in der Gruppe von ihm erwartet wird. Dieser Druck kann (1) von den mit Macht ausgestatteten Personen in der Gruppe ausgehen *(Autoritätsdruck)* aber auch (2) von der Mehrheit bestimmt werden *(Majoritätsdruck).* Die Anpassung an Verhaltensweisen der Gruppenmitglieder in den für die Gruppe wichtigen Erlebens- und Verhaltensbereichen lässt sich allerdings auch dann feststellen, wenn das Individuum bewusst keinen Druck durch die Autorität oder die Mehrheit registriert.

Konsumpsychologie → Konsum- und Marktpsychologie.

Konsum- und Marktpsychologie – Teilbereich der → Wirtschaftspsychologie. – *Begriff/Entwicklung:* Nach dem Zweiten Weltkrieg entstandener Forschungsbereich unter dem Eindruck der auftretenden Absatzprobleme (Übergang vom Verkäufermarkt zum Käufermarkt). Ökonomische Modelle zur Erklärung individuellen Kaufverhaltens, die v.a. den Preis als entscheidenden Faktor und den Konsumenten als rational nutzenmaximierend (Homo oeconomicus) ansehen, reichten nicht aus; aufgrund des gestiegenen Wohlstands verringerte sich der Zwang zum ökonomisch-rationalen Verhalten. – a) Aufbauend auf der psychologischen Marktanalyse wurden zunächst v.a. *psychologische Marktinterventionsstrategien* entwickelt: u.a. Werbepsychologie, Produktgestaltung, Verpackungsgestaltung, Preisgestaltung, Verhandlungsführung hinsichtlich Verkaufsgesprächen. – b) Von kurzer Bedeutung war die *Motivforschung,* die von einem irrationalen Käuferbild ausging. – c) Versuche, *Konzepte der allg. Sozialpsychologie* zur Erklärung von Käuferverhalten heranzuziehen (z.B. Erwartungs-Valenz-Konzept, Leistungsmotivationstheorie (Risikovermeidung beim Kauf)) sowie *kognitionspsychologische Konzepte* (der Mensch als informationsverarbeitendes Wesen). – Vgl. auch → kognitive Dissonanz. – d) *Totalmodelle* (Howard-Sheth u.a.).

Kontingenztheorie der Führung → Führungstheorie von F. E. Fiedler. Wichtiges Kennzeichen der Kontingenztheorie der Führung ist es, dass situativen Einflüssen *(Kontingenzfaktoren)* auf den Führungserfolg eine zentrale Bedeutung eingeräumt wird, d.h. unterschiedliche Führungsstile sind in unterschiedlichen Situationen unterschiedlich effizient. Fiedler unterscheidet einen aufgaben- und einen mitarbeiterorientierten → Führungsstil. Der Führungserfolg sowohl von mitarbeiter- als auch aufgabenorientierten Führern wird nach Fiedler von der situativen Günstigkeit (Positionsmacht des Vorgesetzten, Merkmale der Aufgabenstruktur sowie interpersonellen Beziehungen) bestimmt. – Fiedler zufolge ist es bei unzureichendem Führungserfolg zweckmäßig, entweder situative Bedingungen zu verändern oder Führungspersonen anders einzusetzen. Änderungen des individuellen Führungsstils erscheinen hingegen nicht sinnvoll, da dieser eher als überdauerndes Persönlichkeitsmerkmal denn als kurzfristig veränderbares Verhaltensmuster interpretiert wird. – Vgl. auch → Leader-Match-Konzept.

Konzentrationsfähigkeit – Fähigkeit zur Zusammenfassung der geistigen Kräfte, d.h. zur Bereitstellung der frei verfügbaren Energie, um diese für eine auszuführende Leistung aufmerksam und durchhaltend einzusetzen. – *Gemessen* wird Konzentrationsfähigkeit häufig mit dem Arbeitsversuch. Die vorhandene Konzentrationsfähigkeit wird in Form einer Arbeitskurve festgehalten.

kooperativer Führungsstil → Führungsstil.

Kreativität – bezeichnet i.d.R. die Fähigkeit eines Individuums oder einer Gruppe, in phantasievoller und gestaltender Weise zu denken und zu handeln. Die Bedingungen für Kreativität werden oftmals nach den vier Ps der Kreativität eingeteilt, und zwar nach person (Person), process (Prozess), product

(Produkt) und press (Umwelt). Zu den kreativitätsförderlichen Aspekten der Person gehören bspw. Personenmerkmale wie Offenheit für Erfahrung, Verantwortungsgefühl oder hohe allg. kognitive Fähigkeiten. Der Kreativitätsprozess wird meist als typische Abfolge von Problemidentifikation (Erkennen von Problemen), Vorbereitungsphase (notwendige Informationen werden gesammelt), Generierungsphase (mögliche Lösungen werden entwickelt) und Beurteilungsphase (Analyse der Lösungen) beschrieben.

Die Aufgabenstellungen in den einzelnen Phasen können durch den Einsatz verschiedener Techniken unterstützt werden (z.B. Brainwriting in der Vorbereitungsphase). Kennzeichnend für kreative Produkte ist, dass sie gleichzeitig neu und angemessen, nützlich oder wertvoll für die Lösung eines Problem sind. Zu den kreativitätsförderlichen Umweltaspekten gehören bspw. das Teamklima für Kreativität und Innovation oder eine qualitativ gute Beziehung zwischen Geführten und Führungskraft.

Laboratoriumstraining – Methode der → Gruppendynamik, bei der die Teilnehmer Verhaltensänderungen nicht am Arbeits- oder am normalen Lebensplatz erproben und festigen, sondern als Trainingsgruppe (T-Group) in neutraler Umgebung. Diese Form der Selbsterfahrungsgruppe wird bei der → Organisationsentwicklung eingesetzt.

Laissez-Faire-Führungsstil → Führungsstil.

Lärm – I. Arbeitswissenschaft: wesentlicher, bei der Wahl und Gestaltung des Arbeitsplatzes (→ Arbeitsplatzgestaltung) zu berücksichtigender Faktor. Lärm von bestimmter Frequenz und Lautstärke, bes. unregelmäßiger Lärm, hat gesundheitliche Schädigung und Beeinträchtigung der Arbeitsleistung zur Folge. Beseitigung oder Verminderung des Lärms kann leistungssteigernde Wirkung haben. Entscheidend ist neben der technisch gemessenen Lautstärke die individuelle menschliche Reaktion (Geräuschempfindlichkeit). – Mit folgenden *Wirkungen* muss gerechnet werden: (1) *Lärmbereich I (30–65 dB)*: Lärm kann als störend und belästigend empfunden werden. (2) *Lärmbereich II (65–90 dB)*: Neben den psychischen Wirkungen treten bereits Verengungen in den Blutgefäßen an Armen und Händen auf. (3) *Lärmbereich III (90–120 dB)*: Gefahr einer dauerhaften Gehörschädigung. (4) *Lärmbereich IV (über 120 dB)*: Überschreitung der Schmerzgrenze; bereits nach kurzer Einwirkzeit kann ein deutlicher und dauerhafter Hörverlust eintreten. – *Maßnahmen zur Lärm-Dämpfung*: schalldämpfende Baustoffe, Isolierungen, Doppelfenster, zweckentsprechende Maschinenkonstruktionen, Arbeitsplatzverlegung, Gehörschutz u.a.

II. Rechtliche Regelungen zur Lärmbekämpfung: Nach Art. 74 I Nr. 24 GG gehört die Lärmbekämpfung zur konkurrierenden Gesetzgebung des Bundes. Davon hat der Bund v.a. mit dem Bundesimmissionsschutzgesetz (BImSchG) Gebrauch gemacht. Es enthält die wesentlichen öffentlich-rechtlichen Regelungsgrundlagen zum Schutz vor und zur Bekämpfung von Lärm, soweit es um die Errichtung und den Betrieb von Anlagen und den Bau öffentlicher Straßen geht. Zu den Anlagen gehören nicht nur ortsfeste Anlagen, sondern auch Maschinen, Geräte und Fahrzeuge (vgl. § 2 BImSchG). Bedeutsam sind v.a. die auf der Grundlage des BImSchG erlassenen Rechtsverordnungen, namentlich die Verordnung über genehmigungsbedürftige Anlagen (4. BImSchV) i.d.F. vom 14.3.1997 (BGBl. I 504) m.spät.Änd.; die VerkehrslärmschutzVO (16. BImSchV) vom 12.6.1990 (BGBl. I 1036) m.spät.Änd. und die SportanlagenlärmschutzVO (18. BImSchV) vom 18.7.1991 (BGBl. I 1588, 1790) m.spät.Änd.; die Verkehrswegeschallschutzmaßnahmenverordnung (24. BImSchV) vom 4.2.1997 (BGBl. I 172); die Geräte- und Maschinenlärmschutzverordnung (32. BImSchV) vom 25.8.2002 (BGBl. I 3478). Ferner ist die Sechste Allgemeine Verwaltungsvorschrift zum BImSchG (Technische Anleitung zum Schutz gegen Lärm (TA Lärm)) vom 26.8.1998 (GMBl 503) von Relevanz. Das Gesetz zum Schutz gegen Fluglärm i.d.F vom 31.10. 2007 (BGBl. I 2550) m.spät.Änd. soll durch die Einführung von Lärmschutzbereichen die Allgemeinheit vor Gefahren, erheblichen Nachteilen und erheblichen Belästigungen durch Fluglärm in der Umgebung von Flugplätzen schützen; vgl. auch die Landeplatz-Lärmschutz-Verordnung vom 5.1.1999 (BGBl. I 35). – Gemäß Nr. 3.7 des Anhangs zur *Arbeitsstättenverordnung* vom 12.8.2004 (BGBl. I 2179) m.spät. Änd. ist in Arbeitsstätten der Schalldruckpegel so niedrig zu halten, wie es nach der Art des Betriebes möglich ist. Der Schalldruckpegel am Arbeitsplatz in Arbeitsräumen ist in Abhängigkeit von der Nutzung und den zu verrichtenden Tätigkeiten so weit zu reduzieren, dass keine Beeinträchtigungen der Gesundheit der Beschäftigten entstehen. Lärm ist Schall, der das Gehör schädigen kann oder zu bes. Unfallgefahren führt. Daher sind Arbeitsstätten so einzurichten und Arbeitsverfahren so zu gestalten, dass auf den Arbeitenden kein Lärm einwirkt. Wirkt trotz des Ausschöpfens der technischen Möglichkeiten weiterhin Lärm ein, so sind → persönliche Schallschutzmittel zu tragen. Ziel der Lärmbekämpfung gemäß den Bestimmungen der Unfallverhütungsvorschriften ist jedoch die primäre Lärmminderung (Bekämpfung des Lärms an seinem Ursprung).

Latenzzeit → Reaktionszeit.

Laufbahnplanung → Personalplanung, → Karriereplanung.

Leader-Match-Konzept – führungstheoretischer Ansatz (→ Kontingenztheorie der Führung), der die Effektivität von Führung in den Mittelpunkt der Betrachtung stellt. Ob ein Vorgesetzter (Leader) effektiv ist, hängt von seinem → Führungsstil und der Günstigkeit der Situation ab. Dabei ist der Führungsstil kein typisches Verhaltensmuster, sondern eine dauerhafte Persönlichkeitseigenschaft, die von den motivationsbestimmenden Erfahrungen bestimmt wird. – Fiedler wendet verschiedene soziometrische Verfahren zur Bestimmung des Führungsstils und der Günstigkeit der Situation an, um bei der Gestaltung Hilfen anzubieten.

Lebenslauf – Der Lebenslauf (auch Curriculum Vitae) listet die wichtigsten individuellen Daten einer Person auf, er stellt somit eine Darstellung des Lebens- und Ausbildungsganges, z.B. als Teil einer → Bewerbung. Heute meist in tabellarischer Form; Aussagefähigkeit auf Zeitfolgeanalyse und Positionenanalyse beschränkt. In nicht tabellarischer Form gibt Gestaltung und Aufbau des Lebenslaufs erste Hinweise auf die Person des Bewerbers.

Lebensstil – für eine Person oder eine Personengruppe kennzeichnende Kombination von Verhaltensweisen. Diese Kombination stellt ein Muster dar, das die Person oder Personengruppe von anderen sichtbar unterscheidet. Der Lebensstil repräsentiert kulturelle oder subkulturelle Orientierungswerte. Das Konzept des Lebensstils wurde v.a. in die Marktpsychologie aufgenommen, um zu analysieren, welche Verhaltensmuster mit welchen Konsumneigungen verbunden sind. – *Kennzeichnungsmerkmale:* (1) Psychographische Merkmale von Konsumenten, z.B. Einstellungen und → Motive; (2) Konsumverhalten: Art und Menge der konsumierten Güter. – *Bedeutung:* Segmentierungskriterium zur Bildung von homogenen Käufergruppen, die im Rahmen der Zielplanung verwendet werden (Marktsegmentierung).

Leibesvisitation – 1. *Begriff:* körperliche Durchsuchung, u.a. angewandt auf Arbeitnehmer beim Verlassen des Betriebes, nur unter der Voraussetzung bes. Rechtfertigungsgründe und bei Beachtung der Verpflichtung zu völliger Gleichbehandlung. Weibliche Betriebsangehörige sind nur von Frauen zu durchsuchen. – 2. *Rechtfertigungsgründe:* (1) Schutz von Leben und Gesundheit der Belegschaft; (2) Sicherung des Betriebes und des Betriebseigentums. Umstritten ist, ob der Arbeitgeber einseitig aufgrund seines Weisungsrechtes zu Leibesvisitation berechtigt ist. Die h.M. fordert eine vertragliche Grundlage bei Einzelarbeitsvertrag, Betriebsvereinbarung oder Tarifvertrag. – 3. Verpflichtung zur *Gleichbehandlung:* keine willkürliche Auswahl der zu visitierenden Personen, sondern möglichst stichprobenweise Leibesvisitation unter Anwendung einer Automatik (z.B. Aufleuchten eines roten Lichtes in unregelmäßigen Abständen beim Durchgang der Belegschaftsmitglieder) zur Auswahl der Betroffenen. – Vgl. auch Torkontrolle, Durchsuchung, → Werkschutz.

Leistungsbereitschaft – 1. *Allgemein:* Voraussetzung für das Erbringen von Leistungen (*Betriebsbereitschaft*). Hierzu sind nicht nur die Bereitstellung der entsprechenden Produktionsfaktoren erforderlich, sondern auch andere Vorbereitungsmaßnahmen. Aufrechterhaltung der Leistungsbereitschaft verursacht fixe Kosten (Bereitschaftskosten). – 2. *Personalwirtschaftlich:* neben Leistungsfähigkeit grundlegende Determinante des Arbeitsverhaltens. Das Ausmaß der individuellen Leistungsbereitschaft ist abhängig von der Motivstärke und den Merkmalen der Arbeitssituation (Tätigkeitsmerkmale, finanzielle Anreize, Vorgesetztenverhalten etc.). Die Leistungsbereitschaft stellt den Umfang dar, indem der Mitarbeiter bereit ist sein Leistungsvermögen der Unternehmen zur Verfügung zu stellen.

Leistungsbeteiligung – Form der → Erfolgsbeteiligung nach leistungsbezogenen Zurechnungsgrößen. Bemessungsgrundlage ist die im Abrechnungszeitraum erzielte Arbeitsleistung, wobei die individuelle, gruppenbezogene oder kollektive Arbeitsleistung für die Leistungsbeteiligung ausschlaggebend sein kann. Voraussetzung ist vielfach ein gut ausgebautes System der Kostenrechnung.

Leistungsbeurteilung → Mitarbeiterbeurteilung.

Leistungsbewertung → Arbeitsbewertung, → Lohngruppen, Leistungsgrad.

Leistungskurve – Die Leistungskurve, auch Arbeitskurve genannt, ist die Darstellung der Arbeitsleistung eines Arbeitnehmers in Abhängigkeit von der Tageszeit unter Berücksichtigung seiner Durchschnittsleistung (100 Prozent). Sie weist, wie man der Grafik entnehmen kann, ein Vormittags- und ein Nachmittagsmaximum auf. – Vgl. Abbildung „Leistungskurve".

Leistungslohn – Leistungslohn wird auch leistungsorientierte Vergütung genannt. Er ist eine Form der Entlohnung, bei der nicht nur die im Betrieb verbrachte Anwesenheitszeit vergütet, sondern die während der Anwesenheitszeit vollbrachte Leistung berücksichtigt wird. – *Formen:* (1) → Akkordlohn; (2) → Prämienlohn; (3) → Zeitlohn.

Leistungsmotivation – Bestreben, die eigene Tüchtigkeit in allen jenen Tätigkeiten zu steigern oder möglichst hoch zu halten, in denen man einen Gütemaßstab für verbindlich hält und deren Ausführung gelingen oder misslingen kann (Heckhausen). Die Leistungsmotivation resultiert aus dem Zusammenspiel von Merkmalen einer Person, dem Leistungsmotiv und dem Anregungscharakter einer Situation (d.h. dem Ausmaß, in dem eine Situation das Leistungsmotiv anregt). Beim Leistungsmotiv können die zwei Komponenten „Hoffnung auf Erfolg" und „Furcht vor Misserfolg" unterschieden werden. Das Ausmaß der Leistungsmotivation beeinflusst die Anstrengung, das Wahlverhalten und die Leistung von Personen.

Leistungsorientierung → Führungsverhalten.

Leistungsprämie → Prämie.

Leistungsrestriktion – gezielte Leistungsminderung, bei der die Produktionsrate (oder die Qualitätsstufe) unter das Niveau der normalen Leistungsfähigkeit gedrückt wird (z.B. „Dienst nach Vorschrift").

Leistungszulage → Zulage.

Lernen – absichtlicher (intentionales Lernen), beiläufiger (inzidentelles und implizites Lernen), individueller oder kollektiver Erwerb von geistigen, körperlichen und sozialen Kenntnissen und Fertigkeiten. Aus lernpsychologischer Sicht wird Lernen als ein Prozess der relativ stabilen Veränderung des Verhaltens, Denkens oder Fühlens (verarbeiteter

Leistungskurve

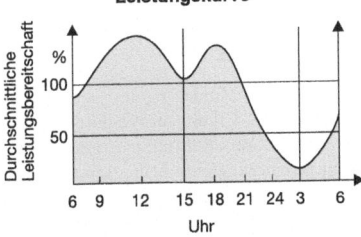

Wahrnehmung der Umwelt oder Bewusstwerdung eigener Regungen) aufgefasst (Qualifikation).

Lernstatt – Gruppe von i.d.R. sechs bis acht (freiwilligen) Mitarbeitern, die eine selbst gestellte Aufgabe bearbeitet. Ursprünglich entwickelt zur besseren betrieblichen Integration von ausländischen Mitarbeitern. Erfahrungen zeigten, dass so auch betriebliche Probleme zu lösen seien (→ Hawthorne-Effekt). Die Lerngruppen beschäftigen sich z.B. mit Themen, die im Zusammenhang mit der Bildung eines Qualitätsbewußtseins, der Schaffung einer Indentifikation mit dem Betrieb, der Bereitschaft für Veränderungen, einer übergreifenden Zusammenarbeit und der persönlichen wie fachlichen Qualifikationerweiterung stehen. Unterschiedliche Beurteilung: keine quantitative bzw. qualitative Überprüfung der Ergebnisse; wegen Freiwilligkeit keine Kontinuität in der Nutzung. – *Sonderform:* → Qualitätszirkel.

Lerntheorien – Lerntheorien sind Modelle und Hypothesen, die versuchen paradigmatisch Lernen psychologisch zu beschreiben und zu erklären. Der augenscheinlich komplexe Vorgang des Lernens, also der relativ stabilen Verhaltensänderung, wird dabei mit möglichst einfachen Prinzipien und Regeln erklärt. – 1. *Behavioristische Lerntheorien:* Geht von einem Zusammenhang zwischen beobachteten Reizen und den sich daraus ergebenden Reaktionen aus (Wiederholen von belohntem Verhalten, Unterlassen von bestraftem Verhalten). – 2. *Kognitive Lerntheorien:* Lernen als höherer geistiger Prozess; Wissenserwerb als bewusst gestalteter und komplexer Vorgang. – 3. *Theorie des sozialen Lernens:* Wissenserwerb unbewusst durch Beobachtung und Nachahmung.

Lerntransfer – 1. *Begriff:* die Fähigkeit, eine gelernte Aufgabe auf eine andere, vergleichbare Situation zu übertragen. Übertragung und Anwendung des in einer Aus-, Fortoder Weiterbildung (→ Training) erworbenen Wissens auf die berufliche Situation. Der Lerntransfer sollte bereits in der Lernsituation gefördert werden, z.b. indem Übungen im Training viele Elemente der Arbeitssituation enthalten, ausdrücklich auf die Anwendungsmöglichkeiten des Gelernten in der Praxis hingewiesen wird, die positiven Auswirkungen der Anwendung des Gelernten aufgezeigt werden etc. Ursachen für die mangelnde Umsetzung sind vielfach Umfeldbedingungen wie eingefahrene Verhaltensmuster, Arbeitsroutinen etc. Flankierende Fördermaßnahmen des Lerntransfers sollten deshalb nicht nur den betroffenen Mitarbeiter, sondern v.a. das betriebliche Umfeld einbeziehen. – 2. *Arten:* (1) positiver Transfer: Etwas bereits Gelerntes beschleunigt das Erlernen neuer Aufgaben; (2) negativer Transfer: Etwas bereits Gelerntes erschwert oder blockiert das Erlernen einer neuen Aufgabe; (3) Nulltransfer: Eine bereits erlernte Aufgabe bzw. Fähigkeit hat keinerlei Auswirkungen auf das nachfolgende Lernen; (4) lateraler Transfer: ermöglicht die Übertragung des bisher Gelernten auf einen Lerninhalt mit identischem Schwierigkeitsgrad; (5) vertikaler Transfer: ermöglicht die Übertragung des bisher Gelernten auf einen Lerninhalt mit höherem Schwierigkeitsgrad.

Locus of Control → Situationskontrolle.

Lohnabschlagszahlung – Lohnzahlung in kurzen Zeitabständen (eine Woche, zehn Tage), die nur annähernd dem effektiv verdienten Arbeitsentgelt entspricht, während die Abrechnung in größeren Zeitabständen (z.B. monatlich) vorgenommen wird. Die Differenz zwischen Summe der in einer Abrechnungsperiode gezahlten Abschläge und dem ermittelten Lohnanspruch (Restlohn) wird an dem der Abrechnung folgenden Zahltag ausgezahlt.

Lohnabzüge – Minderung des → Bruttoarbeitsentgelts. – 1. Lohnabzüge durch *öffentlich-rechtliche Vorschriften* (Steuergesetze und Sozialversicherungsvorschriften) angeordnet; der Arbeitgeber ist zur Vornahme des Abzuges verpflichtet, z.B. Abzug der Lohnsteuer, ggf. der Kirchensteuer und des Arbeitnehmeranteils an der Sozialversicherung. – 2. Abzüge aufgrund *vertraglicher Abmachungen* der Parteien über das Arbeitsverhältnis und der sie ergänzenden gesetzlichen oder tariflichen Bestimmungen (privatrechtliche Lohnabzüge): (1) Lohnabzüge wegen Schlechtleistung oder Schädigung. Der Arbeitgeber rechnet mit Lohnabzügen seine Schadensersatzforderungen gegen die Lohnforderung auf; (2) Lohnabzüge kraft Zurückbehaltungsrechts des Arbeitgebers in Fällen, in denen ihm eine Gegenforderung gegen den Arbeitnehmer zusteht (z.B. Erzwingung der Rückgabe von Sachen); (3) Lohnabzüge wegen Abtretung der Lohnforderung durch den Arbeitnehmer an einen Dritten (Forderungsabtretung) bzw. wegen Verpfändung (Lohnpfändung); (4) Lohnabzüge bei Vertragsstrafen.

Lohnabzugsverfahren – eines der Arbeitsgebiete der Lohnbuchführung. – 1. Abzug der Beiträge zur *Sozial- und Arbeitslosenversicherung* für versicherungspflichtige Beschäftigte durch den Arbeitgeber und Abführung zusammen mit seinem eigenen Beitragsanteil an die für den Einzug des Beitrags zuständige Stelle. – Vgl. auch Gesamtsozialversicherungsbeitrag, Einzugsstellen. – 2. Einbehaltung der *Lohnsteuer* durch den Arbeitgeber.

Lohnausgleich – 1. *Lohnausgleich bei Arbeitszeitverkürzung:* Bezeichnung für die von Gewerkschaften vielfach angestrebte tarifliche Zusicherung im Rahmen von Lohnvereinbarungen, nach denen die Wochenarbeitszeit ohne Kürzung der Löhne und Gehälter aus beschäftigungspolitischen Gründen herabgesetzt werden soll (Arbeitsmarktpolitik, Arbeitszeitpolitik). – 2. Im Wege der Betriebsvereinbarung festgesetzte *freiwillige Leistung des Arbeitgebers:* Erstattung der Differenz zwischen Krankengeld und durchschnittlichem Arbeitsentgelt bei länger als sechs Wochen dauernder Krankheit. – Vgl. auch Arbeitsverhinderung. – *Anders:* Krankenzuschüsse. – 3. *Lohnausgleich bei Schlechtwetter:* Saison-Kurzarbeitergeld, Wintergeld.

Lohngerechtigkeit → Äquivalenzprinzip.

Lohngruppe – 1. *Arbeitswissenschaft:* Einteilungskriterium bei der Arbeitsbewertung anhand von → Lohngruppenmerkmalen. – 2. *Arbeitsrecht:* Eingruppierung, Tariflohn.

Lohngruppenkatalog – Verzeichnis von → Lohngruppen und → Lohngruppenmerkmalen zur Durchführung der summarischen → Arbeitsbewertung. Mit Richtbeispielen versehen für die verbesserte Zu- und Einordnung verschiedener Arbeiten.

Lohngruppenmerkmale – im Rahmen der summarischen → Arbeitsbewertung diejenigen Merkmale, die anhand des → Lohngruppenkatalogs als maßgebend für die pauschale Eingruppierung der im Betrieb vorkommenden Tätigkeiten in eine → Lohngruppe angesehen werden. – *Kriterien* der Lohngruppenmerkmale sind i.d.R. die zur Tätigkeitsausführung erforderlichen → Fachkenntnisse und → Geschicklichkeit. Auf Basis allg. Lohngruppenmerkmale werden zusätzlich spezielle Lohngruppenmerkmale aufgestellt. Selbst letztere umfassen noch eine derartig große Zahl verschiedener Tätigkeiten, dass sie nur allg. Hinweise bez. einer Eingruppierung geben können; für praktische Belange dienen deshalb Richtbeispiele als Ergänzung. – *Beispiele:* Lohngruppe 1: einfachste Arbeiten, die ohne jegliche Ausbildung nach kurzer Anweisung ausgeführt werden können. – Lohngruppe 2: einfache Arbeiten, die eine geringe Sach- und Arbeitskenntnis verlangen, aber ohne jegliche Ausbildung nach einer kurzfristigen Einarbeitungszeit ausgeführt werden können; oder einfachste Arbeiten von erschwerender Art. – Lohngruppe 3: Arbeiten, die eine Zweckausbildung oder ein systematisches Anlernen bis zu sechs Monaten, eine gewisse berufliche Fertigkeit, Übung und Erfahrung verlangen; ferner einfache Arbeiten von bes. erschwerender Art. – Lohngruppe 4: Arbeiten, die Spezialkönnen verlangen, das erreicht wird durch eine abgeschlossene Anlernausbildung; oder einfachere Arbeiten von ganz bes. erschwerender Art. – *Lohngruppe 5:* Facharbeiten, die neben beruflicher Handfertigkeit und Berufskenntnissen einen Ausbildungsstand verlangen, wie er entweder durch eine fachentsprechende, ordnungsgemäße Berufslehre oder durch eine abgeschlossene Anlernausbildung und zusätzliche Berufserfahrung erzielt wird. – *Lohngruppe 6:* schwierige Facharbeiten, die bes. Fertigkeiten und langjährige Erfahrungen verlangen; oder Arbeiten, die eine abgeschlossene Anlernausbildung erfordern und unter bes. erschwerenden Umständen ausgeführt werden müssen. – *Lohngruppe 7:* bes. schwierige oder hochwertige Facharbeiten, die an das fachliche Können und Wissen bes. hohe Anforderungen stellen und völlige Selbstständigkeit und hohes Verantwortungsbewusstsein voraussetzen. Ferner schwierige Facharbeiten unter bes. erschwerenden Umständen. – *Lohngruppe 8:* hochwertigste Facharbeiten, die meisterliches Können, absolute Selbstständigkeit, Dispositionsvermögen, umfassendes Verantwortungsbewusstsein und entsprechende theoretische Kenntnisse erfordern.

Lohngruppenverfahren → Arbeitsbewertung.

Lohnperiode → Lohnzahlungszeitraum.

Lohnstufen → Lohngruppenmerkmale, → Arbeitsbewertung.

Lohn- und Gehaltskonten – laufende Konten von Arbeitnehmern bei von diesen gewählten Kreditinstituten zur Abwicklung der bargeldlosen Lohn- und Gehaltszahlung.

Lohnzahlungszeitraum – I. *Allgemein:* Arbeitsentgelt.
II. *Lohnsteuerrecht:* 1. *Begriff:* der (einen Monat, zwei Wochen, sieben Tage oder andere Zeitabschnitte umfassende) Zeitraum, für den der Arbeitslohn gezahlt, also zwischen Arbeitnehmer und Arbeitgeber regelmäßig abgerechnet wird. Kann der Lohnzahlungszeitraum ausnahmsweise wegen bes. Entlohnungsart nicht festgestellt werden, so gilt als Lohnzahlungszeitraum die tatsächlich aufgewendete Arbeitszeit. – 2. Der Arbeitgeber hat die Lohnsteuer nach diesem Lohnzahlungszeitraum unter Zugrundelegung der amtlichen Lohnsteuertabellen zu berechnen und i.d.R. bis zum zehnten des folgenden Monats abzuführen. Ist der Arbeitnehmer während des Lohnzahlungszeitraumes bei seinem Arbeitgeber voll beschäftigt, dann sind, solange das Arbeitsverhältnis andauert, auch solche Arbeitstage mitzuzählen, an denen der Arbeitnehmer keinen Lohn erhält, z.B. wegen Kurzarbeit oder infolge Betriebseinschränkung. Werden nur Abschlagszahlungen geleistet und erst im üblichen Lohnzahlungszeitraum abgerechnet, so wird die Lohnsteuer auch erst mit dieser Abrechnung fällig; das gilt nicht, wenn der Lohnabrechnungszeitraum fünf Wochen übersteigt oder die Lohnabrechnung nicht innerhalb von drei Wochen nach dessen Ablauf erfolgt (§ 39b V EStG).

Lohnzulage → Zulage.

Lohnzuschlag → Zulage.

Lower Management – 1. *Begriff*: im angloamerikanischen Sprachgebrauch die untere Führungs- bzw. Leitungsebene in Unternehmungen, abgeleitet aus dem institutionellen Aspekt des Managementbegriffs. – 2. Im Rahmen des *Instanzenaufbaus* ist das Lower Management dem → Middle Management untergeordnet. Die Positionen des Lower Managements werden i.Allg. von Vorarbeitern, Meistern und Büroleitern eingenommen. Middle- und Lower Management sind einem doppelten Erwartungsdruck ausgesetzt, da sie einerseits Zielvorgaben ihrer Vorgesetzten erfüllen müssen, andererseits die Mitarbeiter eigene Vorstellungen und Ansprüche durchsetzen wollen. Man spricht bildlich von einer „Hammer-Amboss-Situation". – 3. In *funktionaler* Hinsicht ist das Lower Management mit Planungs-, Organisations-, Steuerungs- und Führungsaufgaben betraut.

Im Rahmen dieser Aufgaben hat das Lower Management Routineentscheidungen zu fällen und diese sowie die Entscheidungen übergeordneter Stellen, zu vollziehen. – Vgl. auch → Führungshierarchie, → Top Management.

MAK-Wert – *maximale Arbeitsplatz-Konzentration;* oberer Grenzwert eines Stoffes als Gas, Dampf oder Schwebstoff in der Luft, der nach dem gegenwärtigen Kenntnisstand auch bei längerfristiger Exposition zu keiner gesundheitlichen Beeinträchtigung führt. Dabei wird von einer täglich achtstündigen Arbeitszeit bei 40 Wochenstunden ausgegangen. Die Konzentration wird in mg/m^3, für Gase und Dämpfe auch in ml/m^3 (ppm = Part per Million) angegeben. – Es ist also die Konzentration eines Stoffes, die einem Arbeitnehmer an seinem Arbeitsplatz höchstens zugemutet werden darf.

Management by Alternatives – Beim Management by Alternatives sind Problemlösungsmöglichkeiten nur unter mehrdimensionalen Aspekten zu sehen. Ziel dieser Managementmethode ist die Ausschöpfung potenzieller Möglichkeiten in Bezug auf Zielsetzung, Planung und Realisierung. – Führungskonzept, das davon ausgeht, dass nur aufgrund mehrerer möglicher alternativen bzw. alternativen Lösungsansätze eine optimale Auswahl getroffen werden kann. – Vgl. auch → Management-by-Techniken.

Management by Breakthrough – ist offensive Führungstaktik, unterstützt von einer aggressiv-kreativen Unternehmenspolitik. Durch eine Mobilisierung aller geistig-schöpferischen Kräfte (z.B. Brainstorming) im Unternehmen soll eine Verbesserung der Marktposition erreicht werden. Alle Aktivitäten der Führung sind auf zwei Hauptziele ausgerichtet: – 1. *Dynamische Veränderungen des Unternehmens* (neue Produkte entwickeln und/oder neue Märkte erobern); – 2. *Stabilisieren des Erreichten*, indem Kontrollen zur rechtzeitigen Erkennung und Abwendung von Fehlentwicklungen durchgeführt werden. – Führungskonzept, das darauf basiert, dass gezielte Brüche in bestehenden Strukturen notwendig sind, um grundlegende Änderungen vorzunehmen. Nimmt seit Jahrzehnten die zz. aktuelle Diskussion um das Reengineering vorweg (Business Process Reengineering). – Vgl. auch → Management-by-Techniken.

Management by Communication – Management by Communication als Führungsstil setzt weitergehenden horizontalen und vertikalen Informationsaustausch der Führungsaufgabe voraus. Bei dieser Managementmethode ist die Übermittlung von Information eine zentrale Funktion der Führungskräfte. – Führungskonzept, das darauf basiert, den Fähigkeiten und der Verantwortungsbereitschaft der einzelnen Mitarbeiter Spielraum zu gewähren. – Vgl. auch → Management-by-Techniken.

Management by Objectives – *Führung durch Zielvereinbarung;* mehrdimensionales Führungskonzept mit Betonung der Bedeutsamkeit von Zielvereinbarungen mit den Mitarbeitern. Durch die Partizipation der Mitarbeiter am Zielfindungsprozess soll eine Verbesserung der Informationsbeschaffung erreicht werden. Es beinhaltet die weit gehende Delegation von Entscheidungsbefugnissen an die Mitarbeiter, regelmäßige Rückkopplung zum Grad der Zielerreichung sowie die Kopplung von Belohnungen an den Grad der Zielerreichung u.a. – Vgl. auch → Management-by-Techniken.

Management by Participation – *Führung durch Beteiligung;* Führungskonzept mit starker Betonung der Mitarbeiterbeteiligung an den sie betreffenden Entscheidungen. Ausgangspunkt ist die These, dass eine Identifikation der Mitarbeiter mit den Unternehmenszielen (und damit ihre Leistung) wächst, je mehr sie an der Formulierung dieser Ziele mitwirken können.Konflikte zwischen den Interessen der Mitarbeiter und den Leistungserwartungen des Unternehmens sollen erst gar nicht entstehen bzw. möglichst reibungslos im Sinne der Unternehmensziele gelöst werden. – Vgl. auch → Management-by-Techniken.

Management by Results – *ergebnisorientierte Führung*; zielgesteuertes Führungskonzept, gekennzeichnet durch einen systematischen Ausbau der Zielplanung zum Führungsinstrument, bes. zur Koordinierung dezentraler Entscheidungen. Management by Results ist eine, verglichen mit dem Management by Objectives, relativ autoritäre Führungskonzeption, bei der die Mitarbeiter nur geringe Mitbestimmungsmöglichkeiten haben. – Vgl. auch → Management-by-Techniken.

Management-by-Techniken – in unterschiedlichsten Formen aus dem Verlangen der Praxis nach verständlichen und einfach zu handhabenden Führungshilfen entstanden. I.d.R. aus der Erfahrung von Führungskräften abgeleitet, nur bedingt auf wissenschaftlichen Erkenntnissen basierend. Diese Techniken sollen dem Management effiziente Verhaltensweisen und Richtlinien vermitteln. Sie stellen i.d.R. nur einen Aspekt des Führungsprozesses in den Vordergrund und sind meist sehr plakativ formuliert. Größere Bedeutung erlangt v.a. das Prinzip des → Management by Objectives, das auf psychologischen Erkenntnissen aufbaut, die eine verhaltenssteuernde Wirkung von Zielen belegen.

Managementebenen → Führungshierarchie.

Managementtechniken – Techniken, die von Führungskräften und Managern zur Unternehmens- und Mitarbeiterführung eingesetzt werden. Insbesondere in den 1970er- und 1980er-Jahren wurde eine Vielzahl von Managementtechniken entwickelt, die unter die Bezeichnung → Management-by-Techniken in Theorie und Praxis Verwendung finden.

Managerial Grid – *Verhaltensgitter*; ist ein wissenschaftliches Modell, das die Kombinationen von verschiedenen Formen des Führungsverhaltens aufzeigt. Differenzierung zwischen Aufgaben- und Mitarbeiterorientierung als Hauptdimensionen innerhalb des Führungsprozesses: Beide Dimensionen verwenden Blake und Mouton, um im Managerial Grid verschiedene Kombinationen zu kennzeichnen (vgl. Abbildung „Managerial Grid"). – Ziel jeder Führungskraft soll es sein, den 9.9 Führungsverhalten über mehrere Phasen einer → Organisationsentwicklung zu erreichen.

Markt- und Werbepsychologie – 1. *Begriff*: Teilgebiet der Angewandten Psychologie, das seit Beginn des 20. Jh. gepflegt wird. – 2. Die Marktpsychologie i.e.S. setzt sich mit dem Erleben und Verhalten der am Marktgeschehen beteiligten Rollenträger auseinander, also mit den Anbietern, Nachfragern, sowie den Funktionären (z.B. Politikern, Mitgliedern von Verbraucherschutzverbänden oder Kartellbehörden), die Rahmenbedingungen des Marktgeschehens definieren. Die Marktpsychologie i.e.S. beschränkt sich auf jene Märkte, innerhalb derer sich ein Marktpreis bildet, d.h. in erster Linie auf Konsumgüter-, Dienstleistungs- und Investitionsgütermärkte, dagegen nicht auf Soziomärkte. Aus psychologischer Perspektive werden die Bedingungen, Erscheinungsformen und Folgen des Erlebens und Verhaltens der Marktteilnehmer analysiert, wobei dem Konsumentenverhalten die größte Aufmerksamkeit zuteil wurde. Hier wiederum steht die Frage im Vordergrund, wie man dieses durch die Gestaltung des Preises, des Angebots, des Absatzweges und der Werbung beeinflussen kann. – Die Marktpsychologie wird sowohl aus gesamtwirtschaftlicher als auch einzelwirtschaftlicher Perspektive betrieben. – a) Unter *gesamtwirtschaftlicher Sicht* wird u.a. das Konsumklima analysiert, d.h. die Neigung der Konsumenten, einen größeren Anteil ihres Einkommens für Konsum bzw. für das Sparen zu verwenden, sowie Entscheidungsprozesse der Anbieter über absatzpolitische Instrumentarien oder Strategien von Funktionären den Markt durch Gesetze und

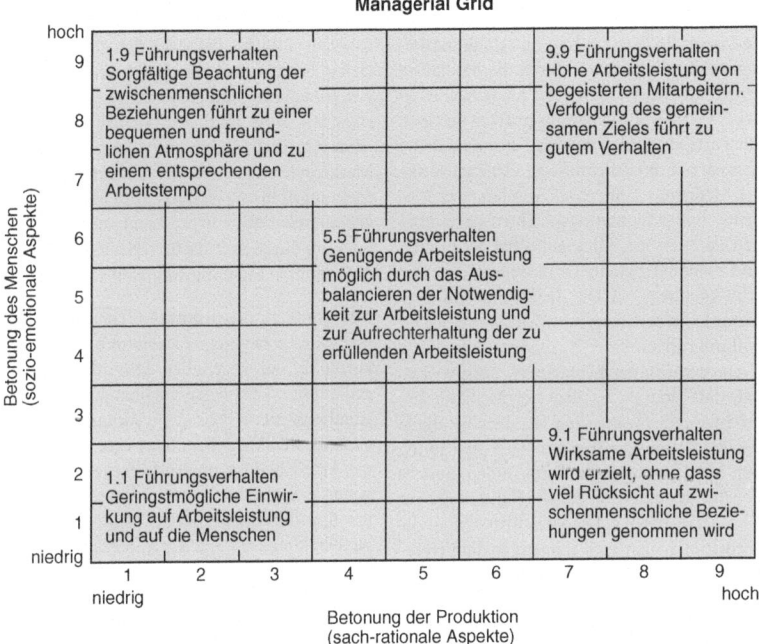

Regeln mehr oder weniger zu reglementieren. – b) Aus *einzelwirtschaftlicher Perspektive* beschäftigt sich die Marktpsychologie primär mit der Beschreibung, Erklärung der Prognose des Konsumentenverhaltens und sucht Verfahren zu entwickeln, die auf der Grundlage von Ergebnissen der quantitativ und qualitativ ausgerichteten Marktforschung dafür geeignet sind Strategien zu entwerfen, die der Beeinflussung des Konsumentenverhaltens dienen. – 3. Die *Werbepsychologie* ist einerseits ein Teilgebiet der Marktpsychologie i.e.S., die sich mit der Werbemittelanalyse, Werbeerfolgsprognose und -kontrolle auseinander setzt. Sie untersucht, wie aufgrund der formalen und inhaltlichen Gestaltung die Werbung wahrgenommen und im Gedächtnis gespeichert wird sowie aktivierend, einstellungsbildend und handlungsauslösend wirkt. Andererseits aber ragt die Werbepsychologie über die Marktpsychologie i.e.S. hinaus, weil sie sich auch mit Bedingungen des Werbeerfolgs auseinander setzt, bei denen es um die Verbreitung von Meinungsgegenständen geht, für die kein Marktpreis gilt, wie z.B. im politischen, sozialen oder religiösen Raum. – Die Marktpsychologie i.w.S. umschließt jene i.e.S., sowie die Werbepsychologie.

materielle Mitarbeiterbeteiligung – Partizipation von Mitarbeitern am Erfolg und/oder Kapital des arbeitgebenden Unternehmens. – Vgl. auch → Erfolgsbeteiligung, → Kapitalbeteiligung.

Mediation – Mediation ist ein außergerichtliches vertrauliches und strukturiertes Verfahren, bei dem Parteien mithilfe eines oder mehrere Mediatoren freiwillig und eigenverantwortlich eine einvernehmliche Beilegung ihres Konflikts anstreben (§ 1 Abs. 1 des

Mediationsgesetzes vom 21.7.2012 (BGBl. I S. 1577). Der Mediator ist eine unabhängige und neutrale Person ohne Entscheidungsbefugnis, die die Parteien durch die Mediation führt. – 1. Das *Verfahren* der Mediation ist in den §§ 2 ff des Mediationsgesetzes geregelt: Die Parteien wählen den Mediator aus. Dritte können nur mit Zustimmung aller Parteien in die Mediation einbezogen werden. Der Mediator hat Offenbarungspflichten gegenüber den Parteien mit Blick auf seine Neutralität und Unabhängigkeit. Er unterliegt der Verschwiegenheit. – 2. Die *Ausbildung* zum Mediator kann zertifiziert werden. Wer eine den Anforderungen einer Ausbildung, die durch Rechtsverordnung geregelt ist, entsprochen hat, darf sich als zertifizierter Mediator bezeichnen. – 3. *Evaluierung*: Die Auswirkungen des Mediationsgesetzes auf die Entwicklung der Mediation erfolgt durch einen Bericht der Bundesregierung an den Bundestag zum 17.7.2017 (§ 8). – 4. Die Vorschriften über die Mediation haben auch Eingang in die Verfahrensordnungen der verschiedenen Gerichtsbarkeiten gefunden. Nach § 253 Abs. 3 ZPO soll die Klageschrift auch die Angabe enthalten, ob der Klageerhebung der Versuch einer Mediation oder eines anderen Verfahrens der außergerichtlichen Konfliktbeilegung vorausgegangen ist, sowie eine Äußerung, ob einem solchen Verfahren Gründe entgegenstehen. Nach § 278a ZPO kann das Gericht eine Mediation oder ein Verfahren der außergerichtlichen Konfliktbeilegung vorschlagen. Wenn dem gefolgt wird, wie das Ruhen des Verfahrens angeordnet. Entsprechende oder auf die ZPO verweisende Vorschriften in §§ 54,54a ArbGG, § 202 S.1 SGG, § 173 S. 1 VwGO,§ 155 FGO, § § 23,36a FamFG.

Mediator → Mediation.

Meinungsführung – auf Lazersfeld zurückgehendes Konzept, das Struktur und Prozess des sozialen Einflusses kennzeichnet. V.a. bei der Analyse politischer Einflussprozesse wurde festgestellt, dass nicht die Massenmedien die Rezipienten unmittelbar beeinflussen, sondern dass dieser Einfluss meist von bestimmten Personen (Meinungsführern) ausgeht, die zwar der gleichen sozialen Schicht wie die Geführten angehören, jedoch bes. für den Meinungsgegenstand engagiert sind und sich intensiv mit den Massenmedien auseinander setzen. In der Marktpsychologie wurde das Konzept der Meinungsführung genutzt, um die Marktkommunikation entsprechend zu gestalten oder um durch spezifische verkaufsfördernde Maßnahmen Meinungsführer zu schaffen.

Mengenleistungsprämie – *Quantitätsprämie*; Mischform aus → Zeitlohn und → Akkordlohn mit gegenüber dem Akkordlohn gedämpfter Leistungsgradabhängigkeit. Anwendung, wenn keine → Akkordfähigkeit vorliegt, weil Vorgabezeiten wegen wechselnder Arbeitsbedingungen oder wegen nicht genauer Erfassbarkeit der einzelnen Teilarbeiten für Akkordentlohnung nicht verwendet werden können. – Vgl. auch → Prämienlohn.

Menschenbilder – Vorstellungen über grundlegende Wesensmerkmale des Menschen. – Zu unterscheiden sind bes.: (1) *Complex Man*: Der Mensch hat vielfältige Bedürfnisse, die sich situationsbezogen verändern können. Der Mensch ist ein flexibles, lernfähiges Wesen. (2) *Social Man*: Der Mensch hat überwiegend auf die soziale Einbettung bezogene Bedürfnisse; v.a. in der Phase der → Human Relations dominierendes Menschenbild. (3) *Homo oeconomicus*: der Mensch mit auf ökonomische Zusammenhänge eingegrenzten Zügen. Modellhafte Vorstellung und Annahmen (Rationalprinzip, Nutzenmaximierung, unendliche Anpassungsgeschwindigkeit, vollkommene Transparenz). Dieses Menschenbild liegt der klassischen und neoklassischen Wirtschaftstheorie zugrunde. (4) Menschenbild v.a. der *Transaktionskostentheorie der Unternehmung*: Opportunismus. (5) *Theorie X* (Gegentheorie zur Theorie Y; beide von D. McGregor): Der Mensch hat eine angeborene Abneigung gegen Arbeit, ist ohne Ehrgeiz und ohne eigenen Antrieb. Zur

Arbeit ist er nur noch unter Androhung von Strafe zu bewegen. (6) *Theorie Y* (Gegentheorie von Theorie X): Der Mensch hat Freude an anspruchsvoller Arbeit; Selbstdisziplin, Verantwortung und Verstandeskraft sind seine wesentlichen Merkmale. (7) *Homo sociologicus:* soziologisches Menschenbild, das die soziale Rolle des Menschen und deren Verhaltensprägung in den Mittelpunkt der Betrachtungen stellt. (8) *Realwissenschaftliches Menschenbild:* ein an den Erkenntnissen der Natur- und Sozialwissenschaften orientiertes Menschenbild, in das biologische Erkenntnisse ebenso integriert werden wie psychologische.

Mentoring – Tätigkeit einer erfahrenen Person (Mentor/in), die ihr fachliches Wissen und ihre Erfahrungen an eine unerfahrene Person (Mentee) weitergibt. – Ziel ist die Unterstützung bei der beruflichen und persönlichen Entwicklung. Im Gegensatz zum Coaching ist der Mentor üblicherweise nicht für diese Tätigkeit ausgebildet. – Formal zielt Mentoring auf die Förderung außerhalb des üblichen Vorgesetzten-Untergebenen-Verhältnisses. Inhaltlich geht es darum, informelle Regeln zu vermitteln, in bestehende Netzwerke einzuführen, praktische Tipps zu geben und langfristig die Karriere zu fördern.

Methodenkompetenz – Fähigkeit zur Anwendung von Arbeitstechniken, Verfahrensweisen und Lernstrategien. Methodenkompetenz beinhaltet die Fähigkeit, Informationen zu beschaffen, zu strukturieren, wiederzuverwerten, darzustellen, Ergebnisse von Verarbeitungsprozessen richtig zu interpretieren und sie geeignet zu präsentieren. Ferner gehört dazu die Fähigkeit zur Anwendung von Problemlösungstechniken und zur Gestaltung von Problemlösungsprozessen. Neben → Fachkompetenz und → Sozialkompetenz Teil einer umfassenden → Handlungskompetenz. Gewinnt v.a. im Zusammenhang mit neuen Formen der Arbeitsstrukturierung (→ Jobenrichment, → teilautonome Arbeitsgruppe) wachsende Bedeutung.

Middle Management – im angloamerikanischen Sprachgebrauch die mittlere Führungs- bzw. Leitungsebene in Unternehmungen und anderen Institutionen zwischen → Top Management und → Lower Management. Zu dem Middle Management zählen Betriebsleiter und Obermeister im Fertigungsbereich und Abteilungsleiter und Ressortchefs im kaufmännischen Sektor. Sie sind für einen Teilbereich des Unternehmens wie Fertigung, Rechnungswesen etc. verantwortlich. Mitglieder des Middle Management sind Mitarbeiter hierarchisch höherstehender Vorgesetzter und gleichzeitig Vorgesetzte der ihnen hierarchisch nachgeordneten Mitarbeiter und damit einem doppelten Erwartungsdruck ausgesetzt. – Im Rahmen der Einführung schlanker Hierarchien und Lean Management, wonach ein Teil von Koordinationsaufgaben auf hierarchisch niedriger stehende oder auf → teilautonome Arbeitsgruppen übertragen werden soll, wird ihre bisherige Vorgesetztenposition grundlegend verändert.

Mikropolitik – Sammlung alltäglicher Strategien und Vorgehensweisen, die Führungskräfte und Mitarbeiter in Organisationen einsetzen, um die eigene Macht aufrecht zu erhalten, den eigenen Kontrollspielraum zu erweitern oder sich der Kontrolle durch andere zu entziehen.

Minutenfaktor – Teil der Lohnformel beim Zeitakkord (Stückzeitakkord), der den auf eine Minute bezogenen Akkordrichtsatz angibt. Multipliziert mit der durch Arbeitszeitstudien ermittelten → Vorgabezeit und der geleisteten Stückzahl ergibt sich der Bruttolohn. – Vgl. → Akkordlohn

Mirror Stock → Tracking Stocks.

Mischakkord – Sonderform des → Akkordlohns, bei der der Verdienst in einen leistungsabhängigen und in einen leistungsunabhängigen Anteil zerlegt wird, wobei der leistungsabhängige Teil meist eine lineare Beziehung zur Leistung aufweist. Zwischenform von Proportionalakkord und Zeitlohn.

Misfit → Belastung.

Mitarbeiterbeurteilung

Mitarbeiterbeurteilung – *Personalbeurteilung*. 1. *Begriff*: planmäßige und systematische Beurteilung von Mitgliedern der Organisation durch Vorgesetzte, häufig in regelmäßigen Zeitabständen (i.d.R. ein Jahr). Bewertet wird die Leistung und/oder das Verhalten und/oder die Persönlichkeit. – 2. *Beurteilungsmethoden*: merkmalsorienterte Einstufungsverfahren: stark standardisierte Verfahren, bei denen der Mitarbeiter anhand eines Rasters von Kriterien und einer mehrstufigen Skala bewertet wird. Klassisches Verfahren. – Zielorientierte Verfahren: Die Erreichung zuvor festgelegter Ziele wird beurteilt (Zielerreichungsgrad), dieses Verfahren gewinnt immer mehr an Bedeutung. Rangordnungsverfahren, freie Beurteilung, Kennzeichnungsverfahren haben kaum noch Praxisbedeutung. – In der Praxis liegen oft Mischkonzepte vor, z.B. eine merkmalsorientierte Bewertung kombiniert mit Zielfeststellung und ergänzende freie Beschreibungen. – 3. *Zweck*: Lohn- und Gehaltsdifferenzierung, Leistungsrückkopplung, → Karriereplanung, Personalentwicklung, berufliche Weiterbildung, → Personalauswahl. – 4. *Arbeitsrechtliche Regelungen*: Beurteilung des Arbeitnehmers.

Mitarbeiterführung → Führung.

Mitarbeitergespräch – Instrument der Personalführung, findet in regelmäßigen und unregelmäßigen Abständen zwischen Vorgesetztem und Mitarbeiter statt. – *Hauptformen*: Zielvereinbarungsgespräch, Beurteilungsgespräch, Entwicklungsgespräch, Konfliktgespräch, Informationsgespräch, Problemlösungsgespräch. Häufig orientieren sich diese Gespräche an Personalbögen, Checklisten oder Leitfäden, die u.a. als Strukturgrundlage für das Gespräch dienen.

Mitarbeitermotivation – 1. *Begriff*: Einflussnahme der Führungskraft bzw. des Unternehmens auf den Mitarbeiter, um eine Verbesserung dessen Verhaltens und/oder dessen Leistung zu erzielen (vgl. auch → Arbeitsmotivation). – 2. *Mögliche Ebenen der Einflussnahme*: (1) materielles Umfeld: Arbeitsplatzbedingungen (Sauberkeit, → Arbeitsmittel, Arbeitszeit, Entlohnung etc.), (2) psychisches Umfeld: → Führungsstil des Vorgesetzten, Zusammenarbeit mit Kollegen, Teamarbeit etc., (3) privates Umfeld: Familie, Freunde, Freizeit, Work-Life-Balance etc.

Mitarbeiterorientierung – *Consideration*; neben der → Aufgabenorientierung eine der bekanntesten Beschreibungsdimensionen des → Führungsverhaltens. Die Mitarbeiterorientierung ist dadurch gekennzeichnet, inwieweit sich die Führungskraft menschlich um jeden Mitarbeiter kümmert, nach seinem oder ihrem Wohlergehen fragt, nach den Sorgen, der häuslichen Situation etc. Mitarbeiterorientierung steht tendenziell im Zusammenhang mit hoher → Arbeitszufriedenheit der Arbeitsgruppe.

Mobbing – Phänomen in der Arbeitswelt, wobei ein Mitarbeiter durch Kollegen oder Vorgesetzte gezielt und dauerhaft angegriffen und ausgegrenzt wird. Mobbing kann sich z.B. äußern durch Verbreitung falscher Tatsachen, Zuweisung sinnloser Arbeitsaufgaben, soziale Isolation, ständige Kritik an der Arbeit und Gewaltandrohung. Nicht zu Mobbing zu zählen sind kleine Konflikte oder vereinzelt auftretende Streitereien.

Modelllernen – *soziales Lernen, Lernen am Modell*; Lernmechanismus, nach dem nicht durch eigene Erfahrung gelernt wird, sondern dadurch, dass das Verhalten anderer Personen (Modelle) beobachtet wird. Das Modelllernen wird beabsichtigt im Rahmen von Trainingsmaßnahmen eingesetzt oder läuft unwillkürlich im Rahmen der beruflichen → Sozialisation ab. Lernen am Modell wird erleichtert, wenn die Verstärkung für das zu lernende Verhalten direkt sichtbar ist, das Modell als positiv eingeschätzt wird (z.B. ein allg. respektierter Mitarbeiter), das Modell dem Beobachter ähnlich ist (z.B. selbes Geschlecht), die Aufmerksamkeit der Beobachter verstärkt wird, das Verhalten des Modells sich deutlich von dem Verhalten anderer

Personen (d.h. potenzieller Modelle) unterscheidet und das Verhalten des Modells auch ohne Schwierigkeiten von dem Beobachter ausgeführt werden kann.

Moderation – Moderation ist ein Instrument, welches die Kommunikation in Teams in der Art und Weise unterstützt und ordnet, dass die Ressourcen der Teilnehmer bestmöglich zum Einsatz kommen. Sie ist weiterhin eine Arbeits- und Darstellungstechnik, die der Moderator in Arbeitsgruppen, bei Konferenzen oder in ähnlichen Situationen einsetzt. Der Moderator bietet Hilfen methodischer Art zur Problemlösung oder auch Konfliktregelung an, ohne dabei inhaltlich Stellung zu beziehen bzw. Partei zu ergreifen. – *Beispiele für Moderationsmethoden:* Sammlung von Vorschlägen, Ideen, Meinungen der Gruppenmitglieder auf Pappkärtchen, die an Stellwände geheftet und dann geordnet werden (Kartenabfrage); anschließende Bewertung von Lösungsvorschlägen, indem die Teilnehmer eine aufgelistete Reihe von Alternativen mithilfe von Klebepunkten bewerten. – Vgl. auch → Organisationsentwicklung.

Modulararbeitszeit – Modell der → Arbeitszeitflexibilisierung (→ Arbeitszeitmodelle). Bei der Modulararbeitszeit wird das Konzept der Aneinanderreihung von Teilschichten konsequent durchgeführt, wobei mehr als zwei Teilschichten gleicher oder unterschiedlicher Länge (Arbeitsmodule) mit festgelegtem Beginn und Ende die gesamte Betriebszeit ergeben. Ein Mitarbeiter kann täglich ein oder mehrere und täglich wechselnde Arbeitsmodule belegen. Die Abstimmung erfolgt im Ausgleich mit betrieblichen Notwendigkeiten. Diese soll ein Menü aus Wunsch- und auferlegten Modulen sein; die Mitarbeiter können ihre Module untereinander handeln oder auch selbstständig untereinander aufteilen, dabei müssen jedoch bestimmte Vorgaben des Arbeitgebers beachtet werden. Die Länge, die Lage und die Gliederung der Arbeitszeitmodule werden von den gesetzlichen, tariflichen und betrieblichen Arbeitszeitvorschriften mitbestimmt. Das Modell der modularen Arbeitszeit kann auf Basis von Voll- und Teilzeitarbeit realisiert werden. Um dieses Modell überhaupt realisieren zu können ist es notwendig den Arbeitsanfall und die daraus resultierende notwendige Mitarbeiterstärke zu kennen.

Monotonie – negative Beanspruchungsfolge (→ Beanspruchung und Belastung), bei der die psycho-physische Aktivierung herabgesetzt ist. Sie setzt in reizarmen Situationen ein, wenn eine Person über längere Zeit sich wiederholt mit gleichartigen und eintönigen Tätigkeiten beschäftigen muss. Entgegenwirken kann man dieser Beanspruchungsfolge durch entsprechende Maßnahmen der Arbeitsgestaltung, wie etwa → Jobrotation.

Motiv – 1. *Begriff:* (Höhere) Motive sind zeitlich relativ überdauernde psychische Eigenschaften von Personen. Sie werden im Zug der Sozialisation erworben und bilden ein verhältnismäßig stabiles System. – 2. *Komponenten:* a) *Aktivierende Komponente:* Triebe, die das Verhalten, ausgelöst durch Störung des biologischen Gleichgewichts, aktivieren und lenken (→ Aktivierung, → Emotionen). – b) *Kognitive Komponente:* bewusster oder willentlicher Prozess der Zielsetzung, der Wahrnehmung und Interpretation von Handlungsalternativen umfasst, d.h. ein bewusstes Anstreben von Zielen; in der Motivationstheorie ist die Zugehörigkeit der kognitiven Komponente umstritten. – 3. *Arten:* (1) „niedere", physiologisch bedingte Motive (angeborene Triebe und Emotionen, z.B. Hunger, Durst, Schlaf, Sexualität); (2) „höhere" Motive, die erst nach der Befriedigung von Trieben und Emotionen auftreten (z.B. soziale Motive, Selbstverwirklichung). Weitere Unterscheidung nach Komplexität (Zusammenwirken verschiedener Antriebskräfte) und Konkretheit der Motive – 4. *Bedeutung für Marketing und Werbung:* In erster Linie Beschäftigung mit der aktivierenden Komponente: Durch Gliederung der

Konsummotivationen in zugrunde liegende Emotionen und Triebe können Zusammenhänge zwischen Antriebskräften und Handlungsabsichten aufgedeckt werden. Für die Werbung ergeben sich daraus Strategiekonzepte, z.B. Ansprechen und Verstärken der sozialen Motive (u.a. Gruppenzugehörigkeit, Prestige) oder Hervorheben der durch eine Marke möglichen Triebbefriedigung. – 5. *Messung:* in erster Linie durch → Befragung. Problematisch ist allerdings das Nichtbewusstsein vieler Antriebskräfte und Handlungsabsichten. Deshalb oft auch Einsatz projektiver und nicht verbaler Befragungsmethoden.

Motivation – Zustand einer Person, der sie dazu veranlasst, eine bestimmte Handlungsalternative auszuwählen, um ein bestimmtes Ergebnis zu erreichen und der dafür sorgt, dass diese Person ihr Verhalten hinsichtlich Richtung und Intensität beibehält. Im Gegensatz zu den beim Menschen begrenzten biologischen Antrieben sind Motivation und einzelne → Motive gelernt bzw. in Sozialisationsprozessen vermittelt. Oft wird der Begriff der Motivation auch im Sinn von Handlungsantrieben oder Bedürfnissen verwendet. – Vgl. auch → Motivationspotenzial, Motivationstheorien, → Arbeitsmotivation, → Leistungsmotivation, → Zweifaktorentheorie.

Motivationsforschung – Forschungsgebiet der Psychologie, das sich auf alle Fragen nach den Beweggründen für das menschliche Verhalten bezieht (→ Motivation). – Motivationsforschung unterscheidet sich von der *Motivforschung* dadurch, dass sich diese auf Einzelmotive (z.B. Konsumbedürfnisse) bezieht.

Motivationspotenzial – latente Stärke der → Motivation. Eine Tätigkeit weist ein *erhöhtes Motivationspotenzial* auf, sofern sie den Einsatz unterschiedlicher Fähigkeiten ermöglicht sowie die Ausführung einer ganzheitlichen Aufgabe verlangt, die einen bedeutsamen Inhalt hat, Entscheidungsfreiheit beinhaltet und so gestaltet ist, dass die Person eine Rückkopplung in Bezug auf das Arbeitsergebnis erhält (Oldham und Hackmann). Der *Vergrößerung des Motivationspotenzials* dienen folgende Maßnahmen der Arbeitserweiterung (→ Joblargement), Arbeitsbereicherung (→ Jobenrichment) sowie der → teilautonomen Arbeitsgruppe.

Motivatoren – bilden innerhalb der → Zweifaktorentheorie der Zufriedenheit von Herzberg jene Bestandteile der Arbeitssituation, die langfristig → Arbeitszufriedenheit bedingen und zugleich die Leistungsbereitschaft verbessern. Wichtige Motivatoren sind Leistung, Anerkennung, Aufgabeninhalt, Verantwortung, Aufstiegsperspektive sowie Wachstumsmöglichkeit.

Multimomentverfahren – Beobachtungstechnik des Arbeitszeitstudiums, bei der eine Häufigkeitsstudie im Sinn der mathematischen Stichprobentheorie durchgeführt wird; erfasst wird die Häufigkeit zuvor festgelegter Ablaufarten an einem oder mehreren Arbeitsplätzen mithilfe stichprobenartig durchgeführter Kurzzeitbeobachtungen. In den USA und einigen europäischen Ländern sehr verbreitet. Mit dem Multimomentverfahren kann eine hohe Genauigkeit der Zeitstudien (Multimoment-Zeitstudie) erreicht werden, ohne dass dabei Messgeräte gebraucht werden.

nachhaltiges Personalmanagement – 1. *Begriff*: steht für ein → Personalmanagement, das seine Handlungen, Konzepte und Strategien an langfristigem, wirtschaftlichem Erfolg und an allen betroffenen Stakeholdern ausrichtet. Es spricht dabei sowohl die Funktion der → Personalführung als auch die der → Personalverwaltung an. – 2. *Merkmale der Nachhaltigkeit im Personalmanagement*: (1) Personalplanung: Künftiger Personalbedarf wird im Rahmen der strategischen Unternehmensentwicklung und der Unternehmensziele auf höchster Entscheidungsebene im Unternehmen langfristig ermittelt und geplant. Dabei geht es sowohl um die kollektive wie individuelle Personalplanung, bei der eine Laufbahnplanung horizontal wie vertikal erfolgen kann. (2) Personalentwicklung: Ebenso wie bei der Personalplanung setzt man hier auf eine langfristige Strategie, um Qualifikationen und Kompetenzen der Mitarbeiter zu erhalten und zu verbessern. Dazu bedarf es einer kontinuierlichen Situations- und Bedarfsanalyse. (3) Personalkommunikation: Eine integrative Kommunikation in diesem Bereich umfasst interne wie externe Stakeholder, Einzelpersonen, Gruppen, Einheiten sowie Organisationen und dient der Information, Vernetzung und Werbung. (4) Personalbeschaffung: Bei der Bereitstellung der für das Unternehmen erforderlichen Mitarbeiter geht es den Aufbau und die Aufrechterhaltung langfristig erfolgreicher und kostengünstiger Wege und Plattformen zur Personalbeschaffung, wie z.B. eine eigene interne wie externe Karriereseite, die Einstellung neuer Mitarbeiter schon als Praktikant oder Werkstudent. (5) Personaleinsatz und -organisation: Beide Bereiche sollten bei einer jeweiligen nachhaltigen Planung integrativ miteinander verbunden sein. So geht es bei der Organisation von Prozessen beispielsweise darum, Nachfolgeregelungen zu finden, die eine gezielte Weitergabe von Wissen sichern und ein schrittweise vorgenommenes Ausscheiden aus dem Arbeitsleben ermöglichen. (6) Personalcontrolling: Personalmanagement verstanden als strategischer Teil der Unternehmensführung und -entwicklung bedarf einer strukturierten Transparenz und Koordinierung, um nachhaltig erfolgsgerichtet arbeiten zu können. – 3. *Ziele*: Nachhaltiges Personalmanagement findet Anwendung, um den Erfolg eines Unternehmens langfristig zu sichern. Dabei geht es um gleichbleibend hohe Mitarbeiterzufriedenheit für motivierte, gesunde, innovative und produktive Mitarbeiter, Attraktivität des Arbeitsgebers am Bewerbermarkt zur Anwerbung der besten passenden Kandidaten, eine Führungskultur, die das Arbeitsklima optimiert und alle Kräfte auf die Unternehmensziele bündelt.

Nachtarbeit – 1. *Charakterisierung*: Nachtarbeit ist jede Arbeit, die mehr als zwei Stunden der Nachtzeit (23 bis 6 Uhr) umfasst (§ 2 II, III ArbZG). Nachtarbeit ist meist aus technischen Gründen (z.B. Papier- oder Stahlerzeugung) oder aus Gründen der Versorgung der Bevölkerung mit bestimmten Leistungen (z.B. Krankenschwester, Polizei, Verkehrsbetriebe) unvermeidlich. Nachtarbeit ist aufgrund der festen menschlichen Tagesrhythmik (Biorhythmus) mit bes. Problemen belastet. So erreicht die physiologische Leistungsfähigkeit in der Nacht im Durchschnitt nur unter Normal liegende Werte und auch die Tiefpunkte werden in der Nacht (ca. 3 Uhr) erreicht. Dies liegt an den sog. Zeitgebern, die die menschliche Physiologie in Ruhe- und Spannungszustände versetzen. – 2. *Arbeitsrechtliche Regelung*: Arbeitszeit, Frauenschutz, Jugendarbeitsschutz. – Vgl. auch → Schichtarbeit.

Nachtarbeitszuschlag – Mehrarbeitszuschlag.

Naturallohn – *Sachlohn;* unmittelbar in Sachgütern geleistete Form des Arbeitsentgelts; die einzig denkbare Lohnform in arbeitsteiligen Naturalwirtschaften, heute selten, da Naturallohn in den modernen Geldwirtschaften durch das Verbot des → Trucksystems auf eine Ergänzung der (tariflich festgelegten) Barlohn-Vergütungen beschränkt ist (z.B. beim landwirtschaftlichen Deputat, Deputatkohle im Bergbau). Naturallohn wird nur mehr als zusätzliches Entgelt toleriert (z.B. private Geschäftswagennutzung) – *Gegensatz:* → Geldlohn. – *Lohnsteuer:* Bei der Ermittlung des lohnsteuerpflichtigen Arbeitslohns wird der Naturallohn pauschaliert dem Geldlohn zugeschlagen (Sachbezüge).

Nettogehalt → Nettolohn.

Nettolohn – 1. Der *Nettolohn* bzw. das *Nettogehalt* bezeichnet den Teil des Lohns, der an den Arbeitnehmer ausgezahlt wird und damit für den Lebensunterhalt verfügbar ist. Nettolohnrechnung ist Aufgabe der Lohnbuchführung. – 2. Nettolohn als *vereinbartes Arbeitsentgelt (Nettolohnvereinbarung):* Lohnsteuer und Beiträge zur Sozialversicherung werden nach dem entsprechenden Bruttolohn berechnet; sie sind in voller Höhe durch den Arbeitgeber abzuführen.

Nominallohn – das in Geld bewertete Arbeitsentgelt eines Arbeitnehmers ohne Berücksichtigung der realen Kaufkraft. – Es wird daher beim Nominallohn die Veränderung des Preisniveaus (Inflation, Deflation) nicht berücksichtigt. Die Höhe des Nominallohns wird in einer Lohnverhandlung bestimmt. – *Gegensatz:* → Reallohn.

Normalleistung – Begriff des Arbeitsstudiums. Die Normalleistung liegt gewöhnlich unter der Durchschnittsleistung von im Leistungslohn Arbeitenden und sie stellt die Grundlage zur Ermittlung des Prämienlohnes dar. – Vgl. auch → REFA-Normalleistung.

normatives Führungsmodell – eine auf Vroom und Yetton zurückgehende → Situationstheorie der Führung, die angibt, in welcher Führungssituation der Führende welchen Grad der Partizipation der Geführten zulassen soll. Unterschieden wird dabei zwischen autokratischen, konsultativen auf Beratung durch die Geführten beruhenden Entscheidungen und Gruppenentscheidungen. Mithilfe eines → Entscheidungsbaumes wird der Führende durch eine Reihe situationsdiagnostischer Fragen (z.B. ist das Problem bereits strukturiert?) geführt, die er mit ja oder nein beantworten soll. Es wird von ihm erwartet, dass er diese Fragen valide beantworten kann. Hat er alle Fragen beantwortet, erhält er schließlich durch das Modell den Ratschlag, ob er alleine, nach Beratung durch die Geführten oder im Rahmen eines Gruppenentscheidungsprozesses seine Führungsentscheidung treffen soll. Der Entscheidungsbaum ist häufig Grundlage von Führungstrainings. Die Nützlichkeit des Konzeptes wurde durch empirische Studien belegt.

Nutzungsgradprämie → Nutzungsprämie.

Nutzungsprämie – *Nutzungsgradprämie;* Art des → Prämienlohns, gewährt für optimale zeitliche Nutzung von Maschinen, Halb- und Vollautomaten, Transport-, Förder- und technischen Verfahrensanlagen. Nutzungsprämien gewinnen mit zunehmender Mechanisierung und Automation an Bedeutung, hauptsächlich für Bedienungs-, Wartungs- und Reparaturpersonal. Bezugsbasis können sein die Wartezeiten, Leerlaufzeiten, Wartungszeiten, Reparaturzeiten. – *Voraussetzung:* Diese Zeiten müssen vom Arbeitnehmer beeinflussbar sein. – Nutzungsprämien werden häufig mit → Qualitätsprämien oder → Ersparnisprämien kombiniert.

off-the-Job-Training – Aus-, Fort- oder Weiterbildung ohne räumliche Nähe zum Arbeitsplatz, z.B. in Lehrwerkstätten oder sonstigen Trainings- bzw. Ausbildungseinrichtungen. Vermittlung des Fachwissens unabhängig vom → Arbeitsplatz (überbetriebliche Ausbildung). Heute vielfach kombiniert mit → on-the-Job-Training.

on-the-Job-Training – Aus-, Fort- oder Weiterbildung am Arbeitsplatz durch Zusehen und Mitmachen unter Anleitung einer Facharbeitskraft. Heute vielfach kombiniert mit → off-the-Job-Training.

Open Distance Learning → Telelearning.

optische Täuschungen – Täuschungen des Gesichtssinns über objektive Reizverhältnisse. Die räumlichen Verhältnisse betreffen die *geometrisch-optischen Täuschungen* (optische Täuschungen im eigentlichen Sinn), die raumzeitlichen die *Bewegungstäuschungen*.

Organisationsentwicklung – 1. *Begriff*: Strategie des geplanten und systematischen Wandels, der durch die Beeinflussung der Organisationsstruktur, Unternehmenskultur und individuellem Verhalten zustande kommt, und zwar unter größtmöglicher Beteiligung der betroffenen Arbeitnehmer. Zielsetzung ist einerseits, der Leistungsfähigkeit der Organisation, und andererseits der Entfaltung der einzelnen Organisationsmitglieder zu dienen. Die gewählte ganzheitliche Perspektive berücksichtigt die Wechselwirkungen zwischen Individuen, Gruppen, Organisationen, Technologie, Umwelt, Zeit sowie die Kommunikationsmuster, Wertestrukturen, Machtkonstellationen etc., die in der jeweiligen Organisation real existieren. – 2. *Ziele*: Die Verbesserung der organisatorischen Leistungsfähigkeit zur Erreichung der strategischen Ziele der Unternehmung und die Verbesserung der Qualität des Arbeitslebens für die in ihr beschäftigten Mitarbeiter (→ Humanisierung der Arbeit). – Vgl. auch Change Management.

Organisationspsychologie → Arbeits- und Organisationspsychologie.

Outplacement – Variante der → Personalfreisetzung bei Führungskräften (oberes oder auch mittleres Management) mit Unterstützung eines i.d.R. externen Beraters. Die Beratung ist darauf spezialisiert, für die Entlassenen neue Arbeitsplätze und Aufgabenfelder zu finden sowie das Selbstwertgefühl zu stabilisieren. Die Gebühren für die Outplacement-Beratung werden üblicherweise vom ehemaligen Arbeitgeber des Entlassenen bezahlt.

partizipative Führung – Führungsverhalten, das wesentlich darauf beruht, dass der Führende die Unterstellten in die Führungsentscheidungen einbezieht. Das Konzept wurde geprägt durch den von Lewin experimentell untersuchten demokratischen → Führungsstil, dem der Autor den autoritären gegenüberstellte. Hauptunterscheidungsmerkmal zwischen dem demokratischen und dem autoritären Führungsstil ist der Grad der Partizipation.

Partnerschaft – I. Personalmanagement: v.a. seit dem Zweiten Weltkrieg wirksame Bestrebungen von Unternehmen, im eigenen Betrieb nach neuen Formen der Zusammenarbeit mit der Belegschaft zu suchen. Sichtbarstes Ergebnis derartiger Bemühungen ist oftmals eine → Erfolgsbeteiligung bzw. → Kapitalbeteiligung der Mitarbeiter *(materielle Beteiligung)*, verschiedentlich ergänzt durch bes. Mitsprache- und Mitentscheidungsmöglichkeiten (→ immaterielle Mitarbeiterbeteiligung) mit unterschiedlicher Intensität. – Ziele sind Förderung von Leistungsbereitschaft und Arbeitszufriedenheit. – Vgl. auch Mitbestimmung, Unternehmensverfassung.

II. Unternehmensführung: internationale strategische Allianz, internationale Kooperation, internationales Projekt.

III. Handels- und Gesellschaftsrecht: Partnerschaftsgesellschaft (PartG).

Patensystem – *Mentoring*; Verfahren der individuellen Arbeitseinführung, wonach in einen Betrieb eintretenden Personen ein Betriebsangehöriger (Pate) zur Seite gestellt wird, der die fachlich-technische und die soziale Eingliederung erleichtert.

patriarchalischer Führungsstil → Führungsstil.

Pausengestaltung – Festlegung von Zeitpunkt, Häufigkeit und Dauer von Arbeitsunterbrechungen (Pausen). Pausengestaltung ist unter Berücksichtigung der Erkenntnisse der Arbeitswissenschaft so vorzunehmen, dass der Anstieg des Ermüdungsniveaus (→ Ermüdung) so gering wie möglich bleibt. – Vgl. Abbildung „Pausengestaltung".

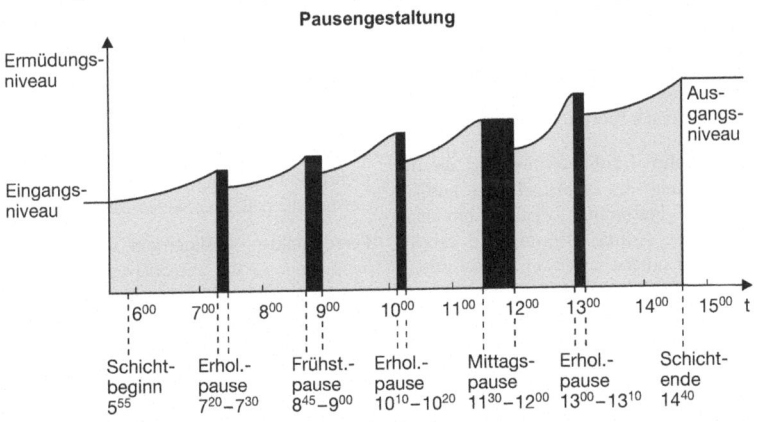

Pausengestaltung

Pension – Ruhegehalt der im öffentlichen Dienst stehenden Beamten. – Vgl. Beamtenversorgungsgesetz (BeamtVG).

Pensionsverpflichtungen – Verpflichtungen (i.d.R.) eines Unternehmers oder eines Unternehmens aus der Zusage einer bestimmten Alters-(Invaliden-) und/oder Hinterbliebenenversorgung (Alters- und Hinterbliebenenversorgung, betriebliche Altersversorgung (bAV)). – 1. *Rechtsgrundlagen:* In Betracht kommen Vertrag, Betriebsvereinbarung, Tarifvertrag, Besoldungsordnung, betriebliche Übung oder der Grundsatz der Gleichbehandlung. Begünstigt werden können nicht nur die Arbeitnehmer des Unternehmens (im arbeitsrechtlichen Sinn), sondern alle, die in einem Mitarbeiterverhältnis zum Unternehmer oder Unternehmen stehen und bei denen die Versorgung als Leistungsentgelt gewährt wird. – Die Pensionsanwartschaft setzt regelmäßig eine längere Tätigkeit im Betrieb voraus. – 2. *Leistungen:* Gegenstand der Pensionsverpflichtungen können sein: (1) laufende, gleichbleibende oder steigende Leistungen in Form von Geld oder Sachwerten; (2) eine einmalige Kapitalabfindung. – 3. *Steuerrecht:* Es dürfen nur für bestimmte Pensionsverpflichtungen Rückstellungen gebildet werden. Passivierungsfähig sind nur Lasten aus solchen Pensionsverpflichtungen, die auf einer rechtsverbindlichen, vorbehaltslosen oder allenfalls mit einem steuerunschädlichen Vorbehalt versehenen Versorgungszusage beruhen. – Vgl. auch Pensionsrückstellungen.

Pensumlohn – Lohnvereinbarung, die die Verpflichtung des Arbeitnehmers enthält, in einem bestimmten Zeitabschnitt eine bestimmte Leistung (Pensum) zu erbringen. – Zu unterscheiden sind: → Festlohn und → Programmlohn. Neue Lohnformen, die auf einer erwarteten, festgelegten oder geplanten Tagesleistung basieren, finden zunehmend Anwendung, da aufgrund zunehmender Mechanisierung und Automatisierung der Einfluss des Arbeitnehmers auf das Produktionsergebnis und damit die → Akkordfähigkeit abnimmt.

Personal – Als Personal bezeichnet man die zur Leistungserbringung eingesetzten, bezahlten Mitarbeiter eines Unternehmens. Es ist auch eine Kurzbezeichnung für → Personalwirtschaft bzw. → Personalmanagement.

Personalabteilung – *Personalressort, HR-Abteilung.* 1. *Begriff:* die für die Erfüllung von Personalaufgaben zuständige Organisationseinheit eines Unternehmens. Die Personalabteilung unterstützt die Personalverantwortlichen und hat Servicefunktion für die Mitarbeiter; zunehmend auch Erfüllung strategischer Aufgaben (z.B. strategische Personalplanung). – 2. *Gestaltungsformen:* (1) Kernaufgaben: Aufgaben, die i.d.R. in die volle Verantwortung der Personalabteilung fallen (z.B. alle mit der Beschäftigung, Entwicklung und Betreuung von Arbeitnehmern verbundenen Aufgaben); (2) Richtlinienaufgaben: Die volle Zuständigkeit für die Durchführung liegt bei der Fachabteilung zum Zwecke der Gleichbehandlung aller Mitarbeiter; über Abteilungsgrenzen hinweg gibt die Personalabteilung Richtlinien vor, die die Personalabteilung i.d.R. zu überwachen hat. – 3. *Eingliederung in die Unternehmensorganisation:* ist abhängig von der Bedeutung, die der Personalfunktion eingeräumt wird, ferner von der Aufgabenverteilung zwischen Personalabteilung und Fachabteilung, tatsächliche Einflussmöglichkeiten der Personalverantwortlichen und Qualifikation der Linienvorgesetzten zur Lösung von Problemen der Personalführung. Aktuell in der Praxis vermehrte Fokussierung moderner Organisationsmodelle (z.B. Drei-Säulen-Modell).

Personalakte – I. Allgemein: über den Arbeitnehmer in der Personalverwaltung aktenmäßig oder innerhalb einer Datenbank (Personalinformationssystem) geführte Informationen. – Zur Personalakte gehören: Bewerbungsschreiben, Personalbogen, Anstellungsvertrag, Zeugnisse, wichtige Belege über Gehaltsveränderungen, Regelbeurteilungen,

Verwarnungen etc. sowie Nebenakten wie Urlaubs- oder Fehlzeitenkarteien.

II. Arbeitsrecht: 1. *Grundsätzliches:* Berichte über die Dienstleistungen oder Befähigungen der Arbeitnehmer in Personalakten sind so zu erstellen, dass sie unter Abwägung der beiderseitigen Interessen ein *objektives Bild* von der Person und den Leistungen des Arbeitnehmers ergeben. – Der Arbeitnehmer hat ein Recht auf *Einsichtnahme* in die Personalakte (§ 83 BetrVG). – Sind die zu der Personalakte genommenen Berichte nicht sachgemäß gefasst bzw. sind zu der Personalakte genommene Abmahnungen ungerechtfertigt, kann der Arbeitnehmer aufgrund der Fürsorgepflicht des Arbeitgebers *Berichtigung des Berichts* bzw. *Entfernung der Abmahnung* aus der Personalakte verlangen. – 2. *Datensammlungen (Dateien), zusammengefasste Personalakte:* Das Bundesdatenschutzgesetz (BDSG) ist zu beachten. – a) Das *Speichern* „personenbezogener Daten" ist im Rahmen der Zweckbestimmung des Arbeitsverhältnisses zulässig (§ 28 BDSG). – b) Die *Übermittlung* von zulässigerweise gespeicherten Daten ist gestattet im Rahmen der Zweckbestimmung eines Vertragsverhältnisses oder vertragsähnlichen Vertrauensverhältnisses mit dem Betroffenen oder soweit es zur Wahrung berechtigter Interessen des Übermittelnden oder eines Dritten erforderlich ist und schutzwürdige Belange des Betroffenen nicht beeinträchtigt werden (§ 28 I Nr. 1, 2 und II BDSG). Die Weitergabe von Personaldaten an andere Arbeitgeber, bei denen sich der Arbeitnehmer bewirbt, ist danach i.d.R. zulässig. – c) *Unrichtige personenbezogene Daten* sind zu berichtigen, unzulässig gespeicherte Daten zu löschen (§ 35 BDSG).

III. Beamtenrecht: Regelungen über die Personalakten in den §§ 106 bis 115 BBG für die Bundesbeamten sowie in § 50 Beamtenstatusgesetz für die Beamten der Länder, Kommunen und sonstigen Körperschaften.

Personalanzeige – *Stellenanzeige;* eine Personalanzeige wird von einem Arbeitgeber oder von einer Personalvermittlung aufgegeben, sofern nach neuen Mitarbeitern oder Arbeitnehmern gesucht wird. – Bis in die 1990er-Jahre hinein war das Haupt-Medium für Stellenanzeigen die Tageszeitung. Mit zunehmender Verbreitung des Internets werden mehr und mehr Stellen auch online angezeigt. Oftmals hat man hier Gelegenheit sofort mit einer E-Mail zu reagieren oder sich direkt online zu bewerben. – *Arten:* (1) offene Personalanzeige (mit Namensnennung des Interessenten); (2) Kennziffer-(Chiffre-)Personalanzeige. Zu beachten ist ggf. die Notwendigkeit einer innerbetrieblichen Stellenausschreibung.

Personalarbeit – *betriebliche Personalarbeit, Human Resource Management;* Tätigkeiten, die von der institutionalisierten Personalabteilung wahrgenommen werden; i.w.S. alle Tätigkeiten, die mit der Beschäftigung von Mitarbeitern anfallen.

Personalauswahl – *Personalselektion;* Entscheidung über die Besetzung einer frei gewordenen, frei werdenden oder einer noch zu schaffenden Stelle aus dem Angebot an internen und/oder externen Bewerbern einschließlich der die Personalauswahl vorbereitenden Arbeiten. Hilfsmittel sind verschiedene eignungsdiagnostische Verfahren (→ Eignungsdiagnostik) bes. Fähigkeits- und Persönlichkeitstests, Interviews, der biografische Fragebogen sowie das → Assessmentcenter. Mitunter erfolgt ein Rückgriff auf eine → Personalberatung. – Vgl. auch → Personalmanagement.

Personalbedarf – 1. *Begriff:* Festlegung des Arbeitskräftepotenzials, das ein Unternehmen momentan bzw. zu einem zukünftigen Zeitpunkt in quantitativer und qualitativer Hinsicht benötigt, um die geplanten Aktivitäten durchführen zu können. – 2. *Ermittlung des Personalbedarfs:* Dies umfasst Anzahl, qualitative Struktur und zeitlichen, ggf. auch örtlichen Einsatz der benötigten Arbeitskräfte. Daraus ergibt sich ein Sollwert, an dem sich alle personalwirtschaftlichen

Maßnahmen auszurichten haben. – 3. *Determinanten des Personalbedarfs:* (1) Arbeitsaufgabe (Mengenaspekt, Aufgabeninhalt, zeitliche Struktur); (2) Arbeitsträger (Art, Technologie der Arbeitsmittel, Arbeitskräfte selbst als Wirkungsfaktor: Belastbarkeit, Arbeitsbereitschaft, Arbeitsfähigkeit etc.); (3) Arbeitsbedingungen (Arbeitsorganisation: Aufbauorganisation, Führungssystem etc., Arbeitsumwelt). – 4. *Methoden zur Ermittlung des Personalbedarfs:* a) *Direkte Ermittlung:* Ableitung unmittelbar aus anderen Planzahlen eines Unternehmens; ein Bestimmungsfaktor (bzw. eine Gruppe von Faktoren) wird als allein maßgeblich angesehen, der Personalbedarf von dieser Bezugsgröße abgeleitet. Voraussetzung ist die eindeutige Festlegung der unabhängigen Variablen (z.B. Jahresproduktion in Stück) und die Abhängigkeitsfunktion zwischen dieser Bezugsgröße und dem Personalbedarf. Zur Anwendung kommen Extrapolationsverfahren, Kennzahlenmethode, Korrelations- und Regressionsrechnungen. – b) *Indirekte Ermittlung:* Analyse der Auswirkungen der zahlreichen Determinanten auf die zukünftigen Qualifikationsmerkmale und die Organisationsstruktur (Personalentwicklung). – *Weitere Verfahren:* Stellenbesetzungsmethode, Anlagen- und Arbeitsplatzmethode, Nachfolge- und Laufbahnmethode. – Mögliche Gründe für die Personalbeschaffung: Wiederbesetzung einer Stelle, Besetzung einer neuen Stelle, Schaffung eines Nachwuchspools.

Personalbedarfsermittlung → Personalbedarf.

Personalberatung – Teil der Managementberatung, bei der ein Personalberater einen Personalsuchauftrag für eine bestimmte zu besetzende Position erhält. Die Mitwirkung eines neutralen, geschulten Beraters soll das Risiko einer Fehlentscheidung verhindern. Kosten trägt der Auftraggeber. – Zunehmend werden Personalberater auch zur Lösung anderer Probleme im Bereich betrieblicher Personalarbeit herangezogen (Entgeltgestaltung etc.).

Personalbeschaffung – 1. *Begriff:* Teilfunktion der → Personalwirtschaft mit der Aufgabe, die von einem Unternehmen benötigten Arbeitskräfte in qualitativer, quantitativer, zeitlicher und räumlicher Hinsicht zu beschaffen. Zunehmend wird auch der Begriff *Personalgewinnung* verwendet. – 2. *Maßnahmen der Personalbeschaffung* werden ausgelöst, wenn eine personelle Unterdeckung festgestellt wird (→ Personalbedarf). Im Fall eines Fehlbedarfs erfolgt zunächst eine Entscheidung über die Art der Abdeckung. Alternativen sind dabei: (1) Anpassung der personellen Kapazität ohne Veränderung des Personalbestandes, z.B. durch Personalleasing; (2) Anpassung durch Veränderung des Personalbestandes, bes. durch Neueinstellung (→ Personalauswahl); (3) Besetzung einer vakanten Stelle durch einen bereits vorhandenen Mitarbeiter im Wege der Versetzung, Beförderung etc. (interne Personalbeschaffung). Der Entscheidungsspielraum der Personalbeschaffung wird von zahlreichen inner- und außerbetrieblichen sowie rechtlichen Einflussfaktoren und Rahmendaten strukturiert und begrenzt. – 3. *Instrumente der Personalbeschaffung:* (1) Anreizinstrumente (materielle, immaterielle Anreize; Arbeitssituationen als Anreizfaktor); (2) Beschaffungsmethode (direkt durch persönliche Kontaktaufnahme, z.B. Headhunting; indirekt durch Einschaltung von Beschaffungsmittlern, z.B. Bundesagentur für Arbeit, Personalberatung etc.); (3) Kommunikationspolitik (Maßnahmen der → Personalwerbung und der Public Relations). Mit dem Einsatz der Instrumente der Personalbeschaffung soll ein genügend großer Kreis an geeigneten Bewerbern erschlossen werden. Die Instrumente der Personalbeschaffung sind dann optimal kombiniert, wenn ein bestimmter Beschaffungsbedarf mit minimalen Kosten gedeckt wird. Die Wirksamkeit der einzelnen Instrumente ist im Hinblick auf die verschiedenen Beschaffungsquellen bzw. Segmente der Arbeitsmärkte zu beurteilen. – 4. Im Zuge eines *Auswahlprozesses* ist der für das Unternehmen am besten geeignete Bewerber herauszufinden und ein Arbeitsvertrag abzuschließen (→ Personalauswahl).

Personalbeurteilung → Mitarbeiterbeurteilung.

Personalcontrolling – Anwendung des Controllinggedankens auf Probleme der Steuerung und Kontrolle personeller Vorgänge im Unternehmen. In konzeptioneller Hinsicht ist von eklatanten Überschneidungen mit der → Personalplanung und dem Personalinformationssystem auszugehen. Faktisch sind die Ansätze bislang über altbekannte Vorschläge zur Bildung von → Personalkennzahlen kaum hinausgekommen. Ursache dürfte sein, dass sich lebendige Arbeit dem traditionellen ökonomischen Zugriff weitgehend entzieht.

Personaleinsatz – Zuordnung von Arbeitsaufgaben zu Mitarbeitern. Ziel ist eine möglichst genaue Deckung zwischen Anforderungs- und Qualifikationsprofil sowie des kurzfristigen Personalbedarfs in einem Unternehmensbereich. – Vgl. auch → Personalplanung.

Personalfreisetzung – Verringerung der Mitarbeiterzahl einer Unternehmung. Erforderlich, wenn der Personalbestand größer ist als der → Personalbedarf. – *Maßnahmen:* (1) *ohne Reduktion der Gesamtbelegschaft:* Umsetzung bei partiellen Überkapazitäten, Abbau von Überstunden, Arbeitszeitverkürzung, Kurzarbeit, Rückruf von Lohnaufträgen. – (2) *Mit Reduktion der Gesamtbelegschaft:* Nichtersetzen des natürlichen Abganges (bei Tod, Fluktuation, Pensionierung), Förderung des freiwilligen Ausscheidens durch Abfindungsangebote, Entlassungen. – Vgl. auch → Personalplanung, → Outplacement.

Personalführung – 1. *Begriff:* zielgerichtetes soziales Einflusshandeln im Rahmen von Wirtschafts- oder Verwaltungsorganisationen. Beteiligte sind neben einem Vorgesetzten mind. ein diesem weisungsmäßig unterstellter Mitarbeiter. – 2. Grundlegende *Führungsaktivitäten* sind Anweisung, Koordination und Überwachung bzw. Informieren, Instruieren und Motivieren. – 3. *Machtgrundlagen* für die Ausübung von Einfluss können sein: Belohnungs- und Bestrafungsmacht, legitimierte Macht, Referenzmacht, Expertenmacht. – 4. Unterschiedliche Formen der Machtausübung finden im → Führungsstil ihren Ausdruck. – 5. Als idealtypische *Dimensionen des Führungshandelns* (→ Führungsverhalten) gelten → Mitarbeiterorientierung (Consideration) und → Aufgabenorientierung (Initiating Structure).

Personalgewinnung – begriffliche, dem zeitgemäßen Verständnis von → Personalwirtschaft besser Rechnung tragende Alternative zu → Personalbeschaffung.

Personalkartei – Informationsträger, Ordnungsmittel zur Speicherung von Daten und Fakten und Entscheidungshilfe der → Personalverwaltung. – 1. Als *Personalstammkarte* enthält die Personalkartei für jedes Betriebsmitglied eine stichwortartige Übersicht über Person, Steuerklasse, Verdienstgruppe bzw. tariflichen und tatsächlich gezahltem Lohn/Gehalt, Sonderleistungen, Auszeichnungen, Verwarnungen, Verweise, Stellung im Betrieb, berufliche Entwicklung, Beurteilungen der Vorgesetzten etc. – 2. Als *Ordnungsmittel* kann die Personalkartei angelegt sein als manuell oder als maschinell geführte Personalkartei (Personalinformationssystem). – 3. Als *Entscheidungshilfe* dient die Personalkartei der Personalverwaltung, u.a. bei → Personalplanung, → Personalbeschaffung, Personalentwicklung und → Personalfreisetzung.

Personalkennzahlen – 1. *Begriff:* aus Personaldaten gewonnene Verhältniszahlen. Personalkennzahlen informieren über Sachverhalte, die für personalwirtschaftliche Entscheidungen von Bedeutung sind. Ihr Aussagewert ist jedoch auf quantitativ erfassbare Vorgänge beschränkt. – 2. *Bezugsgrößen:* a) *Personalstruktur:* Aufschlüsselung des Personalbestandes, z.B. nach Geschlecht, Alter,

Nationalität, formaler Qualifikation, Art des Entgeltes, Dauer der Betriebszugehörigkeit etc. – b) *Arbeitsproduktivität:* Outputgrößen (z.B. Stückzahlen, Umsätze), zum Arbeitseinsatz als Inputfaktor in Beziehung gesetzt. Die Arbeitsproduktivität kann global oder aber für spezifische Leistungsbereiche dargestellt werden. – c) *Personalaufwand:* zeigen die kostenmäßige Bedeutung des Personaleinsatzes, z.B. Personalaufwand pro Kopf (Personalaufwand: durchschnittlicher Personalbestand einer Periode), Personalaufwand je Arbeitsstunde, Personalintensität (Personalaufwand in Prozent des Umsatzes, der Herstellungskosten etc.). – d) *Verhalten:* als Indikatoren für Sachverhalte, die sich auf die Arbeitsproduktivität und den Personalaufwand auswirken, z.B. Fluktuation, Fehlzeiten, Beteiligung am betrieblichen Vorschlagswesen, Zufriedenheit.

Personalkontrolle – Teilgebiet der → Personalverwaltung. Die Personalkontrolle umfasst: (1) Überwachung der Einhaltung vereinbarter *Arbeitszeiten:* (a) durch Führen eines Ein- und Ausgangsbuches; (b) durch Abgabe nummerierter Kontrollmarken beim Pförtner; (c) mittels Stempeluhr (Kontrolluhr). – (2) Kontrolle von *Behältnissen* (Taschen, Rucksäcken, Paketen, Koffer etc.) beim Betreten oder Verlassen des Betriebes (→ Leibesvisitation, → Werkschutz).

Personalleasing → Arbeitnehmerüberlassung.

Personalleiter – ist hauptberuflich für Personalfragen verantwortlicher Abteilungs- oder Hauptabteilungsleiter von Unternehmen, in denen planmäßige → Personalarbeit betrieben wird. – Vgl. auch → Personalabteilung.

Personalmanagement – *Human Resource Management;* Summe personeller Gestaltungsmaßnahmen zur Verwirklichung der Unternehmensziele. Begriff wird vielfach synonym mit → Personalwesen oder → Personalwirtschaft verwendet. Im angelsächsischen Bereich mittlerweile durch → Human Resource Management ersetzt. – Zu inhaltlichen Aspekten vgl. → Personalwirtschaft.

Personalmarketing – Versuch der Anwendung des Marketinggedankens (Marketing) auf den Personalbereich, v.a. auf die → Personalbeschaffung. Zu den Aufgabenbereichen des Personalmarketings gehören bes. die Personalmarktforschung, die Anwerbung von Personal sowie die Betreuung der Mitarbeiter im Unternehmen („Der Mitarbeiter als Kunde").

Personalplanung – 1. *Begriff:* Personalplanung ist die gedankliche Vorwegnahme zukünftiger personeller Maßnahmen. Personalplanung soll dafür sorgen, dass kurz-, mittel- und langfristig die im Unternehmen benötigten Arbeitnehmer in der erforderlichen Qualität und Quantität zum richtigen Zeitpunkt, am richtigen Ort und unter Berücksichtigung der unternehmenspolitischen Ziele zur Verfügung stehen. Die Personalplanung ist Teilaufgabe der → Personalwirtschaft und Teil der Unternehmensplanung. – 2. *Teilbereiche:* Personalplanung vollzieht sich in mehreren Prozessabschnitten: (1) Ermittlung des → Personalbedarfs; (2) Planung der → Personalbeschaffung; (3) Planung der Personalentwicklung; (4) Planung des → Personaleinsatzes; (5) Planung der → Personalfreisetzung. – 3. *Voraussetzungen:* Eine aussagekräftige Personalplanung verlangt, dass umfassende Informationen über die Stellen, Personen, interne und externe Faktoren in die Planung einfließen. Hierzu ist ein gut ausgebautes, dem Datenschutz Rechnung tragendes Personalinformationssystem erforderlich. – 4. *Arbeitsrechtliche Regelungen:* Nach § 92 BetrVG ist der Betriebsrat hinsichtlich der Personalplanung zu informieren und beratend zu beteiligen. Entsprechend dem Zweck der Vorschrift umfasst der Begriff der Personalplanung v.a. den *gegenwärtigen und künftigen Personalbedarf in quantitativer und qualitativer Hinsicht,* zudem die sich aus dem Personalbedarf ergebenden *personellen Maßnahmen.* Die Unterrichtung muss umfassend sein, soweit eine Planung bereits vorliegt. Das Stadium der Planung ist erreicht, wenn die Überlegungen über Personalbedarf und Personaldeckung so weit gediehen sind, dass man sie als Vorgabe ansehen kann, nach der der Arbeitgeber in der betrieblichen Personalpolitik künftig verfahren will. – Nach § 92 II BetrVG kann der Betriebsrat, soweit eine Personalplanung noch nicht besteht, dem Arbeitgeber Vorschläge für ihre Einführung und Durchführung machen. Der Arbeitgeber ist nicht verpflichtet, den Vorschlägen zu folgen.

Personalpolitik – häufig synonym zu den Begriffen → Personalwesen, → Personalmanagement, → Personalwirtschaft verwendet. Der Begriff Politik umfasst das Setzen von Zielen, Strukturierung von Aufgaben und Durchführung von Maßnahmen. Damit ist naturgemäß jedes betriebliche Handeln auch ein politisches Handeln. I.e.S. umfasst Personalpolitik daher lediglich die Ziel- und Maßnahmenplanung sowie ihre Realisierung.

Personalressort → Personalabteilung.

Personalselektion → Personalauswahl.

Personalstatistik → betriebswirtschaftliche Statistik.

Personalverwaltung – Summe aller administrativen personalbezogenen Maßnahmen im Unternehmen, d.h. Anwendung der Regelungen des geltenden Rechts vom Sozialrecht bis zur Betriebsvereinbarung, Erledigung aller Formalitäten von der Personaleinstellung bis zur Personalfreisetzung, Bearbeitung der laufenden Mitarbeiteranträge, Führung der → Personalakten, Führung der Personalstatistik, Abwicklung der Lohn- und Gehaltszahlungen. In mittelständischen und Großunternehmen ist die administrative Personalarbeit häufig in sog. HR-Service-Centern gebündelt.

Personalwerbung – Mittel der → Personalbeschaffung; Einsatz spezifischer Kommunikationsmittel, z.B. → Stellenangebote, um potenzielle Bewerber auf ausgeschriebene oder nicht ausgeschriebene Stellen zu einer → Bewerbung zu veranlassen. – Vgl. auch → Personalmarketing.

Personalwesen – traditionelle, teilweise aus der Mode gekommene Bezeichnung für den Umgang mit Personal im Sinn von lebendiger Arbeit. Der Begriff Personalwesen soll zum Ausdruck bringen, dass der Mensch nicht losgelöst von seiner Person und seinem sozialen Wesen betrachtet werden kann. Der Objektbereich des Personalwesens muss deshalb auch die relevanten Problemstellungen aus den Gebieten Arbeits- und Sozialrecht, Arbeitswissenschaften, Verhaltens- und Geisteswissenschaften einbeziehen. – Seit geraumer Zeit ersetzt durch andere Bezeichnungen wie → Personalmanagement, → Human Resource Management, → Personalpolitik, → Personalwirtschaft.

Personalwirtschaft – I. Begriff: Mit dem Begriff Personalwirtschaft ist der Umgang mit lebendiger Arbeit in Wirtschaftsorganisationen bzw. Unternehmen gemeint. Alternative Bezeichnungen sind → Personalwesen, → Personalmanagement, teilweise auch → Personalpolitik sowie → Human Resource Management. Personalwirtschaftliches Gestalten und Handeln lässt sich zwei Problemkreisen zuordnen, nämlich erstens der personellen Verfügbarkeit und zweitens der personellen Wirksamkeit.

II. Erster Problemkreis: 1. *Personelle Verfügbarkeit*: Personelle Verfügbarkeit betrifft die folgenden Gestaltungs- und Handlungsfelder: Ermittlung des Personalbedarfs, Anpassung der personellen Kapazität, Personalauswahl/Selektionsentscheidungen, Einstellung und Eingliederung, Arbeitszeitgestaltung sowie Trennung von Mitarbeitern. – 2. *Ermittlung des Personalbedarfs*: Die Ermittlung des Personalbedarfs ist eine zukunftsorientierte Aktivität und damit Teil personalplanerischer Maßnahmen. Ziel ist die Verwirklichung einer langfristig angemessenen Personalstruktur in quantitativer und qualitativer Hinsicht. – 3. Anpassung der personellen Kapazität: Die Anpassung der personellen

Kapazität stellt sich dar als – Maßnahmen der Personalgewinnung (→ Personalbeschaffung, Personalrekrutierung); – Personelles Disponieren bei unverändertem Personalbestand, Anordnung von Mehrarbeit oder Kurzarbeit, innerbetriebliche Versetzungen, Umwandlung von Arbeitsverträgen und Personalleasing (→ Arbeitnehmerüberlassung) oder Überstundenabbau sowie – Maßnahmen der Personalreduzierung durch Ausnutzung des natürlichen Personalabgangs (→ Fluktuation, Erreichen des Rentenalters etc.), Ausscheiden infolge vorzeitigen Ruhestands und Abschluss von Aufhebungsverträgen sowie durch Massenentlassungen. – 4. *Personalauswahl*: Personalauswahl erfolgt in der Absicht, die Eignung von möglichen künftigen Mitarbeitern im Hinblick darauf festzustellen, ob sie die ihnen zugedachten Aufgaben auch tatsächlich erfüllen können. Dies herauszufinden ist Anliegen der Eignungsdiagnostik. – 5. *Einstellung und Eingliederung*: Durch die Einstellung wird das Arbeitsverhältnis im juristischen Sinn begründet. Grundlage ist ein Arbeitsvertrag, hinsichtlich dessen Zustandekommen der Grundsatz der Abschlussfreiheit gilt. Fördern lässt sich die fachliche und persönliche Eingliederung in das Unternehmen durch Eingliederungsprogramme (z.B. Seminar zum Kennenlernen des Unternehmens, Aushändigung eines „Handbuchs für neue Mitarbeiter" etc.). Wirksam erleichtern werden kann sie durch Stellung eines Paten (→ Patensystem). – 6. *Arbeitszeitgestaltung*: Wichtigste Grundlage für die Gestaltung der Arbeitszeit ist das Arbeitszeitgesetz. Darüber hinaus ist die Arbeitszeit eine Domäne kollektivvertraglicher Vereinbarungen (Tarifverträge, Betriebsvereinbarungen). In Ausnahmefällen ist eine individualrechtliche Regelung möglich. – 7. *Trennung von Mitarbeitern*: Eine (im juristischen Sinn) unproblematische Form der Trennung liegt vor, wenn ein Arbeitnehmer das Arbeitsverhältnis von sich aus kündigt. Geht die Trennungsabsicht vom Unternehmen aus, kompliziert sich die Sachlage erheblich, denn eine Entlassung ist nur bei Vorliegen bes. Gründe möglich (Kündigung). Die natürlichste Art der Trennung stellt das Ausscheiden von Mitarbeitern durch Erreichen der Altersgrenze dar. In psychisch-sozialer Hinsicht ist sie jedoch häufig keineswegs problemlos. Durch einen gleitenden Übergang in den Ruhestand (flexible Altersgrenze) kann das Überwechseln in den dritten Lebensabschnitt erleichtert werden.

III. **Zweiter Problemkreis**: 1. *Personelle Wirksamkeit* betrifft folgende Gestaltungs- und Handlungsfelder: Mitarbeiterqualifizierung, Laufbahngestaltung, Aufgabengestaltung, Entgeltgestaltung sowie Personalführung. – 2. *Mitarbeiterqualifizierung*: Vornehmlich als Folge des Technikwandels und der allg. Bedeutungsgewinns von Wissen hat die (Aus- und) Weiterbildung der Mitarbeiter einen zunehmend hohen Stellenwert bekommen. Daneben erfordert die stärkere Verbreitung von Gruppen- und Teamarbeit sowie veränderte Anforderungen an Vorgesetzte ein hohes Maß an Sozialkompetenz. Aus Unternehmensperspektive bedarf es vor diesem Hintergrund eines proaktiven Qualifikationsmanagements; aus Mitarbeitersicht besteht Anlass, in der permanenten Qualifizierung einen integrativen Bestandteil des Arbeitslebens zu erblicken. Im Konzept der (qualifikationsbezogenen) Personalentwicklung sind beide Interessenrichtungen berücksichtigt. – 3. *Laufbahngestaltung*: Beschaffenheit und Ausrichtung der in Unternehmen existierenden Laufbahn- bzw. Karrieresysteme (→ Karriereplanung) determinieren die beruflichen Entwicklungsmöglichkeiten der Mitarbeiter. Bei neutraler Verwendung des Karrierebegriffs ist dabei neben der vertikalen (hierarchischer Auf- oder Abstieg) auch an die horizontale (Wechsel in neue Funktionsbereiche) und zentripetale (stärkere Einbezogenheit in Entscheidungen) Entwicklungsrichtung zu denken. In der Praxis überlappen sich die erwähnten Entwicklungsrichtungen teilweise. Aufgabe der Potenzialbeurteilung ist es, das Entwicklungspotenzial von

Mitarbeitern abzuschätzen. – 4. *Aufgabengestaltung:* Das Erfordernis einer „menschengerechten" Gestaltung der Arbeit bezieht sich auf den Arbeitsplatz, die Arbeitsumgebung und v.a. auf den Arbeitsinhalt. Die arbeitswissenschaftlich-ergonomische Gestaltung des Arbeitsplatzes (→ Ergonomie) muss sich sowohl an den Aufgaben als auch an den sich aus der Aufgabenerfüllung ergebenden Belastungen und Beanspruchungen orientieren. Faktoren der Arbeitsumgebung - v.a. Beleuchtung, Farbe im Arbeitsraum, Schall und Lärm, Klima – wirken von außen auf den Arbeitsplatz ein. Bei unzweckmäßiger Gestaltung machen sie sich durch Belastung und Beanspruchung bemerkbar und sind daher als Leistungsvoraussetzungen zu interpretieren. Die Gestaltung des Arbeitsinhalts nimmt Einfluss auf die (intrinsische) Motivation. – 5. *Entgeltgestaltung:* Entgelthöhe und Entgeltstruktur sind hier zu Lande weitgehend eine Domäne kollektivvertraglicher Regelungen. Nur bei der Entlohnung von Führungskräften gibt es beträchtliche Spielräume für einzelvertragliche Abmachungen. Daher können hier Anreizaspekte von Entgeltsystemen und Individualisierungsgesichtspunkte stärker berücksichtigt werden (Cafeteria-System, Individualisierung). Aus motivationaler Sicht ist davon auszugehen, dass das Entgelt ein (nahezu) universelles Mittel der Bedürfnisbefriedigung darstellt, dazu geeignet, eine Vielzahl individueller Motive anzusprechen. Dies erschwert es gelegentlich, seine Wirkungen auf das Arbeitsverhalten abzuschätzen. – 6. *Personalführung:* Personalführung ist zielgerichtetes soziales Einflusshandeln (Führung). Wird sie als eine Beziehung interpretiert, in der eine Person eine oder mehrere andere Person(en) bei der Durchführung einer gemeinsamen Aufgabe anweist, koordiniert und überwacht, so sind damit grundlegende Führungsaktivitäten angesprochen. An führungstheoretischen Grundpositionen ist zu unterscheiden zwischen – dem eigenschaftstheoretischen Ansatz, in dessen Mittelpunkt zur Führung (angeblich) prädestinierende Persönlichkeitsmerkmal stehen (Eigenschaftstheorie der Führung), – dem situationstheoretischen Ansatz, der die situativen Merkmale des Führungshandelns in den Vordergrund stellt (Situationstheorien der Führung), – dem Weg-Ziel-Ansatz der Führung, der nicht den Vorgesetzten, sondern die zu führenden Mitarbeiter mit der Begründung fokussiert, dass sich Führungserfolg in deren (leistungsbezogenen) Verhalten niederschlägt, sowie – die Substitutionstheorie der Führung, die nach den Bedingungen fragt, unter denen sich Führung erübrigt.

persönliche Schallschutzmittel – Alternativen zur primären Lärmminderung, die anzuwenden sind, wenn die Maßnahmen der Lärmbekämpfung (→ Lärm) nach den gegebenen technischen Möglichkeiten nicht mehr ausreichen, um den Schallpegel unter 90 dB(A) zu halten. – *Möglichkeiten:* Gehörschutzstöpsel, Gehörschutzkapseln, Schallschutzhelme (Helme, die den Kopf weitgehend umschließen; bei mehr als 120 dB(A) zu tragen), Schallschutzanzüge (Ergänzung zu Schallschutzhelmen; bei mehr als 100 dB(A) zu tragen). Es gehört zur Aufsichtspflicht des Unternehmers (Fürsorgepflicht), dafür Sorge zu tragen, dass die persönlichen Schallschutzmittel benutzt werden.

Persönlichkeitstheorie – Häufig wird zwischen „impliziten" und „expliziten" Persönlichkeitstheorien unterschieden. – 1. Bei den *impliziten Persönlichkeitstheorien* („Menschenbilder") handelt es sich um die oftmals unausgesprochenen, nicht überprüften und nicht weiter hinterfragten Überzeugungen über den Menschen. Eine bes. Beachtung im organisationalen Kontext haben die beiden impliziten Persönlichkeitstheorien „Theorie X" und „Theorie Y" erlangt. – a) Nach der „Theorie X" haben Menschen einen angeborenen Widerwillen gegen Arbeit. Damit sie sich davor nicht drücken, müssen sie kontrolliert werden. – b) Nach der „Theorie Y" stellt die Arbeitstätigkeit eine wichtige Quelle für die Selbstverwirklichung des Menschen dar.

Kontrolle von außen ist überflüssig, wenn sie sich mit den Zielen ihrer Organisation identifizieren. Eigeninitiative und Einfallsreichtum sind weit verbreitete Eigenschaften, die allerdings nur in den wenigsten Organisationen aktiviert werden. Die Dynamik der impliziten Persönlichkeitstheorien besteht darin, dass sie zu selbsterfüllenden Prophezeiungen werden. Wenn eine Führungskraft ihren Mitarbeitern gegenüber die „Theorie X" vertritt, wird sie ihnen kaum Verantwortung delegieren und ihre Arbeit ständig kontrollieren. Langfristig werden die so Geführten sich dann tatsächlich entsprechend der „Theorie X" verhalten und z.B. keine Eigeninitiative mehr zeigen. – 2. *Explizite Persönlichkeitstheorien* gründen sich auf die wissenschaftlichen Erkenntnisse und theoretischen Arbeiten aus der Psychologie. Im Gegensatz zu den impliziten Persönlichkeitstheorien werden sie einer ständigen Überprüfung unterzogen. Im Wesentlichen lassen sich die aktuellen impliziten Persönlichkeitstheorien, die in der Organisationspsychologie eine Anwendung finden, in die lerntheoretisch orientierten und die faktorenanalytischen Modelle unterscheiden. – a) Ausgehend von einem lerntheoretischen Ansatz wird man das Verhalten von Organisationsmitgliedern v.a. aus gegenwärtigen oder vergangenen Stimulusbedingungen und Verhaltenskonsequenzen zu erklären versuchen. Dementsprechende Interventionsmaßnahmen sind Trainings, in denen Verhaltensweisen erlernt werden, die der Erreichung von Organisationszielen dienen. – b) Ausgehend von einem faktorenanalytischen Ansatz erklärt man Verhalten eher durch zeitlich stabile Persönlichkeitseigenschaften. Darauf basierende Interventionsmaßnahmen sind eher eignungsdiagnostische Verfahren.

Peter-Prinzip – ein von L.J. Peter und R. Hull formuliertes, satirisch gemeintes Prinzip, das sich mit den Aufstiegspraktiken in Organisationen beschäftigt. – *Grundidee:* Wenn die Beförderung von der Bewährung auf einer hierarchisch niedrigeren Position abhängig ist, steigt in einer Hierarchie jeder Beschäftigte bis zu seiner Stufe der Inkompetenz auf.

Phantom Optionsplan – Aktienoptionsplan.

physiologische Arbeitskurve – durch → Ermüdung verursachte und durch den Biorhythmus bedingte Leistungsschwankungen des Menschen bei der Arbeit im Zeitraum von 24 Stunden (vgl. Abbildung „Physiologische Arbeitskurve"). Die physiologische Arbeitskurve ist durch typische Schwankungen mit einem Vormittags- und einem Nachmittagsgipfel und einem Leistungstief in den ersten Stunden nach Mitternacht gekennzeichnet. Die unterschiedliche Leistungsfähigkeit ist von den tageszeitlich unterschiedlichen vegetativen Funktionen des Organismus abhängig. – Vgl. auch → Leistungskurve.

Physiologische Arbeitskurve

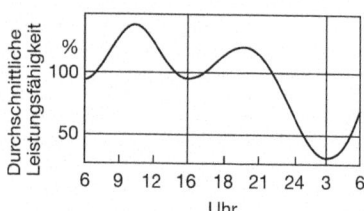

Postkorb-Übung – Methode der → Eignungsdiagnostik. Der Teilnehmer, der sich in die Rolle der Führungskraft versetzt, erhält ein Postkörbchen mit 14–40 einzelnen Schriftstücken, die für den Posteingang einer Stelle repräsentativ sind und die Informationen zu Problemen enthalten. Er analysiert in vorgeschriebener Zeit die Probleme, setzt Prioritäten und gibt Anweisungen, die anhand der entsprechenden Stellenanforderungen ausgewertet werden. Der Teilnehmer begründet seine Entscheidungen in einem Nachfolgeinterview. – Mit der Postkorb-Übung können u.a. folgende Fähigkeiten der Teilnehmer getestet werden: Überblick, Delegationsfähigkeit, Entscheidungsvermögen, Organisationsfähigkeit,

Belastbarkeit, Leistungskontrolle. – *Anwendung* bei der Assessmentcenter-Technik (→ Assessmentcenter).

Potenzialanalyse – I. Management: 1. *Begriff*: Diagnose der Ressourcen eines Unternehmens hinsichtlich ihrer Verfügbarkeit für strategische Aktionen im Rahmen des strategischen Managements. – Zu *unterscheiden*: (1) die im Basisgeschäft gebundenen Potenziale; (2) die durch das Basisgeschäft noch nicht gebundenen bestehenden Potenziale; (3) mögliche zukünftige Potenzialveränderungen. – 2. *Zweck*: Aus der Potenzialanalyse können Hinweise auf ungebundene Potenziale und auf Veränderungen im Potenzialbestand für den Aus-, Ab- und Umbau des Basisgeschäfts abgeleitet werden, i.Allg. mittels Gap-Analyse. – 3. *Gliederung der Potenzialanalyseobjekte* (i.Allg. nach Funktionsbereichen): z.B. im Produktionsbereich Erfassung des Integrationsgrads der Fertigung, der Anlagenauslastung etc. und Ableitung zum Ausnutzungsgrad bestehender Potenziale im Basisgeschäft. – 4. *Erweiterung*: Stärken-/Schwächenanalyse.

II. Personalwirtschaft: Eignungsdiagnostische Verfahren, mit denen die latente Eignung einer Person für eine Stelle ermittelt werden soll. Auf dieser Grundlage soll abgeschätzt werden, über welche Entwicklungsmöglichkeiten die Person verfügt und in welchem Maße sie von gezielten Schulungsangeboten profitieren könnte. – Vgl. auch → Assessmentcenter, → Potenzialbeurteilung.

III. Arbeitsmarktpolitik: *1. Begriff*: Erstellung eines umfassenden Bewerberprofils, um die Vermittlungschancen von Arbeit- oder Ausbildungsuchenden zu verbessern. – *2. Regelung*: Die Agentur für Arbeit hat unverzüglich nach der Ausbildungsuchendmeldung bzw. Arbeitsuchendmeldung zusammen mit dem Ausbildung- oder Arbeitsuchenden die für die Vermittlung erforderlichen beruflichen und persönlichen Merkmale, Fähigkeiten und die Eignung festzustellen. Die Potenzialanalyse erstreckt sich auch auf die Feststellung, ob und durch welche Umstände die berufliche (Re-)Integration voraussichtlich erschwert sein wird (§ 37 I SGB III).

Potenzialbeurteilung – Beurteilung der Entwicklungsmöglichkeiten der Fähigkeiten eines Mitarbeiters unter dem Gesichtspunkt einer strategischen Personalentwicklung. Methodisch kann eine Potenzialbeurteilung nicht durch standardisierte Verfahren erfolgen, sondern nur durch strukturierte Gespräche. – Vgl. auch → Mitarbeiterbeurteilung.

Praktikant – 1. *Begriff*: Arbeitnehmer, der sich einer bestimmten Tätigkeit und Ausbildung in einem Betrieb unterzieht, die Teil oder Vorstufe einer anderweit zu absolvierenden Ausbildung (z.B. Hochschulstudium) ist. – *Anders*: Volontär (mehr allg. praktische Orientierung im Betrieb). – 2. Die *Anstellungsverträge* der Praktikanten können verschieden ausgestaltet sein: Es kann ein Arbeitsverhältnis (Arbeitsvertrag) vereinbart sein. Ist dies nicht der Fall, weil Ausbildungszwecke im Vordergrund stehen, sind gemäß § 19 BBiG mit einigen Ausnahmen die Vorschriften des Berufsbildungsgesetzes (Auszubildender) anzuwenden; nach § 10 BBiG ist dann eine angemessene Vergütung zu zahlen. – 3. *Versicherungspflicht/-schutz*: Übt ein Praktikant die Tätigkeit gegen Entgelt und aufgrund der Vorschriften der Ausbildungs- oder Prüfungsordnung aus, so ist er gemäß § 5 I Nr. 1, 10 SGB V und § 20 I Satz 2 Nr. 10 SGB XI versicherungspflichtig. Wird das Praktikum während des Studiums als ordentlicher Studierender zurückgelegt, besteht Versicherungsfreiheit (§ 6 I Nr. 3 SGB V, § 5 I Nr. 3 SGB VI, § 27 IV SGB III). Grundsätzlich genießt ein Praktikant Unfallversicherungsschutz. – Vgl. auch → Werkstudent.

Prämie – I. Personalwirtschaft: zusätzlich zum → Zeitlohn gezahlte Prämie *(Leistungsprämie)* als Anerkennung bes. betrieblicher Leistungen des Arbeitnehmers, z.B. für Verbesserungsvorschläge, Umsatzprämien für wenig gängige Güter. Prämien können für quantitative und qualitative Leistungen gewährt werden. – Prämie ist Bestandteil des Arbeitsentgelts. – Vgl. auch → Prämienlohn.

II. Marketing/Handelsbetriebslehre: Maßnahme der Verkaufsförderung. Beim Kauf eines bestimmten Produktes erhält der Konsument ein Geschenk oder die Berechtigung, ein anderes Erzeugnis zu einem wesentlich günstigeren Preis zu erwerben. – *Arten:* (1) Das Präsent (Schlüsselanhänger, Trillerpfeife, Flaschenöffner etc.) ist Packungsbeilage *(In-Pack Premium)* oder an den Verpackungen befestigt *(With-Pack Premium)*. (2) Die Zugabe zum eigentlichen Produkt besteht in einem wiederverwendbaren Behälter *(Reusable Container)*, wie dies z.B. bei Senf, Marmelade, Kaffee oft der Fall ist. (3) Postzustellung der Prämie *(Free-in-the-Mail Premium)*, nachdem der Konsument den Kauf des geförderten Produktes, z.B. durch Einsendung eines markierten Verpackungsteils, nachgewiesen hat. (4) Der Konsument erhält bei dem Nachweis, dass er das geförderte Produkt tatsächlich gekauft hat, direkt vom Hersteller ein anderes Erzeugnis zu einem wesentlich günstigeren Preis als beim Kauf über den Einzelhandel *(Self-Liquidation Premium)*.

III. Versicherungswesen: Entgelt des Versicherungsnehmers für den Versicherungsschutz. Zusammen mit der Prämie sind Versicherungsteuer und Nebengebühren zu entrichten. Die Prämie ist i.Allg. für ein Jahr bemessen und wird i.d.R. im Voraus bezahlt; bei Zahlung einer tariflichen Jahresprämie in unterjährigen Raten ist für den Zinsausfall und die Verwaltungskosten des Versicherten ein Zuschlag zu entrichten. – Zu unterscheiden sind Erstprämie und Folgeprämie. – Nicht rechtzeitige Zahlung der Erst- oder Einmalprämie führt zum Verlust des Versicherungsschutzes (§ 38 I VVG); der Versicherer kann den Vertrag kündigen (§ 38 I VVG). Bei Folgeprämienverzug (Mahnung erforderlich) hat der Versicherer ebenfalls ein Kündigungsrecht (§ 39 VVG). – Vgl. auch Beitragsrückerstattung.

IV. Bankwesen: Prämiengeschäft.

V. Agrarpolitik: in der EU als Anreiz zur Unterstützung gewünschter Entwicklungen (z.b. Qualitäts-, Abschlachtungsprämien, Prämie für die Nichtvermarktung von Milch) angewandt. Mit der Agrarreform von 1992 erfolgte die Subventionierung der Landwirtschaft verstärkt über *tier- bzw. flächengebundene Prämienzahlungen* und seit 2003 stellen *entkoppelte Betriebsprämien* ein zentrales Instrument der EU-Agrarpolitik (Agrarpolitik) dar. Im Gegensatz zu faktorgebundenen Prämienzahlungen haben entkoppelte Betriebsprämien keine bzw. sehr geringe Effekte auf die innerbetriebliche Produktionsstruktur und implizieren somit eine höhere Allokationseffizienz. Aufgrund der geringen Produktionseffekte wurde die EU im Rahmen der WTO-Verhandlungen von den großen Agrarexporteuren aufgefordert, sämtliche Subventionszahlungen zu entkoppeln. In der EU-Agrarpolitik wird ab dem Jahr 2014 über das sogenannte *Greening* der Prämienzahlungen nachgedacht, d.h. die Bindung der Direktzahlungen an ökologische Standards (Agrarumweltpolitik).

Prämienlohn – Form des → Leistungslohns. – 1. *Begriff:* Zu einem vereinbarten → Grundlohn, der nicht unter dem Tariflohn liegen darf, wird planmäßig ein zusätzliches Entgelt (→ Prämie) gewährt, dessen Höhe auf eindeutig feststellbaren Mehrleistungen des Arbeitnehmers beruht, die bei reiner Zeitlohnarbeit ohne Leistungszulagen nicht erwartet werden können (vgl. Abbildung „Prämienlohn – Prämienlohnkurve").. – 2. *Prämienarten* (nach den Bezugsgrößen zu unterscheiden): v.a. (1) → Mengenleistungsprämie (Quantitätsprämie); (2) → Qualitätsprämie (Güteprämie); (3) → Ersparnisprämie; (4) → Nutzungsprämie; (5) → Terminprämie. Kombination von unterschiedlichen Formen des Prämienlohns (multiplikative oder additive Verknüpfung; direktkombinierte Berechnung) möglich; v.a. anwendbar, wenn die Produktivität der

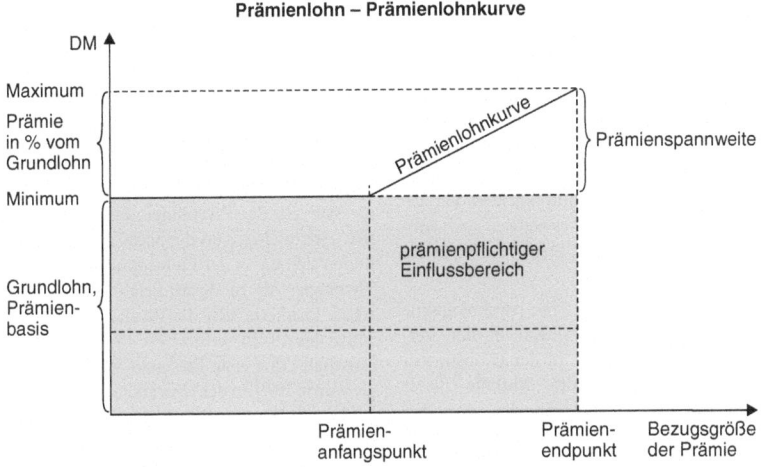

Prämienlohn – Prämienlohnkurve

Arbeit von mehreren Bestimmungsfaktoren abhängig ist. – *Grafische Darstellung mittels Prämienlohnlinie/-kurve:* Diese kann proportional (linear), progressiv, degressiv, s-förmig oder treppenförmig verlaufen. – 3. *Beurteilung:* Im Gegensatz zum → Akkordlohn bietet der Prämienlohn meist einen geringeren Anreiz zur Mehrleistung. – 4. *Gründe für zunehmende Bedeutung des Prämienlohns:* sinkender Einfluss des Arbeitnehmers auf das mengenmäßige Produktionsergebnis mit zunehmendem Anteil an NC-/DNC-/CNC-gesteuerten Maschinen (PPS-Systeme); Wandel von der klassisch manuellen und maschinengestützten Arbeit zu mehr qualitativ und ökonomisch orientierten, steuernden, regelnden und überwachenden Funktionen mit zunehmend psychischen Anforderungen. Neben Arbeitszeit und Arbeitsmenge werden andere Größen wie Arbeitsgüte, Sparsamkeit, Termineinhaltung, Aufmerksamkeit für die Produktivität relevant. Der Prämienlohn kann im Gegensatz zum rein mengenabhängigen Akkordlohn mehrere solcher Kosteneinflussgrößen berücksichtigen, ist deswegen wesentlich flexibler und vielseitiger anwendbar, zumal er keine → Akkordfähigkeit der Arbeit voraussetzt. – 5. *Arbeitsrecht:* Nach § 87 I Nr. 11 BetrVG unterliegt, soweit eine tarifliche Regelung nicht besteht, die Festsetzung der Akkord- und Prämiensätze und vergleichbarer leistungsbezogener Entgelte, einschließlich der Geldfaktoren, dem erzwingbaren Mitbestimmungsrecht des Betriebsrats in sozialen Angelegenheiten. – Vgl. auch → Akkordlohn, leistungsbezogene Entgelte.

Programmlohn – vereinbarter Festlohn in der Einzelfertigung. Programmlohn garantiert einer Arbeitsgruppe für einen bestimmten Zeitraum ein bestimmtes Lohnniveau. Für Teilfertigungen (Programme) werden der Arbeitsgruppe Zeiten vorgegeben. Eine bes. Vergütung für Zeitunterschreitungen findet nicht statt, da der gesamte Arbeitsablauf dadurch nicht beschleunigt werden kann.

progressiver Akkord – Sonderform des → Akkordlohns, bei der die Lohnkurve in Abhängigkeit vom Leistungsgrad progressive Verläufe aufweist. Der Arbeitnehmer soll entsprechend seiner Leistung in steigendem Umfang an dieser Leistung beteiligt werden. Die Steigerung der Arbeitsleistung über einen gewissen Grad hinaus erfordert einen Mehraufwand an Arbeitskraft, der über den proportionalen Zuwachs hinausgeht. Hierbei sind stetig steigende und sprunghaft steigende

Stückakkordsätze möglich. – In der Bundesrepublik Deutschland nicht erlaubt. – *Gegensatz:* → degressiver Akkord.

Projektion – Aussage über zukünftige Ereignisse, bes. über zukünftige Werte ökonomischer Variablen. Projektion ist nicht, wie Prognosen, ausschließlich auf Beobachtungen aus der Vergangenheit und objektive Verfahren gegründet, sondern es werden auch subjektive Einschätzungen, etwa von Experten, mit verwertet.

projektive Verfahren → psychologische Testverfahren, heute vielfach in der Verbrauchsforschung i.w.S. in der (Konsumentenforschung) verwendet. Mithilfe dieser Techniken soll versucht werden, von den Auskunftspersonen geleugnete bzw. unterdrückte Charakteristika, Motive, Einstellungen etc. zu erfahren. Projektive Verfahren sollen die Validität erhöhen, weil die eigentliche Zielrichtung der Frage, auf die die Person nicht antworten will oder kann, verdeckt bleibt. Die Befragten werden über indirekte Fragetechniken dazu bewegt, eigene Charakterzüge in die Umwelt zu „projizieren". – *Beispiele:* → thematischer Apperzeptionstest, Dritte-Person-Technik, Personen-Zuordnungs-Test, Satzergänzungstest, Wortassoziationstest.

Proportionalakkord → Akkordlohn.

Prozesstheorien → Arbeitsmotivation.

Prozesstheorien der Motivation – haben als verbindendes Merkmal, dass sie nicht den Inhalt dessen, was von der Person angestrebt wird thematisieren (→ Inhaltstheorien der Motivation), sondern den psychischen Prozess, der zur Handlungsintension führt, modellieren. Ausgangspunkt der meisten Prozesstheorien der Motivation ist das Bernoulli-Prinzip, nach dem jene Alternative angestrebt wird, für die das Produkt aus Nutzen und Wahrscheinlichkeit am größten ist. Die bekannteste Prozesstheorie der Arbeitsmotivation geht auf Vroom zurück, der die Valenz des angestrebten Zieles (V), die Instrumentalität einer Handlung für das Erreichen dieses Zieles (I) und die subjektive Erwartung (Wahrscheinlichkeit), die diese instrumentelle Handlung auch ausführen zu können (E), multiplikativ verknüpft.

Psychologie – I. Begriff: Erfahrungswissenschaft, deren Gegenstand menschliches Erleben und Verhalten ist. Historisch reichen die Wurzeln der Psychologie bis in die Antike (Aristoteles: „Von der Seele") zurück und finden sich v.a. in der Philosophie und in der Theologie. Als moderne Erfahrungswissenschaft formierte sich die Psychologie in der Mitte des 19. Jh. primär als eine Naturwissenschaft. Eine erste Professur für Psychologie wurde 1879 an der Universität Leipzig mit W. Wundt besetzt. Die Professionalisierung der Psychologie erfolgte in der Mitte des 20. Jh., wozu in Deutschland die Einführung eines berufsqualifizierenden Studienganges (Diplom-Psychologe) und die Gründung eines einschlägigen Berufsverbandes (Berufsverband Deutscher Psychologen (BDP)) beitrug. – In der Psychologie unterscheidet man zwischen einer (1) Grundlagenforschung betreibenden Theoretischen Psychologie, einer (2) Fragen aus den Anwendungsfeldern erforschenden Angewandte Psychologie und einer (3) auf wissenschaftlicher Grundlage routinemäßig Probleme der Praxis lösenden Praktischen Psychologie.

II. Teilgebiete: Die Psychologie ist, was ihre Grundauffassungen betrifft, eine heterogene Wissenschaft. Nebeneinander stehen Ansätze, die sich theoretisch und methodisch jeweils unterschiedlich verstehen. – 1. Eine naturwissenschaftliche Ausrichtung ist an der Physik orientiert, arbeitet weitgehend experimentell und versucht allg. Gesetze möglichst mathematisch zu formulieren. – 2. Die Psychologie als Teil der Biologie sieht den Menschen als ein Säugetier neben anderen, dessen Erlebens- und Verhaltensweisen sich im Zuge der Evolution durch Mutation und Selektion bildeten; eine bes. Aufmerksamkeit wird den physiologischen Grundlagen der psychischen Prozesse gewidmet. – 3. Die Psychologie als

Geisteswissenschaft betont die Einmaligkeit der Persönlichkeit und sucht deren Erleben und Verhalten bei Verwendung hermeneutischer Methoden nachvollziehend zu verstehen. Die Psychologie als Sozialwissenschaft orientiert sich an der Soziologie, interpretiert individuelle Erlebens- und Verhaltensweisen als Ergebnis eines Sozialisationsprozesses und sieht entsprechend die Person durch ihre Lerngeschichte geprägt.

III. **Ansätze:** Die Psychologie als Sozialwissenschaft orientiert sich an der Soziologie, interpretiert individuelle Erlebens- und Verhaltensweisen als Ergebnis eines Sozialisationsprozesses und sieht entsprechend die Person durch ihre Lerngeschichte geprägt.

psychologische Diagnostik → Eignungsdiagnostik.

psychologischer Vertrag – neben dem (juristischen) Arbeitsvertrag Teil des Beziehungsverhältnisses zwischen Arbeitnehmer und arbeitgebendem Unternehmen. Bestandteile sind wechselseitige Erwartungen wie loyales Verhalten, faire Behandlung usw., die im Arbeitsvertrag nur unzulänglich oder überhaupt nicht verankert werden können, für das Engagement und die Arbeitsleistung aber gleichwohl entscheidende Bedeutung erlangen.

psychologische Testverfahren – I. Psychologie: Speziell entwickelte Techniken zur Messung von Persönlichkeitsmerkmalen, wobei die Informationsaufnahme unter standardisierten Bedingungen erfolgt. Psychologische Tests werden (1) nach den Inhalten, die sie zu erfassen suchen (z.B. Intelligenztests, Leistungstests, Test zur Erfassung weiterer Persönlichkeitsmerkmale wie Interessen, Einstellungen, Persönlichkeitszügen) differenziert oder (2) nach Aspekten wie Testsituation (z.B. Individual- oder Gruppentest), (3) nach der Sprachabhängigkeit (z.B. verbale oder nonverbale Tests), (4) nach den Requisiten (z.B. Papier- und Bleistifttest), (5) nach dem Konstruktionsprinzip (z.B. psychometrischer oder nichtpsychometrischer Test), (6) nach der Theorie (z.B. direkter oder projektiver Test), (7) nach der Anzahl der zu erfassenden Persönlichkeitsmerkmale (z.B. eindimensionaler oder mehrdimensionaler Test), (8) nach der Abhängigkeit vom Versuchsleiter und vom Auswerter (z.B. niedrigstrukturierter oder hochstrukturierter Test), (9) nach der Art der Aufgabenbeantwortung (z.B. freier oder gebundener Test), (10) nach der zu erbringenden Leistung (z.B. Tests repräsentativer oder maximaler Leistungen), (11) nach der Zeitbegrenzung (z.B. Niveau- oder Schnelligkeitstest) oder (12) nach der Kulturabhängigkeit (z.B. kulturgebundener oder kulturfreier Test). Psychologische Tests werden u.a. im Rahmen der → Eignungsdiagnostik, der → Potenzialanalyse aber auch im Rahmen der psychologischen Marktforschung bei der Entwicklung von Konsumententypologien oder der Erfassung von persönlichkeitsspezifischen Reaktionen auf ein Angebot angewandt.

II. **Marktforschung:** Verfahren zur Gewinnung von Informationen über psychische Regungen, Einstellungen, Meinungen, Motive, Empfindungen und Wahrnehmungen. – *Arten:* apparative Verfahren, explorative Verfahren, Skalogrammverfahren, → projektive Verfahren. – *Beispiele für Einzeltests:* Akustischer Test, Bildenttäuschungstest, Personen-Zuordnungs-Test, Recognitiontest, → Satzergänzungstest, → thematischer Apperzeptionstest, Wortassoziationstest etc.

Psychophysiologie – interdisziplinäre Disziplin, die die Wechselwirkung zwischen psychischen und physischen Prozessen untersucht und in diesem Sinn von der Leib-Seele-Einheit ausgeht; psychische Prozesse sind demnach ohne physiologische Grundlage nicht denkbar.

Pufferzeit – I. Personalwirtschaft: Zeitguthaben, das die selbstständige Entscheidung über den persönlichen Arbeitseinsatz im Rahmen der → Arbeitszeitflexibilisierung zulässt (→ Arbeitszeitkonto).

Punktbewertung

II. Produktionsplanung/Netzplantechnik: **Punktbewertung** → Arbeitsbewertung. Puffer.

Qualifizierung – Oberbegriff für Maßnahmen zum Aufbau, Erhalt und Ausbau von Fähigkeiten und Fertigkeiten, die zur Bewältigung beruflicher Anforderungen notwendig sind. Qualifizierungen finden im Rahmen der betrieblichen → Sozialisation statt. – Die Frage, inwieweit als Folge hoher → Monotonie *Dequalifizierungsprozesse* ablaufen, ist in der empirischen Forschung strittig.

Qualifizierungsprozesse – extern (Seminare) oder intern (durch den Tätigkeitsvollzug selbst) vermittelte Lernprozesse zur Vermittlung von Fertigkeiten, kognitiven Fähigkeiten (Differenzierung der operativen Abbildsysteme im Rahmen der → Handlungsregulation) sowie zur Veränderung von Einstellungen und Werthaltungen der Person.

Qualitätsprämie – Die *Qualitätsprämie* ist eine Art des → Prämienlohns, welche zur Steigerung des qualitativen Produktionsergebnisses führen soll und die für höhere Aufmerksamkeit, bessere Sorgfalt etc. gewährt wird. *Voraussetzung* für die Prämie ist eine einwandfreie Messung der Qualität mithilfe einer Bezugsgröße, z.B. Senkung des Anteils der Minderqualität, des Anteils an Bruch und Ausschuss. Häufig Kombination mit → Mengenleistungsprämie.

Qualitätszirkel – *Quality Circle*; kleine Arbeitsgruppe von Mitarbeitern eines Unternehmens (i.d.R. drei bis 15) welche sich freiwillig zusammenfinden. Sie werden selbstgewählte Probleme und Schwachstellen aus ihrem Aufgabengebiet analysieren um Problemlösungen zu erarbeiten und Verbesserungsvorschläge zu verwirklichen. Die Projektgruppe überprüft dabei die erzielten Ergebnisse selbst. Der Qualitätszirkel trifft sich regelmäßig und ist weitestgehend hierarchielos; der Leiter übernimmt die Moderatorenfunktion. – *Ziel* ist die Verbesserung der Arbeitsbedingungen, qualitativen Arbeitsleistung eines Unternehmens, die Entwicklung von mehr Selbstwertgefühl und Sozialkompetenz der Mitarbeiter sowie die Verbesserung der gruppendynamischen Prozesse im Unternehmen. – Erfahrungen mit Qualitätszirkeln sind überwiegend positiv: im Bereich der messbaren Verbesserungen (betriebliches Vorschlagswesen, → Fluktuation, Anwesenheitsquote) sowie im nicht messbaren Bereich (Corporate Identity, zwischenmenschliche Beziehungen, Qualitätsbewusstsein, → Motivation).

Quality Circle → Qualitätszirkel.

Quantitätsprämie – Die Quantitätsprämie ist eine mengenabhängige Zusatzentlohnung, die i.d.R bei körperlich-manueller Arbeit vorkommt. Sie beeinflusst das Produktionsergebnis hinsichtlich Menge und Zeit (vgl. auch → Akkordlohn). Quantitätsprämien eignen sich nicht für qualitative Tätigkeiten, da hier häufig die genaue Messbarkeit fehlt.

Rangfolgeverfahren → Arbeitsbewertung.

Rangreihenverfahren 1. *Arbeitswissenschaft:* → Arbeitsbewertung. – 2. *Marktforschung:* Ranking.

Reaktanz – Phänomen des Widerstands gegen wahrgenommenen Beeinflussungsdruck. Reaktanz tritt auf, wenn ein Individuum sich in seiner Meinungs- und Verhaltensfreiheit bedroht fühlt. Die Reaktanz wird um so intensiver, je größer der wahrgenommene Beeinflussungsdruck ist, je höher die erlebte Bedeutung der Erlebens- und Verhaltensweisen ist, die eingeschränkt werden und je weiter diese Einschränkung reicht. – In der Werbung kann Reaktanz bis zur völligen Ablehnung des angebotenen Produkts führen. Glaubwürdigkeit ist eine wesentliche Voraussetzung, um Reaktanz in der Werbung zu vermeiden. – Vgl. auch Manipulation.

Reaktion – I. *Allgemein:* Sammelbezeichnung für beobachtbares und nicht beobachtbares Verhalten eines Menschen aufgrund eines Stimulus (Käufer- und Konsumentenverhalten).

II. *Werbung:* Käufer- und Konsumentenverhalten. – *Messung* z.B. durch Hautwiderstandsmessung.

III. *Preistheorie:* oligopolistische Preisbildung, Reaktionsfunktion, Reaktionskoeffizient.

Reaktionszeit – *Psychologie:* auch *Latenzzeit;* Zeit vom Auftauchen eines Reizes bis zum Beginn der darauf folgenden Reaktion. Die Reaktionszeit ist verschieden nach Art der verlangten Reaktion, im Test z.B. auf Leuchtsignal Taster drücken (muskuläre Reaktion), einen von zwei Tastern drücken (Wahlreaktion), das gebotene Wort verstehen und aussprechen (sensorielle Reaktion), nur auf bestimmte Reize reagieren (Unterschiedsreaktion). Bei einfachsten Reaktionen (z.B. Taste drücken) beträgt die Reaktionszeit im Durchschnitt 0,2 Sekunden.

Reallohn – Indikator für die reale Kaufkraft des Nominallohns, also bereinigt um Preisniveausteigerungen. Ergibt sich als Verhältnis zwischen dem Nominallohn (in Geldeinheiten pro Stunde) und dem Preisindex (Geldeinheiten für einen Warenkorb) und stellt somit den Warenkorb dar, der in einer Stunde Arbeit verdient worden ist.

REFA – seit 1924 Abk. für *Reichsausschuss für Arbeitszeitermittlung,* seit 1951 Verband für Arbeitsstudien-Refa e.V., seit 1977 → REFA-Verband für Arbeitsstudien, Betriebsorganisation und Unternehmensentwicklung e.V.

REFA-Lehre – 1. *Begriff:* Alle vom → REFA-Verband für Arbeitsstudien, Betriebsorganisation und Unternehmensentwicklung e.V. erarbeiteten Grundsätze und Verfahren. Die REFA-Lehre stützt sich auf die Erkenntnisse der Arbeitswissenschaft, bes. auf die Ergebnisse technisch-organisatorischer, soziologischer, psychologischer und ökonomischer Arbeitsforschung, und besteht im Wesentlichen aus anwendungsbezogenem Methodenwissen auf den Gebieten der Arbeits- und Betriebsorganisation. Systematische Zusammenfassung der REFA-Lehre in den sog. REFA-Methodenlehren. – 2. *Ziele:* sinnvoll gestaltete Arbeitsplätze und menschengerechte Arbeitsbedingungen sowie möglichst wirtschaftliche und humane Arbeitsabläufe zum Nutzen des Einzelnen wie auch des Unternehmens und damit letztlich zum Vorteil für die gesamte Volkswirtschaft.

REFA-Normalleistung – eine Bewegungsausführung, die dem Beobachter hinsichtlich der Einzelbewegungen, der Bewegungsfolge und ihrer Koordinierung bes. harmonisch, natürlich und ausgeglichen erscheint. Sie kann erfahrungsgemäß von jedem in erforderlichem

Maß geeigneten, geübten und voll eingearbeiteten Arbeiter auf die Dauer und im Mittel der Schichtzeit erbracht werden, sofern er die für persönliche Bedürfnisse und ggf. auch für Erholung vorgegebenen Zeiten einhält und die freie Entfaltung seiner Fähigkeiten nicht behindert wird. – Die REFA-Normalleistung ist eine Bezugsleistung (→ Systeme vorbestimmter Zeiten (SvZ), Durchschnittsleistung), die dazu dient, die → Sollzeit einer Arbeitsleistung zu bestimmen.

REFA-Verband für Arbeitsstudien, Betriebsorganisation und Unternehmensentwicklung e.V. – seit 1977 Bezeichnung des 1924 gegründeten Reichsausschuss für Arbeitszeitermittlung; seitdem mehrmals umbenannt. Technisch-wissenschaftlicher Verband mit gemeinnützigen Zielen; Sitz der Hauptgeschäftsführung in Darmstadt. – *Aufgabenbereich*: (1) Entwicklung praktikabler Methoden zur Verbesserung der Wirtschaftlichkeit und zur Humanisierung der Arbeit (→ REFA-Lehre); (2) Verbreitung der REFA-Lehre in Lehrveranstaltungen (REFA-Ausbildung); auf Tagungen und durch Herausgabe der REFA-Methodenlehren und weiterer Buchreihen sowie Fachzeitschriften; (3) Umsetzung der REFA-Lehre in Betrieben aller Wirtschaftszweige sowie der öffentlichen und privaten Verwaltung. – *Bedeutung*: Die REFA-Arbeit wird von Gewerkschaften und Arbeitgebern gleichermaßen anerkannt.

Referenz – 1. (geschäftliche) Empfehlung. – 2. Personen oder Institutionen, bei denen man eine Referenzauskunft einholen kann; Angabe von Referenzen bei Angeboten oder → Bewerbungen.

Regression – 1. *Finanzwissenschaft*: Steuerregression. – 2. *Kostenrechnung*: regressive Kosten.

Reihenuntersuchung – planmäßige ärztliche Untersuchung bestimmter Gruppen, z.B. von Jugendlichen, Angehörigen polizeilicher oder militärischer Verbände, Belegschaftsmitgliedern bestimmter Industrie- oder Handelszweige (z.B. Betreiber von kerntechnischen Anlagen, Nahrungsmittelbetriebe) zur Überprüfung ihres Gesundheitszustandes oder zur Feststellung etwa vorhandener spezieller Strahlenbelastungen und Infektionen (Typhus, TBC, Geschlechtskrankheiten etc.). – *Reihenuntersuchungen erfolgen*: (1) im Rahmen des öffentlichen Gesundheitsdienstes, vielfach aufgrund gesetzlicher oder polizeilicher Vorschriften; (2) im Rahmen des werkärztlichen Dienstes der Betriebe.

Reiz – in der → Psychologie häufig auch als Stimulus bezeichnet. Es handelt sich um Umweltkonstellationen, die potenziell auf das Erleben und Verhalten einwirken können, wobei nur jene wirken, die durch die Sinnesorgane aufgenommen werden. Die durch den Reiz bewirkte Erlebens- oder Verhaltensweise wird als → Reaktion bezeichnet. Reiz-Reaktionsverbindungen können angeboren oder erlernt sein.

Reliabilität – 1. *Begriff*: Ein Gütekriterium; wird berücksichtigt bei der Messung theoretischer Konstrukte (z.B. Motivation, Einstellung, Preisbereitschaft). Die Reliabilität einer Messmethode gibt an, inwieweit Messergebnisse, die unter gleichen Bedingungen mit identischen Messverfahren erzielt werden (z.B. bei Wiederholungsmessungen), übereinstimmen. Sie wird häufig als Korrelation zwischen zwei Messreihen berechnet. – 2. *Methoden zur Messung*: a) *Test-Retest-Reliabilität*: Korreliert werden die Einstellungen einer Gruppe, die mit der gleichen Methode zu verschiedenen Zeitpunkten gemessen werden. – b) *Äquivalente Messungen*: Korreliert werden die Einstellungen einer Gruppe, die mit verschiedenen, aber als äquivalent angenommenen Methoden gemessen werden. – c) *Parallele Messungen*: Die Einstellung einer Gruppe wird zweimal mit jeweils verschiedenen Items gemessen. – Vgl. auch → Testgütekriterien.

resignative Arbeitszufriedenheit – Konstrukt, das im Rahmen der Arbeitszufriedenheitstheorie (→ Arbeitszufriedenheit) von

Bruggemann die Aussage beinhaltet, dass eine Person ihr → Anspruchsniveau in Bezug auf die erlebte Situation am Arbeitsplatz absenkt, um auf diese Weise eine erlebte Soll-Ist-Differenz zu reduzieren. Das Konstrukt erklärt, warum viele Arbeitnehmer sich als zufrieden bezeichnen, obwohl Experten ihre Arbeitssituation negativ bewerten. Die resignative Arbeitszufriedenheit ist eine empirisch bes. häufig anzutreffende Form der Arbeitszufriedenheit.

Richtzeit → Sollzeit.

Risikoschub – Tendenz einer Gruppe, gemeinsam ein höheres Risiko einzugehen als das vergleichsweise für einzeln entscheidende Personen gilt. Risikoschub wird als Sonderfall von in Gruppenprozessen auftretenden Meinungsextremisierungen interpretiert und/oder durch Verantwortungsdiffusion erklärt.

Rolle – Begriff aus der → Sozialpsychologie. Bündel von Verhaltenserwartungen, die an eine soziale Position gerichtet werden.

rollierende Arbeitszeitsysteme – Modell der → Arbeitszeitflexibilisierung, bei der die 5-Tage- und die 40-Stunden-Woche für den einzelnen beibehalten werden, durch rollierende Arbeitsplatzbesetzung von n Mitarbeitern an n+1 Arbeitsplätzen die Betriebszeit auf sechs Tage pro Arbeitswoche erweitert wird.

Ruhezeit – I. Produktionsplanung: Teil der → Auftragszeit (T), die zusammengesetzt ist aus: (1) arbeitsablaufbedingter → Wartezeit, (2) störungsbedingten Unterbrechungen, (3) persönlich bedingten → Erholungszeiten und (4) persönlich bedingten Verteilzeiten.

II. Arbeitsrecht: Arbeitszeit.

Rüstzeit (t) – neben → Ausführungszeit (t) Teil der → Auftragszeit (T). Rüstzeit umfasst im Sinn des Arbeitsstudiums alle → Sollzeiten, die notwendig sind, um ein Arbeitssystem darauf vorzubereiten, einen Auftrag durchzuführen, ggf. noch zusätzliche Zeiten, um Arbeitssysteme nach Erledigung des Auftrags in den ursprünglichen Zustand zurückzuversetzen.

S

Sabbatical – 1. *Allgemein:* jüdischer Ruhe- und Feiertag, der siebte Tag der Woche (Samstag). – 2. *Arbeitszeitmodell:* Langzeiturlaub, Sonderurlaub (ggf. bis zu einem Jahr), der teilweise durch Ansparung von Urlaubsansprüchen möglich wird. Nutzung i.d.R. zu außerberuflichen Zwecken; ggf. auch zur Weiterbildung des Arbeitnehmers. – Es geht um das Ansparen von Zeiten, die der Arbeitnehmer für persönliche Bedürfnisse verwenden will. Den Arbeitnehmern soll teilweise ermöglicht werden, neue Erfahrungen zu sammeln, bspw. Fortbildungen zu besuchen, Fremdsprachenkenntnisse zu erwerben, und so die Selbstverwirklichung zu ermöglichen. – Ein Modell sieht unbezahlten Sonderurlaub für den Arbeitnehmer vor. Denkbar ist aber auch ein anderes Modell: Die Arbeitnehmer leisten eine Arbeitszeit von bspw. 40 Wochenstunden, davon werden allerdings nur 25 Wochenstunden vergütet, 15 Wochenstunden werden nicht vergütet und sind eine sog. Ansparzeit. Nach einem bestimmten Zeitraum haben die Mitarbeiter die Möglichkeit, die angesparte Zeit in Form eines Langzeiturlaubes zu verbringen, sie werden wie in der Vergangenheit vergütet und „verbrauchen" so die im Vorfeld angesparte Arbeitszeit, erhalten aber andererseits eine durchgehende Vergütung.

Sabbatjahr → Sabbatical.

Sachlohn → Naturallohn.

Satzergänzungstest → projektives Verfahren, bei dem den Probanden ein bereits begonnener Satz vorgegeben wird, den sie spontan vervollständigen müssen. Es handelt sich formal um eine offene Frage (→ Befragung). Oft wird ein Satzergänzungstest in grafischer Form durchgeführt, z.B. durch die Abbildung zweier Personen mit Sprechblasen, wobei bei einer Sprechblase (Ballon) der Satz zu ergänzen ist (Ballonfrage). – *Ähnlich:* Wortassoziationstest.

Schema – I. *Allgemein:* Struktur des Wissens, das wichtige Merkmale eines Gegenstandsbereichs enthält. Die Merkmale sind mehr oder weniger abstrakt dargestellt und hierarchisch organisiert. Schemata können auf die eigene Person, andere Personen, Sachverhalte oder Ereignisse bezogen sein. Sie steuern die Wahrnehmung, das Denken und wirken bei der Organisation der Informationsspeicherung mit.

II. *Informatik:* 1. *Begriff:* in der Datenorganisation eine Repräsentation des Datenmodells in einer Datenbeschreibungssprache. – 2. *Verwendungsformen:* (1) internes Schema; (2) konzeptionelles Schema; (3) externes Schema.

Schichtarbeit – arbeitsorganisatorisch bedingte Arbeitszeitregelung, bei der die Lage der individuellen Arbeitszeit von der als üblich betrachteten Tagesarbeitszeit abweicht. Aufgrund des Biorhythmus ist bes. → Nachtarbeit problematisch. Schichtarbeit kann sich ferner negativ auf das soziale Umfeld des Schichtarbeiters auswirken. – Vgl. auch → Wechselschichtarbeit.

Schichtlohn – Form des → Zeitlohns, bei der pro geleisteter Arbeitsschicht ein fester Geldbetrag gezahlt wird, unabhängig von der Leistung.

Schwarzes Brett – I. *Arbeitsrecht:* Anschlagtafel innerhalb der Betriebsräume an allg. sichtbarer Stelle zur Bekanntmachung von Mitteilungen an alle Betriebsangehörigen. Jeder Anschlag am Schwarzen Brett ist von einem dafür Verantwortlichen zu genehmigen, um wildes Plakatieren zu unterbinden und dafür zu sorgen, dass die Anschläge nach der vorgesehenen Aushängefrist wieder entfernt werden.

II. Informatik: *Bulletin Board;* Kommunikationsbereich in einem Netz (z.B. einem Intranet), auf dem Informationen von einer Instanz abgelegt und von mehreren Benutzern gelesen werden können. Diese Art der Kommunikation kann den kostenintensiven Druck von Firmenzeitungen, Mitarbeiter-Infos, Adress- und Telefonverzeichnissen, Handbüchern, Jahresberichten, Pressemitteilungen u.ä. ersetzen. Erweitert man die Zugriffsrechte auch auf das Schreiben von Informationen, so bezeichnet man das Schwarze Brett auch als *„gemeinsame Wissensbasis"* oder *„Newsgroup".* Anwendungsbeispiele hierfür sind: Sammlungen von Frequently Asked Questions (FAQs) und deren Antworten, zeitversetzte Diskussion von kreativen Problemen, wie z.B. Marketing-Programmen, Produktgestaltungen u.ä.

Scientific Management → Taylorismus.

Selbstentfaltung → humanistische Psychologie.

Selbstsicherheitstraining – aus der Verhaltenstherapie übernommene Trainingsform, die über einen schrittweisen Lernprozess die Bewältigungsstrategien (→ Coping) gegenüber bedrohlichen Situationen zu optimieren versucht.

selbststeuernde Arbeitsgruppe → teilautonome Arbeitsgruppe.

Senioritätsprinzip – I. Personalwirtschaft: Grundsatz für den betrieblichen Aufstieg, wonach dieser nur dem jeweils Dienstältesten bzw. dem Ältesten an Lebensjahren zusteht. In Japan bis in die jüngste Vergangenheit durchgängig für alle Hierarchieebenen praktiziert. Im nordamerikanischen und zentraleuropäischen Raum ist das Senioritätsprinzip nur in bestimmten Berufsgruppen oder auf bestimmten Hierarchieebenen üblich.

II. Umwelt- und Ressourcenökonomik: Umweltzertifikat.

III. Arbeitsmarktökonomik: 1. *Begriff:* mit zunehmender Beschäftigungsdauer steigende Anrechte bzw. Anwartschaften. – 2. Das Senioritätsprinzip besagt, dass Beschäftigten mit zunehmender Betriebszugehörigkeitsdauer – und damit i.d.R. mit zunehmendem Lebensalter – Privilegien und steigende Leistungen zuteil werden. Die Vergünstigungen können vielfältig sein: höhere Löhne, größere Arbeitsplatzsicherheit, Erwerb betrieblicher Zusatzleistungen (Fringe Benefits), bevorzugte Berücksichtigung bei Weiterbildungsmaßnahmen, Beförderungen und Aufstiegen etc.

Sensitivity Training → gruppendynamisches Training.

Situationskontrolle – Grad, in dem eine Person Kontrolle über als aversiv (widerwillig) erlebte Arbeitsbedingungen besitzt; eine Funktion der Person und der Situation. Der Grad der erlebten Situationskontrolle hängt auch von der Einstellung der Person ab, sich selbst oder das Schicksal als wesentliche Bedingung für die eigene Lebenssituation zu betrachten *(Locus of Control).* – *Folgen:* Abhängig von der Situationskontrolle wählt die Person im Rahmen der Belastungsbewältigung unterschiedliche Coping-Strategien (→ Coping). Bei hoher Situationskontrolle sind innovative Tendenzen, bei niedriger Situationskontrolle resignative Tendenzen und das Eintreten → resignativer Arbeitszufriedenheit wahrscheinlich. Bürokratische Organisation führt i.d.R. zu Einschränkung der Situationskontrolle.

Situationstheorien der Führung – Oberbegriff für solche Führungsansätze, die nicht nur Merkmale der Führungskraft berücksichtigen (z.B. → Führungsstil), sondern auch Merkmale der Führungssituation, wie z.B. die Strukturiertheit der Aufgaben der Geführten (das Ausmaß, in dem für die Aufgaben der Geführten die Ziele und die Wege dorthin bekannt sind). Ein Beispiel dafür ist die Kontingenztheorie der Führung.

situatives Führen → Theorie des Reifegrades.

Sollzeit – I. Plankostenrechnung: die für die Durchführung eines Arbeitsgangs an einem

Produkt je Kostenstelle aufgrund der Ermittlungen der Kostenplanung als erforderlich angesehene Zeit. Über die für eine Zeitperiode (Tag, Monat etc.) geplanten Kosten (Sollkosten, Plankosten) ist es möglich, die Sollzeit und die später anfallende → Istzeit zu vergleichen (Soll-Ist-Vergleich). – *Ähnlich:* Standardzeit.

II. Arbeitswissenschaft: → Vorgabezeiten für die planmäßige Durchführung von Arbeitsabläufen oder Ablaufabschnitten (Arbeitsablauf) für Mensch, Betriebsmittel und Arbeitsgegenstand. Auch als *Richtzeit* bezeichnet. – Die Sollzeit wird ermittelt: (1) als Bezugszeit aus der → REFA-Normalleistung, (2) aus der Durchschnittsleistung, (3) aus → Systemen vorbestimmter Zeiten (SvZ), (4) durch Schätzen und Vergleichen, (5) aus betrieblichen Planzeiten, (6) Berechnen (nur für Betriebsmittel- und Arbeitsgegenstandszeiten). – *Gegensatz:* → Istzeit.

Sonntagszuschlag – Mehrarbeitszuschlag.

Sozialisation – I. Soziologie: 1. *Begriff:* Prozess der Eingliederung bzw. Anpassung des heranwachsenden Menschen in die ihn umgebende Gesellschaft und Kultur. Da der Mensch nicht über Instinkte verfügt, die sein Handeln steuern, muss er im Prozess der Sozialisation soziale Normen, Verhaltensstandards und Rollen erlernen, um ein im jeweiligen sozialen Kontext handlungsfähiges und verhaltenssicheres soziales Wesen zu werden und seine soziokulturelle Persönlichkeit zu entwickeln. – 2. *Träger der Sozialisation:* Sozialisationsinstanzen und Sozialisationsagenten (Familie, Schule, Kirche, Altersgruppen, Medien etc.). – 3. Zu *unterscheiden:* (1) *Primäre Sozialisation:* Erfolgt in der frühkindlichen Entwicklungsphase, wird vorwiegend durch die Familie vermittelt durch eine Verknüpfung kognitiver und emotionaler Inhalte; (2) *sekundäre Sozialisation:* Es werden neue soziale Rollen und Normen vermittelt und gelernt, doch bemüht sich die Sozialisation nur auf begrenze Verhaltensbereiche. Die Phase der primären und sekundären Sozialisation überschneiden sich.

II. Wirtschaftspädagogik/Arbeits- und Organisationspsychologie: Fortdauernder Prozess der Entstehung, Entwicklung und Ausbildung von Persönlichkeitsstrukturen in beruflichen Struktur- und Interaktionszusammenhängen. Dieser Aneignungsprozess findet v.a. in der Auseinandersetzung mit beruflichen Anforderungen in schulischen und betrieblichen Einrichtungen des Berufsbildungssystems sowie während der Erwerbstätigkeit in allen beruflichen Positionen statt. Unter dem Einfluss kognitions- und handlungstheoretischer Ansätze deutet sich eine Verlagerung des Interesses auf die Analyse der Bedingungen und Möglichkeiten der Entwicklung personaler Identität im Spannungsfeld gesellschaftlicher Anforderungen und individuellen Entfaltungsanspruchs an. In diesem Sinn wird Sozialisation als kategorialer Oberbegriff aufgefasst, der die Aspekte der *Personalisation* (Mündigwerden in der Gesellschaft) und *Qualifikation* (Handlungsfähigkeit zur Erfüllung beruflicher und gesellschaftlicher Anforderungen) umschließt.

Sozialkompetenz – 1. *I.w.S.:* kommunikative (Dialogfähigkeit), integrative (Konsensfähigkeit) und kooperative (Teamfähigkeit) Fähigkeiten eines Menschen, die aus der Sozialisation bzw. aus dem sozialen Lernen entstehen. – 2. *I.e.S.:* vorzügliche kommunikative Fähigkeiten, die im Zusammenhang mit Gruppen- und Teamarbeit, aber auch im Kontakt mit Kunden und Lieferanten (wachsende) Bedeutung erlangen. Gilt neben → Fachkompetenz und → Methodenkompetenz als Teil einer umfassenden → Handlungskompetenz. – Vgl. auch → emotionale Kompetenz.

Soziallohn – Teil der Vergütung im Rahmen einer sozialgerechten Entgeltgestaltung durch Berücksichtigung des Alters und der Dauer der Unternehmenszugehörigkeit, des Familienstandes oder der Zahl der Kinder. Ist-Form des → Bedürfnislohns. – *Sonderform:* → Familienlohn. – Vgl. auch → Sozialzulage.

Sozialpsychologie – Teilgebiet der → Psychologie. – *Untersuchungsgegenstand* sind jene psychischen Vorgänge, in denen Beziehungen des Menschen zu einem oder mehreren anderen Menschen zum Ausdruck kommen. Diese Beziehungen entsprechen Verhaltensweisen der Menschen zueinander. Solche gemeinschaftsbedingten psychischen Phänomene sind Liebe, Hass, Sympathie, Antipathie, Nachahmungstrieb, Pflegetrieb, Machtstreben, Minderwertigkeitsgefühl, Ressentiment etc. Ferner sucht die Sozialpsychologie die Wurzeln der Entstehung der verschiedenen Sozialgebilde wie Ehe, Horde, Stamm, Volk, Gesellschaft, Staat psychologisch zu erfassen. – Vgl. auch → Gruppenpsychologie.

Sozialzulage – → Zulage zum Tariflohn, die – ähnlich wie bei Beamten und öffentlich Bediensteten – auch in der Wirtschaft aufgrund von Einzelarbeitsvertag, Betriebsvereinbarung oder Tarifvertrag aus sozialen Gründen gewährt werden kann, z.B. Verheirateten- oder Frauenzulage, Kinderzulage, Alterszulage, Wohnungs- oder Trennungsgeld.

Soziogramm – grafische Darstellung der interpersonellen Beziehungen im Unternehmen anhand von Ergebnissen soziometrischer Messungen (→ Transaktionsanalyse). Ein häufiges Anwendungsgebiet stellt die Analyse der Beziehungen zwischen den Abteilungen und den Individuen in einem Unternehmen dar, um Arbeitsabläufe zu optimieren.

Stammbelegschaft – *Stammpersonal;* Bezeichnung für bewährte Fachkräfte in Industrieunternehmen, die i.d.R. sehr lange im Betrieb tätig sind, den „Stamm" der Belegschaft bilden und auch in Krisenzeiten möglichst nicht entlassen werden.

Standardarbeitszeit – *Planarbeitszeit;* festgelegte Arbeitszeitstruktur für einzelne Arbeitnehmer oder ganze Betriebsabteilungen, die im Rahmen flexibler Arbeitszeiten (→ Arbeitszeitflexibilisierung) zum Zwecke der Aufrechterhaltung der Betriebsbereitschaft zu vereinbaren ist. Die Arbeitszeit bezieht sich auf die zukünftige Erstellung einer Leistungseinheit pro Arbeitsgang.

Standard-Daten-Verfahren → Systeme vorbestimmter Zeiten (SvZ).

statische Muskelarbeit – Zustand, in dem ein Muskel über längere Zeit gegen eine äußere Kraft angespannt wird, ohne dass es zu einer Bewegung der Gliedmaßen kommt. Das heißt, es liegt statische Muskelarbeit vor, wenn durch Muskelkontraktionen eine Gelenkbewegung verhindert wird. Eine hohe Intensität der → Belastung liegt vor, da der beanspruchte Muskel kaum durchblutet wird. – *Gegensatz:* → dynamische Muskelarbeit.

Steigerungsfaktor – Faktor, mit dem der durch die analytische Arbeitsbewertung für eine bestimmte Tätigkeit ermittelte → Arbeitswert (ausgedrückt in Arbeitswertpunkten) zu multiplizieren ist. Das Produkt wird zum gleichbleibenden Grundbetrag addiert und ergibt den → Grundlohn. Die so einheitlich je Betrieb ermittelten Grundlöhne, erhöht um den jeweiligen Akkordzuschlag, ergeben die Akkordrichtsätze der betreffenden Tätigkeiten. – *Anders:* → Geldfaktor.

Stellenangebot – 1. *Begriff:* Instrument der → Personalbeschaffung, mit dem sich ein Unternehmen an das interne (innerbetriebliche Stellenausschreibung) und externe (→ Personalwerbung) Arbeitskräftepotenzial wendet, um vakante Stellen zu besetzen (Ausschreibung von Arbeitsplätzen). – 2. *Form:* Anzeige der vakanten Stelle entweder in Zeitungen, Fachzeitschriften, am → Schwarzen Brett oder in anderen Medien, mit denen die Zielgruppe erreicht werden kann. – 3. *Inhalt:* Darstellung des Anforderungsprofils der Stelle, des Eintrittstermins, der erwünschten Bewerbungsunterlagen, der Ausschreibungsfrist und weiterer Informationen für den potenziellen Stelleninhaber.

Stellenanzeige → Personalanzeige.

Stellenbeschreibung – *Job Description; Arbeitsplatzbeschreibung; Position guide*; 1. *Begriff*: verbindliche, in schriftlicher Form abgefasste Fixierung der organisatorischen Eingliederung einer Stelle im Betrieb hinsichtlich ihrer Ziele, Aufgaben, Kompetenz, Pflichten etc. Ist ein Instrument der Personalplanung. – 2. *Bestandteile*: Bezeichnung der Stelle und ihres organisatorischen Ranges in der Hierarchie, Kompetenzen, aktive und passive Stellvertretung, Tätigkeitsgebiet, spezielle Aufgaben. – 3. *Zweck*: Schaffung einer transparenten, umfassenden und überschneidungsfreien Ordnung der Zuständigkeiten; Eingliederung der Stelle im Unternehmen, Hilfsmittel bei der → Arbeitsbewertung, der → Karriereplanung, der → Personalführung, der Ermittlung des → Personalbedarfs. – 4. *Nachteile*: Fixierte Aufgabenbeschreibungen können zu organisatorischer Inflexibilität und Stellenegoismus führen. Bestandteile: Stellenbezeichnung, Rang, Stelleneinordnung, Unterstellung, Überstellung, Stellvertretung, Ziele der Stelle, Aufgaben, Stellenbefugnisse, Anforderungen.

Stellengesuch – Anzeige in einer Zeitung, Fachzeitschrift oder auch auf Stellenbörsen im Internet, in der ein Stellensuchender seine Arbeitskraft und seine Fähigkeiten einem potenziellen Arbeitgebern anbietet, mit der Absicht, eine neue Arbeitsstelle zu finden.

Stillstandzeit → Brachzeit.

Stress → Beanspruchung und Belastung, → Coping.

Stretch Goals – ausgedehnte und überhöhte Zielvorgabe. Bspw. solle man demnach mehr verlangen als man eigentlich erwartet, dann bekomme man was man ursprünglich wollte. Zudem sind dehnbare/ unpräzise → Ziele gemeint, die bei der Überprüfung der Ziele nach Bedarf dorthin gezogen werden, wo sie gebraucht werden.

Stücklohn → Akkordlohn.

Stufen(wert)zahlverfahren → Arbeitsbewertung.

Stufenverfahren – *Stufenleiterverfahren*; hat den Zweck der innerbetrieblichen Leistungsverechnung und beruht darauf, Kostenstellen nacheinander anzuordnen. So gibt jede Kostenstelle an die nachfolgende Kostenstelle Leistungen ab, aber sie selbst erhält keine Leistungen von einer nachgelagerten Kostenstellen.

summarische Arbeitsbewertung → Arbeitsbewertung.

Survey Feedback – eine auf Lewin zurückgehende Methode innerhalb der → Organisationsentwicklung, die darin besteht, dass in der Organisation oder einer Organisationseinheit Information durch mündliche oder schriftliche Befragung oder mithilfe von Beobachtungsverfahren gewonnen wird und diese Information sodann an jene Personen in entsprechend aufbereiteter Form zurückgemeldet wird, an denen sie erhoben wurde. Das Ziel besteht darin, dass diese Rückmeldung die Betroffenen aktiviert, Verbesserungsvorschläge zu erarbeiten und diese zu implementieren.

symbolische Führung – neuere Forschungsrichtung, nach der der *Führende* über den gezielten Einsatz von Symbolen (Sprachregelungen, Deutungsmuster, Rituale) die Akzeptanz angesichts von → Konflikten parteilich getroffener Entscheidungen mit verschleiernden Effekten innerhalb der Hierarchie nach unten abzusichern versucht. Symbolische Führung verweist auf latente, bisher in der Forschung weniger berücksichtigte Führungsfunktionen.

Synergie – beschreibt das Zusammenwirken verschiedener Kräfte zu einer Gesamtleistung. Häufig wird erwartet, dass diese Gesamtleistung höher liegt als die Summe der Einzelleistungen wie dies z.B. bei Unternehmensfusionen angenommen wird. So wird in der → Arbeits- und Organisationspsychologie untersucht, unter welchen Bedingungen eine Gruppenproblemlösung oder eine

Gruppenentscheidung der Leistung des besten Einzelnen oder der Summe der Einzelleistungen überlegen ist. Synergie tritt v.a. bei komplexen Problemen auf, wenn die Personen, die über heterogene Informationen verfügen, am Problem interessiert sind, in ihren persönlichen Beziehungen zueinander nicht belastet sind und die Gruppe nicht mehr als fünf bis sieben Mitglieder umfasst. – Behindert wird Synergie durch Beziehungsspannungen zwischen den Gruppenmitgliedern, durch → Konformität und durch eine zu große Zahl von Gruppenmitgliedern.

Systeme vorbestimmter Zeiten (SvZ) – *Kleinstzeitverfahren, Standard-Daten-Verfahren, Elementarzeitverfahren*. 1. *Begriff:* Verfahren der Arbeitszeitermittlung manueller Tätigkeiten aufgrund vorbestimmter Bewegungszeiten. Dabei werden → Sollzeiten für das Ausführen von Vorgangselementen bestimmt, die vom Menschen voll beeinflussbar sind. – 2. *Analyse:* Alle Systeme vorbestimmter Zeiten halten konsequent eine bestimmte Reihenfolge der Analyse ein. Diese läuft nach folgenden Schritten ab: (1) Zerlegung des Bewegungsablaufes in Bewegungselemente (z.B. Hinfassen, Greifen, Weglegen, Loslassen); (2) Zeitanalyse durch Bestimmung der Bewegungszeit jedes einzelnen Bewegungselementes (z.B. Bewegungslängen, bewegtes Gewicht); (3) Kodierung des Bewegungselementes und der dazugehörigen Einflussgrößen und Entnehmen der Elementarbewegungszeiten aus Tabellen; (4) Addition der Elementarzeiten zu der gesuchten Gesamtbewegungszeit. Die Bewegungsstudien geben Aufschluss über die Gestaltung von Arbeitsmethoden.

T

Tag der offenen Tür – Medium der externen Public Relations (PR). Zählt zusammen mit der → Betriebsbesichtigung und Werksführung zu den Event- und Ausstellungsaktivitäten eines Unternehmens, mit dem Ziel allen Interessierten Informationen über den Betrieb zu verschaffen bzw. einen Kontaktanknüpfungspunkt zu liefern. Ablauf: Betriebsführung, Informationen zum Unternehmen, unterhaltsames Rahmenprogramm, Bewirtung.

Tandemarbeitszeit – Zwei oder mehr Mitarbeiter bilden ein Arbeitsteam, das in einer bestimmten vorgegebenen Arbeitszeit präsenzpflichtig ist. Die Aufgabenerledigung der Mitarbeiter kann dabei in beliebiger Reihenfolge und Zeitverteilung geschehen. Grundsätzlich vertreten sich die Mitarbeiter gegenseitig, wobei die Bandbreite der Vertretungspflicht determiniert ist. Dieses Modell der → Arbeitszeitflexibilisierung ist hauptsächlich im Bereich des Dienstleistungsgewerbes im Einsatz und ist meist mit dem Gleitzeitmodell kombiniert. – Vgl. auch → Job Sharing.

Taylorismus – *wissenschaftliche Betriebsführung, Scientific Management*; benannt nach Taylor. – 1. *Charakterisierung:* Ziel ist die Steigerung der Produktivität menschlicher Arbeit. Dies geschieht durch die *Teilung der Arbeit* in kleinste Einheiten, zu deren Bewältigung keine oder nur geringe Denkvorgänge zu leisten und die aufgrund des geringen Umfangs bzw. Arbeitsinhalts schnell und repetitiv zu wiederholen sind. Grundlage der Aufteilung der Arbeit in diese kleinsten Einheiten sind Zeit- und Bewegungsstudien. Funktionsmeister übernehmen die disponierende Einteilung und Koordination der Arbeiten. Der Mensch wird lediglich als Produktionsfaktor gesehen, den es optimal zu nutzen gilt. – Taylor ging davon aus, dass eine geregelte Tätigkeit den Menschen zufrieden stellt. Zur Arbeitsmotivation dienen zusätzlich v.a. *monetäre Anreize:* Ein spezielles Lohnsystem (→ Leistungslohn) soll zur Steigerung der subjektiven Arbeitsleistung führen. – 2. *Kritik:* Taylorismus wird in der Diskussion um die → Humanisierung der Arbeit als der Inbegriff inhumaner Gestaltung der Arbeit betrachtet, da die Kennzeichen des Taylorismus einseitige Belastungen durch immer wiederkehrende gleiche Bewegungsformen (→ Monotonie), Fremdbestimmtheit, minimaler Arbeitsinhalt und dadurch die Unterforderung der physischen und psychischen Möglichkeiten des Menschen sind. Häufige Folge sind → Fehlzeiten. – 3. *Historisch* wurde der Taylorismus durch die *Human-Relations-Bewegung* (→ Human Relations) abgelöst.

Teamarbeit → Gruppenarbeit.

Teamentwicklung – Versuch einer → Arbeitsgruppe, den Transfer des Gelernten (→ gruppendynamisches Training) durch die Ausarbeitung konkreter Verhaltenskonsequenzen auf die betriebliche Situation hin zu fördern. Die Ergiebigkeit kann durch eine vorausgehende Datenerhebung und Rückkopplung (→ Survey Feedback) zum Status quo der Interaktionsmuster gefördert werden. – *Theoretisch* stellt die Teamentwicklung eine Adaptierung der in der Wissenschaft nur allg. formulierbaren Verhaltensempfehlungen an die betrieblichen Besonderheiten dar und bewegt sich im Geist der → Situationstheorien der Führung. – *Ergebnisse:* Die Durchführung einer Teamentwicklung ist, gemessen an den induzierten Verhaltensänderungen, der alleinigen Durchführung eines gruppendynamischen Trainings deutlich überlegen.

teilautonome Arbeitsgruppe – *selbststeuernde Arbeitsgruppe;* durch das Tavistock-Institut entwickelte, im Zuge der Einführung in den Volvo-Werken in Kalmar bekannt gewordenes Verfahren der → Arbeitsgestaltung, nach der eine Kleingruppe eine komplexe Aufgabe übernimmt, deren Regelung von der Gruppe teilautonom vorgenommen wird. Dabei sind auch klassische Führungsfunktionen wie Arbeitsvorbereitung, Arbeitsorganisation und Arbeitsergebniskontrolle an die Gruppe delegiert, sodass sie über Entscheidungs- und Kontrollkompetenzen verfügt. Je nach den Sachverhalten, die der Arbeitsgruppe zur eigenverantwortlichen Wahrnehmung übertragen werden, kann man verschiedene Grade der Selbststeuerung unterscheiden.– Diese weitest reichende Methode der Verselbstständigung der Arbeitnehmer kann im Extremfall sogar auf einen Vorgesetzten verzichten, da möglichst alle Arbeiten von jedem Mitglied der Arbeitsgruppe beherrscht werden sollten, womit Hierarchien überflüssig werden können. – Als *Ergebnis* dieser Maßnahme sind Erhöhungen der → Arbeitszufriedenheit, eine hohe intrinsische Motivation sowie dadurch Senkungen der → Fehlzeiten beobachtet worden.

Telelearning – *Telelernen*; 1. *Begriff*: Bezeichnung für eine Lernsituation, in der sich der bzw. die Lehrende(n) und der bzw. die Lernende(n) an voneinander getrennten Orten befinden. – 2. *Erklärung*: Im Gegensatz zum → Teleteaching verläuft das Telelearning asynchron, d.h. Lehren und Lernen findet nicht zeitgleich statt. Es kann differenziert werden zwischen offenem und kooperativem E-Learning. Beim offenen E-Learning fungiert das Internet in erster Linie als Informations- und Verteilungsplattform. Beim kooperativen E-Learning findet zudem auch ein wechselseitiger Austausch von Informationen, i.d.R in Form von Kommunikation statt. – Weitere, ähnliche Formen des virtuellen Lernens: Fernlernen, Open Distance Learning.

Telelernen → Telelearning.

Teleteaching – 1. *Begriff*: Bezeichnung für eine Lernsituation, in der sich der, bzw. die Lehrende(n) und der, bzw. die Lernende(n) an voneinander getrennten Orten befinden. – 2. *Erklärung*: Im Gegensatz zum → Telelearning erfolgt das Teleteaching synchron, d.h. Lehren und Lernen findet zur selben Zeit statt. Verwendet werden hierfür z.B. moderne, mediale Kommunikationsformen wie Videokonferenzen mit integrierten Shared Workspaces. – Weitere, ähnliche Formen des virtuellen Lernens: Fernlernen und Open Distance Learning.

Terminprämie – Art des → Prämienlohns. Eine Terminprämie wird für die Einhaltung oder das Unterschreiten bestimmter Termine gewährt. Beschränkte Anwendbarkeit, da die Termineinhaltung i.d.R. nicht nur von einzelnen Arbeitskräften abhängt.

Test → Testverfahren.

Testgütekriterien – Kriterien, anhand derer beurteilt werden kann, wie gut ein psychologischer Test ist. Allgemein wird zwischen den Kriterien Objektivität, Reliabilität und Validität unterschieden. – 1. Die *Objektivität* eines Tests ist dann gegeben, wenn verschiedene Testleiter mit dem Test auf den Ebenen der Datengewinnung, -auswertung und -interpretation bei denselben Personen zu gleichen Ergebnissen kommen. Die Unterschiede der Testergebnisse sollen also von Unterschieden zwischen den getesteten Personen und nicht von Unterschieden zwischen den Testleitern abhängen. – 2. Die → Reliabilität ist gegeben, wenn der Test das, was er misst, auch zuverlässig misst. Dies ist etwa dann gegeben, wenn die einzelnen Aufgaben eines Tests eine hohe Interkorrelation zeigen, wenn parallele Formen des Tests bei denselben Personen zu gleichen Ergebnissen führen oder wenn eine Testwiederholung bei denselben Personen zu gleichen Ergebnissen führt. – 3. Die *Validität* ist dann gegeben, wenn der Test das, was er vorgibt, auch tatsächlich misst. Die Validität kann auf unterschiedliche Weise gemessen werden. Bes. wichtig ist die Korrelation der Testdaten mit anderen Indikatoren des Geltungsbereichs (z.B.

Vorgesetztenurteil) oder mit Ereignissen, die man prognostizieren möchte, wie etwa Ausbildungserfolg, Berufserfolg etc. Sind Objektivität und Reliabilität unzureichend, so kann auch die Validität nicht hoch sein. Es ist allerdings theoretisch denkbar und in der Praxis auch häufig der Fall, dass Verfahren mit hoher Objektivität und Reliabilität nicht valide sind.

Testverfahren – *Prüfungsverfahren*.

I. Statistik: statistische Testverfahren.

II. Psychologie: → psychologische Testverfahren.

III. Marktforschung: Neben den statistischen Testverfahren und → psychologischen Testverfahren werden bes. nach dem Erkenntnisobjekt Anzeigentest, Markttest, Store-Test, Namenstest, Preistest, Verpackungstest, Konzepttest, Produkttest und Markentest (Recalltest) unterschieden.

IV. Informatik: Testen (Testen der Software), Benchmark-Test (Testen der Leistungsfähigkeit der Hardware).

thematischer Apperzeptionstest – *Thematic Apperception Test*; projektiver Test (→ projektive Verfahren). Der Auskunftsperson werden 20 Bildtafeln vorgelegt. Zu jeder Abbildung soll sie eine selbsterfundene Geschichte erzählen. Da die Testperson in ihre Schilderung eigene Impulse, Wünsche, Schuldgefühle etc. hineinprojiziert, können wertvolle Anhaltspunkte über ihre Persönlichkeit gewonnen werden oder die Messung impliziter Motive (z.B. Macht-, Leistungs- oder Anschlussmotiv).

Theorie des Reifegrades – führungstheoretischer Ansatz von P. Hersey und K.H. Blanchard, der davon ausgeht, dass das effektive Verhalten eines Vorgesetzten vom Reifegrad des Mitarbeiters bestimmt wird. Der Reifegrad des Mitarbeiters bestimmt sich als Ergebnis von Fähigkeiten und Motivation. Dabei werden 4 verschiedene Stufen des Reifegrades unterschieden: M1: geringe Reife (Motivation, Wissen und Fähigkeiten fehlen), M2: geringere bis mäßige Reife (Motivation, aber fehlende Fähigkeiten), M3: mäßige bis hohe Reife (Fähigkeiten, aber fehlende Motivation), M4: hohe Reife (Motivation, Wissen und Fähigkeiten vorhanden). – Zusätzlich wird zwischen 4 Führungsstilen unterschieden: Unterweisung (telling): Der Vorgesetzte sieht seine Mitarbeiter als Untergebene. Er sagt ihnen, was, wie, wann und wo zu tun ist. Verkaufen (selling): Der Vorgesetzte argumentiert rational oder emotional, um die Mitarbeiter zur Akzeptanz der Aufgabenstellung zu bewegen. Partizipation (participating): Der Führer und die Geführten entscheiden gemeinsam. Delegation (delegating): Der Vorgesetzte beschränkt sich auf gelegentliche Kontrollen und überläßt die Aufgabenerfüllung seinen Mitarbeitern. – Abhängig vom Reifegrad der Mitarbeiter wendet der Vorgesetzte die verschiedenen Führungsstile an. Mit zunehmender Reife nimmt die Aufgabenorientierung ab und die Beziehungsorientierung zu.

Therbligs – Therbligs sind die vom Begründer der → Bewegungsstudie, Gilbreth, in Umkehrung seines Namens gefundenen 17 Bewegungsgrundelemente: Hinlangen, Transportieren, Greifen, Vorrichten, Fügen, Ausführen, Auseinandernehmen, Loslassen, Prüfen, Suchen, Auswählen, Finden, in eine andere Lage bringen, unvermeidbare und vermeidbare Verzögerung, Planen, Ausruhen und Halten. Die Therbligs sollen es dem Analytiker erlauben, die Vorgabezeiten manueller Tätigkeiten synthetisch wie ein Baukastensystem zusammenzufügen. Durch Addition der für die Bewegungsgrundelemente zuständigen Zeitwerte soll die manuelle Arbeitszeit sich aus Einzelzeiten zur Gesamtzeit zusammensetzen lassen. Therbligs sind somit Grundlage der → Systeme vorbestimmter Zeiten (SvZ). Motivation für Gilbreths Forschung war die Optimierung der Arbeitsgestaltung. Seine Theorie gilt als Teil des Scientific Managements oder → Taylorismus.

Top Management – 1. *Begriff:* Bezeichnung für den Tätigkeitsbereich der obersten Ebene in der hierarchischen Organisationsstruktur der Unternehmung. – 2. *Funktionen:* In Unternehmen zählen i.d.R. der Vorstand bzw. die geschäftsführenden Direktoren zum Top Management. In ihrer Kompetenz liegt bes. die Festlegung der langfristigen Unternehmenspolitik bzw. der strategischen Ziele und die Durchsetzung einer entsprechenden Planung und Strukturierung des Unternehmens. – Das *Top Management* vertritt das Unternehmen nach außen und stellt die Kontakte zu Institutionen außerhalb des Unternehmens her, wie Behörden, Fachverbänden, Gewerkschaften etc. Das Top Management ist Träger der Verantwortung für alle Aktivitäten seines Unternehmens, z.B. gegenüber den Eigentümern oder der Gerichtsbarkeit.

Tracking Stocks – *Alphabet Stock, Mirror Stock, Targeted Stock;* US-amerikanische Finanzinnovation im Eigenkapitalbereich. Tracking Stocks geben einem Investor die Möglichkeit, sich an einem oder mehreren Geschäftsbereichen (Tracked Units) eines Unternehmens zu beteiligen. Hauptgründe für Einführung: (1) Steigerung des Shareholder Value; (2) Mittel der Eigenkapitalaufnahme; (3) Nutzung als Akquisitionszahlungsmittel; (4) Abwehrmaßnahme gegen feindliche Übernahme. Anwendung des Konzepts von dt. Unternehmen aus rechtlicher Sicht noch unklar, da die Trennung der Geschäftsbereiche eine getrennte Rechnungslegung und Kontrolle erfordern.

Traineeprogramm – speziell von Großunternehmen angebotene Möglichkeit des Berufseinstiegs von (Fach-)Hochschulabgängern. Während der Laufzeit erfolgt eine systematische, mit dem Einsteiger (Trainee) abgestimmte Rotation durch verschiedene Abteilungen und Funktionsbereiche des Unternehmens. – *Dauer:* mind. sechs bis höchstens 24 Monate. Der Trainee soll lernen, abteilungsübergreifend zu denken und zu handeln, sodass er in seinem späteren Werdegang innerhalb der Firma nicht nur seinen eigenen Fachbereich sieht, sondern die Auswirkungen auf andere Unternehmensbereiche in seine Überlegungen und sein Handeln mit einbezieht. Somit dient das Traineeprogramm dazu, vielseitig einsetzbaren Nachwuchs aufzubauen.

Training – bezeichnet Off-the-Job-Verfahren der Personalentwicklung, bei denen Mitarbeiter Fertigkeiten erwerben oder verfeinern sollen. Die Implementierung von Trainingsmaßnahmen in Organisationen erfolgt in fünf Schritten: a) *Festlegung der Trainingsziele:* Der Ist- und Sollzustand werden ermittelt. Bei der Festlegung des Sollzustands müssen die Interessen der Organisation mit denen der Individuen abgestimmt werden. Dabei sollte nicht nur der gegenwärtige, sondern auch der zukünftige Bedarf ermittelt werden. Die Grundlage für die Formulierung des Sollzustands sind z.B. Organisations- und → Arbeitsanalysen oder Expertenbefragungen (→ Delphi-Technik). Die Grundlage für die Ist-Analyse besteht in der Erhebung der vorhandenen Kompetenzen der Mitarbeiter, z.B. auf der Grundlage der Mitarbeitergespräche, von vorausgegangenen Leistungsbeurteilungen, psychologischen Testverfahren u.Ä. – b) *Ableitung von Kriterien zur Überprüfung des Lernerfolgs:* Soweit möglich, muss der Sollzustand präzise bestimmt werden, damit eine → Evaluation der Maßnahmen möglich wird. – c) *Entwicklung der Trainingsmaßnahme:* Die Trainingsmaßnahme wird zeitlich, inhaltlich und methodisch auf die Trainingsziele abgestimmt. Bei der Gestaltung der Trainingsmaßnahme sollte darüber hinaus bes. die Förderung des Lerntransfers beachtet werden. – d) *Durchführung der Maßnahme.* – e) *Überprüfung des Lernerfolgs:* Abgestimmt auf die Trainingsziele wird der Trainingserfolg überprüft (→ Evaluation).

Training Group – zusammenfassender Ausdruck für eine systematisch zusammengestellte Schulungsgruppe, die ein bestimmtes

Schulungsprogramm absolviert. – Vgl. auch → Laboratoriumstraining.

Transaktionsanalyse – Analyse des kommunikativen Wechselspiels zwischen zwei und mehr Personen, das sowohl verbal als auch nonverbal abläuft. Begründer: Eric Berne (1910 – 1970). Die Transaktionsanalyse wird in Management-, Verkaufs- und Verhandlungstrainings eingesetzt und verbessert das bewusste soziale Handeln des Einzelnen (Personalentwicklung).

Trieblehre – Bezeichnung für die Auffassung, dass Lebewesen von angeborenen, jedoch durch Einflüsse der Umwelt in bestimmter Weise sublimierbaren Trieben „angetrieben" werden. Eine genaue Abgrenzung zu den Instinkten ist nicht möglich. Heute weitestgehend durch Theorien über → Motivation und → Bedürfnishierarchien abgelöst.

Trucksystem Im Zeitalter des Frühkapitalismus (Kapitalismus) gebräuchliche Form des Arbeitsentgelts, in Deutschland seit 1855 verboten (Truckverbot). Beim Trucksystem ist der Lohnberechtigte verpflichtet, in voller oder anteiliger Höhe seines Lohnanspruchs Ware aus dem Erzeugungsprogramm des Betriebs zu übernehmen. Da der Arbeiter zum Lebensunterhalt den Großteil dieser Güter wieder veräußern muss, übernehmen die Arbeiter für den Unternehmer z.T. Absatzfunktion und -risiko. Die Folgewirkung ist die Ausbeutung, da Arbeiter aufgrund ihrer schwachen Stellung an einem lokal begrenzten Markt i.Allg. nur einen geringen Preis erzielen.

Typ-A – in der Stressforschung beschriebenes Verhaltensmuster einer Person, gekennzeichnet durch erheblichen subjektiven Zeitdruck, explosiv-aggressives Verhalten sowie sehr hohe Kontrollambitionen (Versuch der Erhaltung und Ausweitung der → Situationskontrolle). Personen mit extrem ausgeprägter Typ-A-Orientierung haben laut empirischer Forschung eine erhöhte Infarktwahrscheinlichkeit.

Umgebungseinflüsse → Anforderungsarten bez. der Arbeitsschwierigkeit im Rahmen der Arbeitsbewertung, z.B.: (1) Temperaturbeeinflussung: Einwirkung ungewöhnlicher Temperaturschwankungen auf den Arbeiter während der Arbeit; (2) Öl-, Fett-, Schmutz-, Staub-, Säure- und Wasserbelästigungen, soweit sie arbeitshindernd oder gesundheitsschädlich sind; (3) Gase u.Ä., wenn Beeinträchtigung durch die Anordnung des Arbeitsplatzes bedingt oder Tragen von Schutzmasken erforderlich ist; (4) Unfallgefährdung, wenn keine Schutzmaßnahmen möglich sind; (5) Lärm, Lichtmangel, Blendung u.Ä.

Umzugskosten – 1. *Begriff*: Wird ein Arbeitnehmer aus dienstlichen Gründen an einen weit entfernten Ort versetzt (Versetzung), hat er Anspruch auf Erstattung der ihm durch einen Umzug entstandenen Kosten. Entstehen Umzugskosten dagegen bei Dienstantritt, brauchen diese vom Arbeitgeber nicht ersetzt zu werden, wenn sich dieser dazu nicht ausdrücklich verpflichtet hat. – 2. *Steuerliche Behandlung*: Die aus öffentlichen Kassen gezahlten Umzugskostenvergütungen sowie die Beträge, die den im privaten Bereich angestellten Personen für dienstlich veranlasste Umzugskosten gezahlt werden, sind einkommensteuerfrei (§ 3 Nr. 13 und Nr. 16 EStG). Dies gilt jedoch nur, soweit die Erstattungen die durch den Umzug entstandenen Mehraufwendungen nicht übersteigen. Umzugskosten im Rahmen von beruflich veranlasstem Wohnungswechsel können als Werbungskosten steuerlich abgezogen werden, wenn sich durch den Umzug die Entfernung zwischen Wohnung und Arbeitsstätte erheblich verkürzt, d.h. wenn hierdurch eine Wegzeitersparnis von mind. einer Stunde täglich für Hin- und Rückfahrt resultiert, oder bei betrieblichem Interesse des Arbeitgebers. Umzugskosten können in der Höhe geltend gemacht werden, die ein vergleichbarer Bundesbeamter nach dem Bundesumzugskostengesetz (BUKG) bzw. nach der Auslandsumzugsverordnung (AUV) bei Versetzung erhalten würde. Der Pauschbetrag für sonstige Umzugsauslagen beläuft sich für Ledige ab dem 1.8.2011 auf 641 Euro (für Verheiratete 1.238 Euro). Können höhere Umzugskosten nachgewiesen werden, wird je nach Einzelfall geprüft, ob ein Abzug als Werbungskosten erfolgen kann. Zu den abzugsfähigen Umzugskosten zählen: Beförderungskosten des Umzugsgutes, Reisekosten, Mietentschädigungen sowie weitere Auslagen für Beschaffung vom Kochherd, Ofen usw. Im Gegensatz hierzu sind Maklergebühren im Rahmen von Grundstückskäufen sowie Kosten für Anschaffung von klimabedingter Kleidung und Wohnungsausstattung nicht abzugsfähig.

Unternehmensplanspiel – eine modellhafte Simulation von Unternehmensprozessen. In den USA entstandene Ausbildungsmethode mit Ursprung in militärischen Planspielen (Personalentwicklung). – *Durchführung*: Die Teilnehmer eines Unternehmensplanspiels vertreten (meist gruppenweise) zwei bis zehn und mehr konkurrierende Unternehmen, die mit gleichen Startbedingungen (gleiche Betriebsgröße, Betriebs- und Finanzstruktur) vor mehr oder weniger komplizierte, sich wandelnde Umweltsituationen gestellt werden, die sich in Modellen nachbilden lassen. Zur Vorbereitung der Entscheidungen sind sorgfältige dynamische Betriebsplanungen oder bei funktionellen Unternehmensplanspielen Teilplanungen aufzustellen. In jeder Spielperiode, die ein bis zwölf Monate repräsentiert, muss eine größere Auswahl von Entscheidungen getroffen werden, deren Auswirkungen auf die Unternehmensentwicklung und auf die Umweltsituation per EDV ermittelt werden. Aufgrund dessen sind die Entscheidungen der nächsten Periode vorzubereiten und zu treffen. Eine Spielperiode dauert bis zu mehreren Stunden, das ganze Unternehmensplanspiel bis zu mehreren Tagen. – *Vorteil:* größere Wirklichkeitsnähe als die → Fall-Methode durch die ständige dynamische Anpassung des Unternehmens an die sich wandelnde Umweltsituation. – *Anwendung:* Unternehmensplanspiel in den USA sehr verbreitet; in der Bundesrepublik Deutschland v.a. von Großfirmen, an Universitäten sowie in der Weiterbildung von Führungskräften angewandt.

Unterschiedsreaktion → Reaktionszeit.

unterschwellige Werbung – Werbung, die dadurch gekennzeichnet ist, dass Werbetexte, Slogans u.Ä. so kurzzeitig (z.B. 1/3.000 Sekunde) dargeboten werden, dass sie die Wahrnehmungsschwelle nicht übersteigen (Wahrnehmung). Man geht davon aus, dass Sprach- und Bildelemente, die ohne Bewusstsein (unterschwellig) aufgenommen werden, erhebliche Beeinflussungswirkungen erzielen können. Die Wirkungsweise unterschwelliger Werbung ist weitestgehend unbekannt, deshalb ist es vorteilhafter überschwellige Beinflussungstechniken (Sozialtechniken) wie Bildkommunikation zu verwenden. – *Rechtliche Beurteilung:* Kundenfang. Nach § 7 RfStV darf in der Werbung und im Teleshopping bei Fernsehen und Hörfunk keine unterschwellige Werbung eingesetzt werden.

Urlaubslohn – Urlaubsgeld.

Valenz – Bezeichnung für den Wert eines Ziels oder einer Alternative im Rahmen von Erwartungstheorien × Werttheorien (→ Prozesstheorien der Motivation). Die Stärke der Handlungsintention ergibt sich aus der multiplikativen Verknüpfung der Valenz des Ziels mit der Instrumentalität der Handlung für das Erreichen dieses Ziels und der subjektiven Wahrscheinlichkeit, die Handlung auch ausführen zu können.

variable Arbeitszeit → Arbeitszeitmodelle.

Verantwortung – I. Organisation: 1. *Begriff:* Verpflichtung und Berechtigung, zum Zwecke der Erfüllung einer Aufgabe oder in einem eingegrenzten Funktionsbereich selbstständig zu handeln. Mit der Chance zum selbstständigen Handeln verknüpft sich das Einstehenmüssen für Erfolg und Misserfolg gegenüber derjenigen Instanz, von der die Kompetenz für Aufgabe oder Funktionsbereich erteilt wurde. – Häufig Synonym für *Verantwortlichkeit,* dem Einstehen für ein Tun und Lassen. – Vgl. auch Eigenverantwortlichkeit. – 2. *Arten:* a) *Eigen-Verantwortung*: Einstehenmüssen für eigenes Handeln. – b) *Fremd-Verantwortung*: Einstehenmüssen für das Handeln hierarchisch nachgeordneter Handlungsträger.

II. Arbeitsbewertung: Häufig verwendete → Anforderungsart, meist untergliedert nach Verantwortung für Betriebsmittel und Erzeugnisse, Verantwortung für die Arbeit anderer und Verantwortung für die Gesundheit anderer. Die Komplexität des betrieblichen Leistungsprozesses, die hohe Anlagenintensität und die Abhängigkeit des Betriebserfolges von einer friktionsfreien Kooperation verlangen sowohl von Führungskräften als auch von nachgeordneten Mitarbeitern die Bereitschaft zur Verantwortung. Notwendig sind eindeutige Aufgabenzuordnungen und entsprechende Zuweisung von Kompetenzen, auf die sich die Verantwortung bezieht.

III. Wirtschaftsethik: Mit Verantwortung wird der Umstand bezeichnet, dass jemand gegenüber einer Instanz für sein Handeln Rechenschaft abzulegen hat. Der Begriff Verantwortung entstammt ursprünglich dem Rechtsbereich und wurde dann im christlichen Sprachgebrauch auch als Rechenschaftspflicht des Menschen gegenüber Gott oder dem eigenen Gewissen ausgelegt. Heute wird Verantwortung i.d.R. entweder i.e.S. als pflichtgemäße Erfüllung übertragener Aufgaben verstanden oder im weiteren (ethischen) Sinn als Berücksichtigung der von der eigenen Handlung Betroffenen, was u.U. auch eine Abweichung von den vorgeschriebenen Tätigkeiten bedeuten kann. Verantwortung setzt Handlungsfreiheit und die Fähigkeit, die Folgen des eigenen Tuns vorherzusehen voraus; der ethische Begriff von Verantwortung beinhaltet auch die Absichtlichkeit bzw. Willensfreiheit in Bezug auf die eigenen Handlungsziele unter Berücksichtigung der Interessen anderer (Ethik, Freiheit). – Verantwortung ist stets auch eine *Frage der sozialen Zurechnung*. Jedes Ereignis geht auf eine große Menge unterschiedlicher Bedingungsfaktoren zurück, von denen das Handeln eines einzelnen immer nur eine Teilmenge sein kann. Damit erfordert ein sinnvoller Gebrauch des Konzepts der Verantwortung die Bestimmung der Kompetenzen des Handelnden und der Grenzen seiner Verantwortung. Diese ergeben sich aus der Möglichkeit bzw. der Zumutbarkeit, bestimmte Handlungen auszuführen bzw. ausführen zu können. Hier zeigen sich die Schwierigkeiten der Verantwortung. Die heutige Zeit ist gegenüber früher einerseits durch ein größeres Maß an *Berechenbarkeit* (Weber) und *Gestaltbarkeit* – und damit langfristiger Folgenkalkulationen – gekennzeichnet, was die Forderungen nach Verantwortung, bis hin zur Verantwortung für künftige Generationen, laut werden lässt. Andererseits führt die im Zuge der Arbeitsteilung und Spezialisierung und der damit wachsenden Handlungsinterdependenzen gestiegene *Komplexität* sozialer und ökologischer Zusammenhänge zu einer Diffusion von Verantwortung. Der Einzelne kann (1) die relevanten Handlungsfolgen schlechter abschätzen und ist verstärkt auf die Informationen bzw. Einschätzungen Dritter angewiesen; (2) die Kontrolle der relevanten Einflussfaktoren für die zu verantwortenden Gegenstände oder Ereignisse wird schwieriger, v.a. durch die Handlungsinterdependenzen, wie sie sich im Wettbewerb oder bei öffentlichen Gütern zeigen; (3) zudem ergeben sich für den Einzelnen (Rollen-)Konflikte und Probleme der Abwägung oder auch nur des Erkennens möglicher verantwortlicher Handlungsweisen, sodass ein Rückzug aus der Verantwortung stattfinden kann. Als Folge ergibt sich die Notwendigkeit der institutionellen Zuschreibung von Verantwortung durch gesetzliche oder vertragliche Bestimmungen, z.B. im Haftungsrecht, und/oder die Zuschreibung der Verantwortung auf kollektive Akteure, z.B. Unternehmen, Verbände etc.; insofern hat Verantwortung *konstitutionelle Voraussetzungen*. Die kollektiven Akteure sind dann gehalten, ihrerseits intern für eine klare Kompetenzzuweisung an einzelne Personen zu sorgen, da Verantwortung letztlich immer an Individuen als moralische Subjekte gebunden bleibt.

Verhaltensgitter → Managerial Grid.

Verkaufspsychologie – Teilgebiet der Marktpsychologie. Die Verkaufspsychologie untersucht, welche Verhaltensweisen und Kommunikationsformen von Verkäufern dafür geeignet sind, potenzielle Käufer gezielt zu beeinflussen. Es werden psychologische Voraussetzungen wirksamer Verkaufstätigkeit, Eigenarten verschiedener Käufergruppen sowie Merkmale eines den Verkauf fördernden Kontextes gesucht und die Ergebnisse bes. in Verkäuferschulungen sowie in Maßnahmen der Verkaufsförderung übersetzt.

Vigilanztätigkeit – Tätigkeit, die eine konstant bleibende Aufmerksamkeit (z.B. gegenüber Anzeigegeräten) abverlangt. Aufgrund geringer äußerer Reize und geringer innerer Stimulierung von Denkprozessen kann die Vigilanztätigkeit zur → Belastung werden.

virtuelles Klassenzimmer → Telelearning.

Vorarbeiter – Vorgesetzter der untersten Stufe; Verbindungsperson zwischen Arbeiter und Meister. In kleinen Gruppen übernimmt der Vorarbeiter gelegentlich Meisterfunktion und ist direkt dem Betriebsleiter oder Bauingenieur unterstellt. – *Vergütung*: Vorarbeiter erhalten meist eine Funktionszulage zum Stundenlohn oder Wochenlohn.

Vorgabe – I. Organisation: teilweise Synonym für *Weisung*.

II. Betriebsorganisation: Setzung eines Leistungszieles als integrierender Bestandteil der Planung, die in der Stufenfolge: Schätzung, Vorgabe, Kontrolle vorgeht. (1) Zeitvorgabe im Zeitakkord; (2) Ausbringungssätze, Energieverbrauchssätze etc.; (3) im Rahmen der Planung und Budgetierung; Ausgaben-, Einnahmen-, Kosten- und Erfolgswerte.

III. Markt- und Meinungsforschung: *Standardvorgabe, Check List*; bei einer Umfrage wird eine Auswahl möglicher Antworten in Fragebogen nummeriert aufgeführt. Die Vorgabe erübrigt die (bei der Auswertung der rücklaufenden Fragebogen sonst für die verschiedenen Antwortmerkmale notwendig werdende) Klassenbildung. Andererseits entsteht die Gefahr der Beeinflussung des Befragten.

Vorgabekalkulation – Errechnung der → Vorgabezeit für einen Auftrag, → Auftragszeit (T). Das Kalkulationsschema beruht auf Zeitwerten, die mittels Arbeitszeitstudien ermittelt werden. – *Beispiel nach* → REFA-Verband für Arbeitsstudien, Betriebsorganisation und Unternehmensentwicklung e.V.: Vgl. Tabelle „Vorgabekalkulation".

Vorgabekalkulation (Beispiel nach REFA)

Vorgabekalkulation für Auftrag Nr. ...						
Zeitbegriff	Symbole	erwartete Ist-Zeit		Soll-Zeit je Einheit	Soll-Zeit je Auftrag	Vorgabezeit des Auftrags
		Auftrag	Einheit			
Rüstgrundzeit	trg	18			20	
Rüstverteilzeit (Verteilprozentsatz 5 %)	trv				+ 1	
Rüstzeit	tr				= 21	
Tätigkeitszeit (beeinflussbar).	tbt		20	22		
Tätigkeitszeit (unbeeinflussbar)	ttu		21	+ 21		
Tätigkeitszeit	tt			= 43		
arbeitsablaufbedingte Wartezeit	tw		1	+ 1		
Grundzeit	tg			= 44		
Verteilzeit (Verteilprozentsatz 5 %)	tv			+ 2		
Zeit je Einheit	te			= 46		
Ausführungszeit (= m · te) ...	ta				+ 460	
Auftragszeit (= tr + ta)	T				= 481	= 481

Vorgabezeit → Sollzeit für von Menschen und Betriebsmitteln auszuführende Arbeitsabläufe, also für die ordnungsgemäße Erfüllung eines Auftrages bei → Normalleistung in einem gegebenen Arbeitssystem und bei festgelegten Einflussgrößen. Vorgabezeiten gehören zum Fertigungsauftrag. Vorgabezeiten beziehen sich gewöhnlich nicht auf das Bearbeiten eines einzelnen Gegenstandes eines Auftrages, sondern auf die Zeit für die Abwicklung des Auftrags in einem Arbeitssystem. – Vgl. auch → Auftragszeit (T).

Vorgesetztenschulung – Personalentwicklung.

vorgezogene Altersgrenze – Altersrente.

Vornahmehandlung – *Vorsatz*; Begriff der Psychologie. Willenserlebnis, in dem eine grundsätzliche Entscheidung für bestimmte zukünftige Situationen gefällt wird.

Vorsatz – I. Zivilrecht: Bewusstes Herbeiführen oder Vereiteln eines Erfolges; sog. *bedingter Vorsatz*: Das Inkaufnehmen dieser Tatsache, d.h. Billigung für den Fall ihres (zwar unerwünschten) Eintretens (im Gegensatz zur bewussten Fahrlässigkeit).

II. Strafrecht: Vorsatz ist Wissen und Wollen der Verwirklichung der Tatumstände, die zu einem Straftatbestand gehören. Wer bei Begehung der Tat einen Umstand nicht kennt, der zum gesetzlichen Tatbestand gehört, handelt nicht vorsätzlich (Tatbestandsirrtum, § 16 StGB). Das geltende Recht rechnet das Bewusstsein der Rechtswidrigkeit nicht zum Vorsatz (§ 17 StGB). – Vgl. auch Irrtum.

Vorstellungsgespräch – persönliches Gespräch zwischen einer Organisation und einem Bewerber. Wichtiger Bestandteil des Auswahlverfahrens, bei dem fachliche Qualifikationen und die soziale Kompetenz des Bewerbers überprüft werden. Es dient v.a. der Abrundung des aus den schriftlichen Unterlagen (→ Bewerbung) gewonnenen Gesamteindrucks. Das Vorstellungsgespräch ist Teil der Vorverhandlungen hinsichtlich der Einstellung eines neuen Arbeitnehmers. – Vgl. auch → Vorstellungskosten, → Personalauswahl.

Vorstellungskosten – die dem zur persönlichen Vorstellung (→ Vorstellungsgespräch) aufgeforderten Bewerber entstehenden Kosten. Berechtigte, tatsächlich gemachte Aufwendungen, bes. Reisekosten und die für Übernachtung und Verpflegung entstandenen Auslagen in einer der vorgesehenen Position angemessenen Höhe sind dem Bewerber entsprechend § 670 BGB zu ersetzen, soweit die Übernahme nicht bei Aufforderung zur Vorstellung ausdrücklich abgelehnt wird.

Wartezeit – I. Arbeitszeit: Teil der Grundzeit (t_g). Planmäßiges Warten der Menschen auf das Ende von Ablaufabschnitten, bei denen Betriebsmittel oder Arbeitsgegenstand zeitbestimmend sind. – *Kurzzeichen nach* → REFA-Verband für Arbeitsstudien, Betriebsorganisation und Unternehmensentwicklung e. V.: t_w. Ist der Anteil der Wartezeit (unbeeinflussbare Zeit) hoch, ist der → Akkordlohn als Lohnform nicht anwendbar.

II. Operations Research: Zeit, die eine Transaktion vor einer besetzten Abfertigungseinheit in einer Warteschlange zubringt oder Stillstandszeit einer Abfertigungseinheit, die auf zu bearbeitende Transaktionen wartet. Wichtiges Effektivitätsmaß bei Wartesystemen. – *Bewertete Wartezeit:* Wartekosten.

III. Arbeitsrecht: 1. *Urlaub:* Der volle Urlaubsanspruch wird erstmalig nach sechsmonatigem Bestehen des Arbeitsverhältnisses erworben (§ 4 BUrlG). – 2. *Ruhegeldzusagen:* Diese werden oft nur unter der aufschiebenden Bedingung gewährt, dass eine bestimmte Wartezeit erfüllt ist, d.h. dass der Arbeitnehmer bei Eintritt des Versorgungsfalls eine bestimmte Mindestzeit im Arbeitsverhältnis zurückgelegt hat oder bis zu einem bestimmten Lebensalter im Betrieb tätig wird. – 3. *Anders:* Unverfallbarkeitsfristen (Begriff des Betriebsrentengesetzes). – Vgl. auch Pensionsanwartschaft.

IV. Sozialversicherung: Die für die Entstehung eines Leistungsanspruchs erforderliche Mindestversicherungszeit (Anwartschaft). – 1. *Gesetzliche Krankenversicherung:* Für Mutterschaftsgeld: zwölf Wochen Pflichtversicherung in der Zeit vom Beginn des zehnten bis zum Ende des vierten Monats vor der Entbindung (§ 200 RVO). – 2. *Gesetzliche Rentenversicherung:* Die sog. allgemeine Wartezeit beträgt fünf Jahre. Es werden auf die allgemeine Wartezeit Beitragszeiten, Ersatzzeiten, Zeiten aus Versorgungsausgleich, aus Rentensplitting unter Ehegatten angerechnet. Die Erfüllung der allgemeinen Wartezeit ist erforderlich für den Anspruch auf Altersrente, Rente wegen Erwerbsminderung, Rente wegen Todes, → Erziehungsrente. Unter bestimmten Voraussetzungen kann die Wartezeit auch fingiert werden (z.B. §§ 50 I 2, 53, 245 SGB VI). Neben der allgemeinen Wartezeit sind nach § 50 II SGB VI je nach Rentenart Wartezeiten von 20, 25 und 35 Jahren für den Rentenanspruch zu erfüllen. Mit welchen rentenrechtlichen Zeiten die verschiedenen Wartezeiten erreicht werden, regelt die Vorschrift des § 51 SGB VI. – 3. *Soziale Pflegeversicherung:* Seit 1.1.2000 gilt eine Wartezeit von fünf Jahren (Vorversicherungszeit). Vorversicherungszeiten in der sozialen Pflegeversicherung und privaten Pflege-Pflichtversicherung werden zusammengerechnet. – 4. *Unfallversicherung:* keine Wartezeiten. – 5. *Arbeitslosenversicherung:* kennt anstelle der Wartezeit den Begriff der Anwartschaftszeit. Diese hat der Versicherte im Regelfall erfüllt, wenn er in der Rahmenfrist (von drei Jahren) mindestens zwölf Monate, als Saisonarbeitnehmer mindestens sechs Monate, in einem Versicherungspflichtverhältnis gestanden hat (§ 142 SGB III). Von der Dauer des Versicherungsverhältnisses hängt u.a. die Dauer des Anspruchs auf Arbeitslosengeld ab (abhängig auch vom Alter des Arbeitslosen), vgl. § 147 SGB III.

V. Individualversicherung: Zeitspanne zwischen Versicherungsbeginn und Beginn des Anspruchs auf Versicherungsleistungen, während der bei einem Schaden keine oder nur gekürzte Leistungen gewährt werden. Wartezeit in der Privatversicherung grundsätzlich *nicht üblich.* – Wesentliche *Ausnahmen:* (1) teilweise bei *Lebensversicherungen* ohne ärztliche Untersuchung oder von nicht ganz gesunden Personen sowie bei

Selbstmord. (2) In der *Krankenversicherung* allgemeine Wartezeit drei Monate, bes. Wartezeit für Entbindung, Psychotherapie, Zahnbehandlung, Zahnersatz und Kieferorthopädie acht Monate. Bei Unfällen, einzelnen akuten Infektionskrankheiten etc. entfällt die Wartezeit.

Wechselschichtarbeit – Form der → Schichtarbeit, bei der entweder ein Zwei-Schicht-System oder ein Drei-Schicht-System praktiziert wird. Die einzelnen Schichten umfassen meist eine achtstündige Arbeitszeit, die sich im Zwei-Schicht-System auf eine Frühschicht (von 6 bis 14 Uhr) und eine Spätschicht (von 14 bis 22 Uhr) aufteilt. Beim Drei-Schicht-Betrieb kommt eine Nachtschicht (von 22 bis 6 Uhr) hinzu. Beim Drei-Schicht-System muss der Wechselschichtarbeiter meist in stetiger Folge auf die Nachtruhe verzichten. Wechselschichten sind wechselnde Arbeitsschichten, in denen ununterbrochen bei Tag und Nacht, werktags, sonntags und feiertags gearbeitet wird. Es treten negative Auswirkungen auf wie z.B. der Verlust sozialer Bindungen, Appetitstörungen. Auch auf betrieblicher Seite ist Wechselschichtarbeit nur bei kontinuierlicher Produktion oder Dienstleistung (z.B. Stahlwerk, Elektrizitätswerk) oder bei Bereitschaftsdiensten (Polizei, Feuerwehr, Krankenhaus) sinnvoll, da die Arbeitsleistung in den Nachtstunden erheblich unter der geringsten Leistung des Tages bleibt (→ Leistungskurve).

Weg-Ziel-Ansatz der Führung – speziell auf die Führungssituation angewandte Formulierung der → Erwartungswert-Theorie. Dieser Ansatz der Führungslehre stellt einen Zusammenhang her zwischen der Persönlichkeit des Geführten, der Aufgabenstruktur und dem Führungsstil. Ausgehend von der motivationstheoretischen Hypothese, dass für die Geführten dasjenige Verhalten mit dem größten Anreiz verbunden ist, das den größten subjektiven Gesamtnutzen verspricht, wobei neben den individuellen Bedürfnissen auch die Situationseinschätzungen mit in die Bewertung eingehen, wählt der Vorgesetzte seinen Führungsstil unter Effizienzgesichtspunkten aus: – (1) *Direktiver Führungsstil* bei unstrukturierten Aufgaben und Mitarbeitern mit stark autoritärem Charakter. – (2) *Unterstützender Führungsstil* bei stark strukturierten und einfachsten Aufgaben, da lediglich aus der sozialen Situation Befriedigung gezogen werden kann. – (3) *Leistungsorientierter Führungsstil* bei unstrukturierten oder einmaligen Aufgaben und bei Mitarbeitern, die hoch leistungsmotiviert sind. – (4) *Partizipativer Führungsstil* vermittelt bei unstrukturierten Aufgaben Kenntnisse über Zusammenhänge. – Vgl. auch → Führungsstil.

Weiterbildung – berufliche Fortbildung, Personalentwicklung.

Werbewirkungsforschung – empirische Überprüfung, ob und wie die Werbung das Erleben und Verhalten des Rezipienten beeinflusst und ob dieser Einfluss der Zielsetzung des Werbetreibenden entspricht. Unterschieden wird häufig zwischen einem psychologischen und einem ökonomischen Werbeerfolg. – a) Indikatoren des *psychologischen Werbeerfolgs* bestehen darin, ob (1) die Werbung überhaupt wahrgenommen wurde, (2) die Information im Gedächtnis haften blieb, (3) sie allg. oder spezifisch aktivierende Wirkungen hatte, (4) ob sie die Einstellungen dem Produkt oder der Dienstleistung gegenüber veränderte, (5) eine gedankliche Auseinandersetzung mit dem Angebot auslöste oder (6) zu einer Kaufabsicht führte. – b) Der *ökonomische Werbeerfolg* wird an ökonomischen Indikatoren wie z.B. der Anzahl der Verkäufe, dem Umsatz oder dem Marktanteil festgemacht. – Die Werbewirkungsforschung bedient sich nahezu aller Methoden, die in der empirischen Sozialforschung üblich sind. Sie kann im Feld oder im Labor durchgeführt werden; der Grad der Systematik streut weit und kann bis hin zum Experiment reichen.

Werkarzt – ein in den Diensten eines Unternehmens stehender approbierter Arzt, der haupt- oder nebenberuflich die gesundheitliche Betreuung der Belegschaftsmitglieder übernimmt, bes. auf dem Gebiet der Werkshygiene, des Untersuchungs- und Beratungsdienstes und der ersten Hilfe bei Unfällen und Berufserkrankungen. Zusammenarbeit mit staatlichen Gewerbeärzten, behandelndem Arzt, Durchgangs-, Vertrauens- und Amtsärzten, Krankenanstalten, Berufsgenossenschaften, Krankenkassen u.a., im Wesentlichen nur beratend. – *Anders:* Betriebsarzt.

Werkbücherei – *Unternehmensbibliothek*, in Großbetrieben der Industrie für ihre Belegschaft eingerichtete Bücherei, die i.d.R. nur unternehmensinternen Zwecken dient und nicht öffentlich zugänglich ist.

Werkerholungsheime – von Unternehmen, Unternehmensgemeinschaften oder Verbänden gekaufte oder gepachtete Heime in Luftkur- oder Badeorten, in die Belegschaftsmitglieder kurzfristig (je nach Dauer des Jahresurlaubs) zur Erholung verschickt werden können, meist unter Übernahme von Fahrtkosten und Teilen der Pensionskosten (auch gestaffelt nach Einkommenshöhe) seitens des verschickenden Unternehmens. Bei Vorlage von ärztlichen Attesten auch Verschickung mit Zusatzurlaub. – *Auswahl* der Erholungsbedürftigen meist unter Hinzuziehung des Werkarztes und in Fühlungsnahme mit dem Betriebsrat, dem nach Betriebsverfassungsgesetz das Recht der Mitbestimmung bei der Verwaltung des Werkerholungsheims zusteht (§ 87 I Nr. 8 BetrVG). – In Österreich bei größeren und verstaatlichten Unternehmen üblich als Bestandteil der sozialen Fürsorge.

Werkschutz – vom Arbeitgeber beauftragte Arbeitnehmer oder Dritte, die das Hausrecht für ihn ausüben, also v.a. Unbefugte vom Werksgelände fernhalten und strafbare Handlungen (z.B. Diebstähle) verhindern. Die mit dem Werkschutz beauftragten Personen sind berechtigt, auch Gewalt im Rahmen der allg. geltenden Gesetze anzuwenden (z.B. im Fall der Notwehr). Ob der Werkschutz Waffen tragen darf, richtet sich nach den allg. geltenden Vorschriften (Waffenschein). Gemäß § 127 StPO darf vom Werkschutz (wie von jedermann) eine vorläufige Festnahme auch ohne Vorliegen eines Haftbefehls vorgenommen werden, wenn jemand auf frischer Tat erfasst wird und Fluchtgefahr besteht.

Werkstudent – Personen, die als ordentlich Studierende einer Fachschule oder Hochschule immatrikuliert sind und daneben einer mehr als geringfügigen Beschäftigung oder selbstständigen Tätigkeit nachgehen. Seit 1.10.1996 sind Werkstudenten u.U. versicherungspflichtig in der Rentenversicherung nach den allg. Regeln. In der gesetzlichen Krankenversicherung und in der Arbeitslosenversicherung sind Werkstudenten weiterhin versicherungsfrei (§ 6 I Nr. 3 SGB V, § 27 IV SGB III).

Werksurlaub – völliges Aussetzen der Arbeit infolge Auftragsmangels. Die gegenseitigen Pflichten ruhen. Im Gegensatz zu den Betriebsferien kein Erholungsurlaub nach dem Bundesurlaubsgesetz (Urlaub). – *Anders:* Kurzarbeit.

Werkzeitschrift – *Werkzeitung*; periodisch erscheinende Druckschrift eines Unternehmens, v.a. für dessen Mitarbeiter. Wesentliches Mittel der Information und Meinungsbildung der Belegschaft, der innerbetrieblichen Werbung und der Kontaktpflege zwischen Unternehmungsleitung und Belegschaft (Harmonisierung des → Betriebsklimas). Die meisten großen dt. Unternehmen geben heute Werkzeitschriften heraus. – *Inhalt:* Die Werkzeitschrift soll das Interesse der Betriebsmitglieder an ihrem Betrieb wecken und fördern, sie über Vorgänge im Betrieb unterrichten und den Kontakt zwischen Unternehmungsleitung und Belegschaft vertiefen. Sie muss in ihrem Inhalt auf innerbetriebliche Belange abgestellt werden und dem Betriebsangehörigen Gelegenheit geben, zu diesen Problemen auch kritisch Stellung zu nehmen. I.d.R. wird auch dem Betriebsrat Gelegenheit zur Information gegeben. – Die Funktion der Werkzeitschrift darf nicht dadurch gestört werden, dass sie inhaltlich und äußerlich als Repräsentationsorgan für die Öffentlichkeit gestaltet wird.

Werte – Strukturen normativer Erwartungen, die sich im Zuge reflektierter Erfahrung (Tradition, Sozialisation, Entwicklung einer Weltanschauung) herausbilden. Werte strukturieren das Erkennen, Erleben und Wollen, indem sie Orientierungsmaßstäbe für die Bevorzugung von Gegenständen oder Handlungen bilden. Zu unterscheiden sind Werte, die sich aus der Funktion des Bewerteten für einen übergeordneten Zweck ergeben, und Werte, die den Zweck selbst darstellen. Ökonomik betrachtet Werte üblicherweise aus der ersten, Ethik aus der zweiten Perspektive. Gesellschaftliche Probleme werden häufig auf Verlust oder Verfall von (moralischen) Werte zurückgeführt, die Therapie entsprechend in Form moralischer Aufrüstung betrieben.

Wertschätzungsbedürfnis – *Anerkennungsbedürfnis;* Motivart, definiert durch den Wunsch nach Selbstwert- und Fremdwertschätzung. – Vgl. auch → Bedürfnishierarchie.

Wertzahlsumme – Begriff der → Arbeitsbewertung. Das Ergebnis der Quantifizierung der Anforderungen sind Anforderungswerte für jede Anforderungsart. Die *Addition* der Anforderungswerte führt zur Wertzahlsumme.

Wirtschaftspsychologie – 1. → Arbeits- und Organisationspsychologie. – 2. Marktpsychologie. – 3. Psychologie der gesamtwirtschaftlichen Prozesse.

wissenschaftliche Betriebsführung → Taylorismus.

Wochenarbeitszeit – die der Bemessung der Arbeitszeit von Arbeitnehmern sowie der Berechnung des Arbeitsentgelts von Arbeitnehmern i.Allg. zugrunde liegende Tätigkeitszeit. Nach dem Arbeitszeitgesetz darf die werktägliche Arbeitszeit acht Stunden nicht überschreiten; damit ist von Montag bis Samstag wie bisher eine regelmäßige Wochenarbeitszeit von 48 Stunden zulässig. Nach den meisten Tarifverträgen ist die durchschnittliche Wochenarbeitszeit niedriger (→ Arbeitszeitverkürzung.

Wohlbefinden – arbeitswissenschaftlich anerkanntes Kriterium für menschengerechte Arbeitsgestaltung nach Rohmert; wird in der → Arbeitswissenschaft meist synonym zum individual- und sozialpsychologisch relevanten Begriff der Zufriedenheit verwendet. – In Verbindung mit der Arbeitsmedizin definiert die Weltgesundheitsorganisation (WHO): Der Mensch fühlt sich wohl, wenn er gesund ist. Gesundheit ist ein Zustand vollständigen geistigen, körperlichen und sozialen Wohlbefindens, die besteht nur in der Abwesenheit von Krankheit und Gebrechen. – Die Arbeit ist so zu gestalten (→ Arbeitsgestaltung), dass der Mensch gesund bleibt. – Dieses Kriterium stellt die höchsten Ansprüche an die arbeitswissenschaftliche Bewertung von Arbeitssystemen und bezieht Erkenntnisse aus Psychologie, Soziologie und Arbeitsmedizin in die Bewertungsebene mit ein.

Wohnungsbau – *Wohnungswirtschaft.*

I. Wesen: Erstellung, Verwaltung und Vermietung von Wohnungen durch private Bauherren, gemeinnützige Wohnungs- und Siedlungsunternehmungen, durch Betriebe und den Staat, ferner gemeinnützige oder privatwirtschaftliche Wohnungsbauträgerunternehmen und Wohnungsbaufinanzierungsunternehmen (Heimstätte, Bausparkassen).

II. Soziale Wohnraumförderung: geregelt im Wohnraumförderungsgesetz.

III. Steuerliche Wohnungsbauförderung: 1. erhöhte *Abschreibungssätze für Wohngebäude:* Absetzung für Abnutzung (AfA). – 2. Eigenheimzulage wurde bis zum 1.1.2006 nach dem Eigenheimzulagengesetz i.d.F. vom 15.12.1995 (BGBl. I 1783) für die zu eigenen Wohnzwecken genutzte oder einem Angehörigen im Sinn von § 15 AO unentgeltlich zu Wohnzwecken überlassene Wohnung im eigenen Haus gewährt, es sei denn, es wurde vor dem 1.1.2006 der notarielle Kaufvertrag beurkundet oder der Bauantrag für eine neu zu errichtende Wohnung gestellt. – 3. *Wohnungsbauprämien* oder *Wohnungssparbeträge* als Sonderausgaben (bis 1995). – 4. *Wohnungsgenossenschaften* sind gemäß § 5 I Nr. 10 KStG von der Körperschaftsteuer befreit.

IV. Betrieblicher Wohnungsbau: 1. *Maßnahmen* zur Schaffung von Wohnraum für die Mitarbeiter eines Unternehmens aus Gründen der Schaffung und Erhaltung einer → Stammbelegschaft. Kommt bes. dann in Frage, wenn die Lage des Unternehmens dies verlangt, oder wenn die lokale Wohnraumsituation angespannt ist. – 2. *Formen* der Inanspruchnahme der Unternehmung zum Wohnungsbau ihrer Belegschaftsangehörigen i.w.S. (d.h. zur Ermietung oder zum Bau von Mietwohnungen, Werkswohnungen, Ledigenheimen, Eigenheimen, Kleinsiedlungen etc.): Gewährung von Instandsetzungsbeihilfen, Baudarlehen an Bauwillige, Zuschüsse und Darlehen an Hausbesitzer aus der Belegschaft, Zuschüsse und Darlehen an werksfremde Hausbesitzer, Zuschüsse und Darlehen an gemeinnützige Wohnungsbaugesellschaften. – 3. *Finanzierung* durch (1) Mittel der Unternehmung; (2) Mittel betrieblicher Versorgungseinrichtungen (Pensionskasse etc.); (3) fremde, v.a. auch öffentliche Förderungsmittel. – 4. Problematisch ist die *Verteilung* des Wohnraums an die Bewerber. Dauer der Werkszugehörigkeit sowie die „echte Dringlichkeit" sind i.d.R. zu berücksichtigen. – 5. *Mitbestimmungsrecht des Betriebsrats* besteht nach § 87 I 8 BetrVG, soweit es sich um „Sozialeinrichtungen" des Betriebes handelt (d.h. Errichtung der Werkswohnungen aus sozialen Gründen) sowie bei werkseigenen Wohnungsbaugesellschaften, auch solchen mit eigener Rechtspersönlichkeit, weiter hinsichtlich Zuweisung, Kündigung und Nutzungsbedingungen (§ 87 I 9 BetrVG).

V. Amtliche Statistik: Erfassung von Daten über Hochbauten in der Bautätigkeitsstatistik.

Z

Zahltag – früher: Tag der Lohnzahlung. – 1. Für *Lohnempfänger* wöchentlich am Freitag ggf. als Abschlagszahlung auf den → Akkordlohn zur Vereinfachung der Lohnbuchhaltung. Üblich sind wöchentliche, zehntägige und vierzehntägige Abschlagszahlungen mit monatlicher Endabrechnung. Karenzzeit zwischen Lohnperiode und Zahltag gestattet der Lohnbuchführung, die Lohnzettel abzurechnen. – 2. Für *Gehaltsempfänger* monatlicher Zahltag am 1., 15. oder Monatsletzten.

Zeitakkord → Akkordlohn.

Zeitarbeit → Arbeitnehmerüberlassung.

Zeitaufnahme – *Zeitstudie;* Beschreibung des Arbeitssystems (Arbeitsverfahren, Arbeitsmethode, Arbeitsbedingungen) und Erfassung je Ablaufabschnitt von (1) Bezugsgröße, (2) Einflussgrößen, (3) Leistungsgraden und (4) Ist-Zeiten. Die darauf folgende Auswertung der Daten ergibt die → Sollzeiten je Ablaufabschnitt. Laut → REFA-Verband für Arbeitsstudien, Betriebsorganisation und Unternehmensentwicklung e.V. ist die Zeitaufnahme das Ermitteln von Sollzeiten durch das Messen und Auswerten von Istzeiten. Die in Deutschland gebräuchlichste Methode ist die Zeitstudie nach der REFA-Methodenlehre.

Zeiterfassung → Zeitermittlung.

Zeitermittlung – 1. *Zweck:* Zeitermittlung erfolgt für die Berechnung von → Vorgabezeit des Arbeitnehmers, Belegungszeit des Betriebsmittels, Bewertungszeit des Werkstoffes sowie der → Auftragszeit (T) im Rahmen der Arbeitsvorbereitung. – 2. *Methoden:* a) *Schätzung* in Form der erfahrungs- und kenntnisbedingten Mehrfachschätzung. – b) *Zusammensetzung:* Addition bekannter Zeitwerte für ähnliche Vorgänge. – c) *Interpolation:* Ermittlung neuer aus einer Reihe bekannter Zeitwerte zur Berücksichtigung einer quantitativ veränderlichen Einflussgröße. – d) *Berechnung und Zeichnung,* wenn mathematische Funktion zwischen Einflussgröße und gesuchter Zeit bekannt. – e) *Systematische* → Arbeitszeitstudie: Messabschnitte sind durch Analyse des Arbeitsablaufes gewonnene Arbeitselemente. – Voraussetzung für Zeitermittlung, v.a. bei Verfahren e), ist die systematische Arbeitsvorbereitung mittels Erzeugnisgliederung und sinnvoller Analyse des Arbeitsablaufes. – f) → Multimomentverfahren. – 3. *Hilfsmittel:* a) *Technische Hilfsmittel:* Stoppuhren (mit Dezimaleinteilung) oder schreibende Zeitmessgeräte (Arbeitsschau-Uhren). – b) *Organisatorische Hilfsmittel:* einheitliche Zeitaufnahme- und -auswertungsbogen.

Zeitlohn – Lohnform, bei der die Anwesenheit bezahlt wird. Zeitlohn ist eine Form des → Leistungslohns, da mittelfristig das Erreichen einer Normalleistung erwartet wird. Die Lohnhöhe je Stück und Arbeitsstunde ist bei steigender Leistung degressiv, mithin geringer Leistungsanreiz. Das Risiko der Minderleistung liegt beim Arbeitgeber. – *Zweckmäßig* (1) v.a. bei Qualitätsarbeiten, (2) bei gefährlichen Tätigkeiten, (3) bei nicht-akkordfähigen Arbeiten (→ Akkordfähigkeit), (4) in Fällen, in denen die Organisation einen bestimmten Leistungsgrad des Arbeiters automatisch sicherstellt, (5) bei unregelmäßigem Arbeitsanfall (z.B. Bereitschaftsdiensten). – Übergangsform von Zeitlohn zum Charakter des Leistungslohns durch Zuteilung der Arbeiter zu *Leistungsstufen.*

Zeitstudie → Zeitaufnahme.

Zeitvorgabe → Vorgabezeit.

Ziel – Ein wirtschaftliches Ziel ist ein festgelegter wirtschaftspolitischer oder unternehmensrelevanter Sollzustand, z.B. Vollbeschäftigung, Preisniveaustabilität oder eine bestimmte Absatzmenge, ein

Qualitätsstandard in der Produktion, eine Senkung der Personalfluktuation oder Fehlzeiten. – Vgl. auch wirtschaftspolitisches Ziel, Unternehmungsziele, Zahlungsziel, → Führung durch Zielvereinbarung.

Zielsetzungs- und Beratungsgespräch – strukturiertes Gespräch zwischen Mitarbeiter und Vorgesetztem über Schwächen und Stärken sowie über zu erreichende Ziele des Mitarbeiters. Während des Gesprächs werden Leistungsstandards definiert und Kontrolldaten festgelegt, mit denen zu einem späteren Zeitpunkt überprüft werden kann, ob die Ziele erreicht wurden. Die Maßnahmen zur Zielerreichung sollten vom Mitarbeiter selbst bestimmt werden können. Gleichzeitig können bei einem Zielsetzungs- und Beratungsgespräch Maßnahmen zur Förderung der Stärken und zum Abbau von Schwächen des Mitarbeiters festgelegt werden. Zielsetzungs- und Beratungsgespräche sollten regelmäßig und strukturiert ablaufen. – Vgl. auch Personalentwicklung.

Z-Organisation – Typus der Clan-Organisation, bei dem ein unternehmenskultureller Grundkonsens zwischen den Unternehmenszielen und den Individualzielen besteht. Gilt als charakteristisch für die japanische Organisationswirklichkeit.

Zulage – *Leistungszulage, Lohnzulage, Lohnzuschlag;* Teil des vertraglich vereinbarten oder freiwilligen Arbeitsentgelts, die dem Lohn zugeschlagen werden, um bes. Gegebenheiten des Betriebs im Hinblick auf die Arbeitsverhältnisse und Arbeitsbedingungen gerecht zu werden. – *Beispiele:* (1) Zulage aufgrund ungünstiger Arbeitsbedingungen (→ Erschwerniszulage),(2) Zeitzuschläge (Mehrarbeitszuschlag),(3) Zulage aufgrund der Lebenshaltung (z.B. Ortszuschlag),(4) Zulage aufgrund persönlicher Verhältnisse (z.B. Sozial- und Treuezulagen). – Hat sich der Arbeitgeber jederzeitigen *Widerruf einer Zulage* vorbehalten, so kann er diese im Zweifel nur nach billigem Ermessen widerrufen. Ist ein Widerruf nicht vorbehalten, so kann der Anspruch nur durch Änderungskündigung beseitigt werden. – Wegen der *Anrechnung bei Tariflohnerhöhung* vgl. Tariflohnerhöhungen; wegen *Regelungen im Tarifvertrag* vgl. Effektivklausel. – Vgl. auch → Arbeitswertzulage.

Zumutbarkeit – I. Umweltpolitik: z.T. gesetzlich fixiertes Kriterium zur Bewertung (umwelt-)politischer Maßnahmen, welches auf das Verhältnismäßigkeitsprinzip abstellt. Zur Prüfung der Zumutbarkeit wird in Verwaltungsvorschriften auf folgende Aspekte verwiesen: (1) vergleichbare Entsorgungspflichtige, (2) Vergleich zu anderen Verfahren der Entsorgung, (3) Markt für Reststoffe vorhanden und zu schaffen? (4) Verhältnis der Verwertungsaufwendungen zu den gesamten Produktionskosten, (5) erhebliche Änderungen des geplanten Produktionsverfahrens notwendig? (6) Auswirkungen auf die weitere Absetzbarkeit des Produkts? In der Vollzugspraxis entstehen teilweise erhebliche Probleme bei der Auslegung.

II. Arbeitswissenschaften: Kriterium für menschengerechte Arbeitsgestaltung (→ Humanisierung der Arbeit) nach Rohmert. Eine Arbeit wird dann als zumutbar bezeichnet, wenn nach übereinstimmender Auffassung der Mehrheit der Betroffenen unter den gegebenen gesellschaftlichen, technischen und organisatorischen Bedingungen die Arbeit noch erfüllt werden kann. Zur Beurteilung der Zumutbarkeit müssen neben naturwissenschaftlichen auch sozialwissenschaftliche Erkenntnisse herangezogen werden.

Zuschlag – I. Zuschlag bei einer Versteigerung: (§§ 79 ff. ZVG): Bei der Zwangsversteigerung wird das Grundstück oder Schiff vom Vollstreckungsgericht dem Meistbietenden durch sog. Zuschlagsbeschluss zugeschlagen mit der Wirkung, dass der *Ersteher* Eigentümer wird. Zugleich erlöschen alle Rechte an dem Grundstück oder Schiff, ausgenommen die aufgrund ihres Vorranges vor dem Recht des betreibenden Gläubigers bestehen bleibenden Rechte. An die Stelle der erlöschenden Rechte tritt der Anspruch auf Befriedigung aus dem Versteigerungserlös im Verteilungsverfahren. – Der Zuschlagsbeschluss ist rechtsbegründender Staatsakt, der Eigentum nimmt und überträgt und zugleich Vollstreckungstitel, mit dem der Ersteher vom Voreigentümer und anderen Besitzern Räumung und Herausgabe verlangen kann.

II. Zuschlag bei einer privaten Versteigerung: Der Zuschlag stellt die Annahme des durch das Gebot abgegebenen Angebots dar (§ 156 BGB). – Vgl. auch Versteigerung, Vertrag.

III. Zuschlag zum Arbeitsentgelt: *Begriff/Arten:* zusätzlich zum tariflichen Satz für Arbeiten außerhalb der gewöhnlichen Arbeitszeit gezahltes Arbeitsentgelt: Überstunden-, Sonn- und Feiertags- (→ Feiertagszuschlag, Mehrarbeitszuschlag), Nachtarbeitszuschläge. – *Lohnsteuerliche Behandlung:* Mehrarbeitszuschlag.

IV. Bewertungsgesetz: Zuschläge sind auf den Vergleichswert (wie auch Abschläge) wegen werterhöhender Umstände möglich, z.B. bei Bewertung von Mietwohngrundstücken, von Häusern mit maximal zwei Wohnungen (§ 146 BewG), in der Land- und Forstwirtschaft bei Abweichung der tatsächlichen von den regelmäßigen Verhältnissen, Paketzuschlag bei der Bewertung von Aktienpaketen.

V. Zollwesen: Zollzuschlag.

VI. Baufinanzierung: Aussetzung des Zuschlages bei einer Zwangsversteigerung.

Zweifaktorentheorie – 1. *Begriff:* von Herzberg entwickelte Theorie mit der Annahme, dass es zwei voneinander unabhängige Dimensionen der → Arbeitszufriedenheit gibt: Unzufriedenheit/Nicht-Unzufriedenheit sowie Zufriedenheit/Nicht-Zufriedenheit. Beide Dimensionen werden von je anderen Faktoren der Arbeitssituation beeinflusst. Bedingungen für eine Senkung der Unzufriedenheit als Übergang zur Nicht-Unzufriedenheit liegen v.a. im Arbeitsumfeld (→ Hygienefaktoren). Bedingungen, die einen Übergang von Nicht-Zufriedenheit zur Zufriedenheit auslösen können, liegen schwerpunktmäßig im Arbeitsinhalt selbst (→ Motivatoren). Während die Motivatoren die Zufriedenheit fördern und zugleich leistungsförderlich sind, verbinden sich die Hygienefaktoren nach Herzberg schwerpunktmäßig nur mit einer Senkung der Unzufriedenheit. – 2. *Bedeutung:* Die Zweifaktorentheorie wurde im Geist der → humanistischen Psychologie entwickelt und hat in der Praxis wesentliche Impulse für die inhaltsorientierte → Arbeitsgestaltung ausgelöst. Heute wird wieder verstärkt die traditionelle Hypothese vertreten, wonach alle situativen Bedingungen gleichermaßen zur Zufriedenheit wie zur Unzufriedenheit beitragen können. Die Hypothese, dass Motivatoren nicht nur die Zufriedenheit, sondern zugleich auch die Leistung fördern können, ist dagegen theoretisch und empirisch besser abgesichert.

The manufacturer's authorised representative in the EU is Springer Nature Customer Service Centre GmbH, Europaplatz 3, 69115 Heidelberg, Germany. If you have any concerns regarding our products, please contact ProductSafety@springernature.com

Printed and bound by CPI Group (UK) Ltd, Croydon, CR0 4YY
23/03/2026
02076457-0001